KRITISKE BIDRAG

TIL

VIKINGETIDENS HISTORIE

(I. RAGNAR LODBROK OG GANGE-ROLV)

AF

DR. GUSTAV STORM,
PROFESSOR.

———————

KRISTIANIA 1878.

DEN NORSKE FORLAGSFORENING

(H. Aschehoug & Co. Alb. Cammermeyer. J. W. Cappelen.
P. T. Mallings Boghandel.)

Indhold.

1ste Bog.

Indledning.

I. Kritiske Principer.

Vikingetiden har med rette altid hørt til de Dele af Nordens Historie, som drøftedes med størst Iver og det af Forskere fra alle Lande, thi den Interesse, Vikingetiden frembyder, strækker sig ud over Nordens Grænser. Til ingen anden Tid har de nordiske Folk indtaget en saa storartet Magtstilling som i 9de og 10de Aarhundrede: i Vest herskede deres Flaader over Nordsøen og Atlanterhavet, og i Øst tumlede deres Hære sig til Konstantinopel og det kaspiske Hav, medens samtidig deres Opdagelsesreiser gik til det hvide Hav mod Nordøst og til Grønland mod Nordvest. Det havde sin store Betydning ogsaa for Verdenshistorien at undersøge, hvilke Resultater denne Magtudfoldelse havde paa de Folk og Stater, som de nordiske Folk virkede paa. Men paa den anden Side knyttedes her for første Gang varigere Forbindelser mellem Norden og Europa: den anden Opgave blev altsaa at undersøge, hvilken Indflydelse Sydens Kultur havde paa de nordiske Folk. Vikingetiden repræsenterer altsaa for Nordens Historie samme Periode som for de sydgermaniske Folk den store Folkevandring. Man vil derfor ikke undre sig over, at ligesom Germanernes Tog mod Rom har været Gjenstand for en meget forskjellig Opfatning, har heller ingen Periode af Nordens Historie været en Kampplads for mere stridende Anskuelser. Ligesom man hist i Germanerne kun saa de raa Barbarer, der satte Verden et Aartusinde tilbage i Kultur, eller ogsaa omvendt hos dem fandt den sædelige Kraft, der skulde til for at fornye de af Overcivilisation fordærvede Folk, saaledes træffe vi om Vikingetiden de samme stridende Grundtanker. Ogsaa i Drøftelsen af Normannertiden træffe vi Spor af en lignende Adskillelse som nutildags mellem Tyskere og Franskmænd i dens Vurdering af Folkevandringen: ligesom Tyskerne ofte føle sig fristede til at overvurdere Germanerne og Franskmændene til at nedsætte, er det ikke frit for, at Historikere fra England og Frankrig er tilbøielige til at undervurdere Normannernes Betydning og omvendt de nordiske Historikere til at se alt hos Normaunerne i den bedste Belysning. Men dette er ikke det eneste Skjær, hvorpaa Forskerne over Vikingetidens Historie kan strande. De nordiske Forfattere paa dette Felt har altid været optagne af Forsøg paa at bringe paa det rene, hvilken Del de enkelte Nationer har taget i den store Kraftudfoldelse og de store Kampe i Vikingetiden; og altfor ofte vil man da iagttage det Forhold, at hvad enten det var danske, norske og svenske Forskere, troede de at kjæmpe »pro aris et focis«, naar de kunde tillægge sin Nation Hovedrollen eller ialfald Deltagelse i alle større Foretagender. Ligefra det 17de Aarhundrede kan man se, hvorledes f. Ex. den danske (Kong Knuts) Erobring af England skildres af Nordmænd og Svensker som en »nordisk« Erobring, fordi ogsaa Svensker eller Nordmænd deltog i Toget, eller f. Ex. den norske Kolonisation af Island skildres af Svenske og Danske som »nordisk«, fordi enkelte Danske og Svensker fulgte med til Island. Disse Overgreb bør man imidlertid ikke tro blot er fremkaldte af Nationalforfængelighed; ved Siden deraf lededes Forskerne ogsaa af en instinktmæssig Følelse af, at Vikingetiden er en fælles Kampplads for alle nordiske Nationer: at intet større Tog, ingen større Bevægelse udgik dengang fra et nordisk Folk uden at efterlade sig Spor ogsaa hos de andre. Men paa den anden Side har Særfølelsen altid været stærk nok til at f. Ex. den svenske Historiker med Forkjærlighed dvælede ved udelukkende svenske Begivenheder, den danske ved danske o. s. v., saa at de gjensidig maatte korrigere hverandre og Resultatet til Slutning blive retfærdigt for alle Parter. Dette

Arbeide er endnu ikke endt, og vil vel neppe blive det paa lange Tider; en væsentlig Grund hertil er Kildernes Tilstand. For Historikerne maa altid en Undersøgelse og Drøftelse af Kilderne gaa forud for Fremstillingen, men hvor disse er af den Beskaffenhed som i Vikingetiden, der vil der altid frembyde sig nye Sider for Vurderingen, nye Synspunkter at dømme fra. For Vikingetiden har det siden 16de Aarhundrede været en Hovedopgave at bringe Overensstemmelse mellem de hjemlige og de udenlandske Kilder: man har de danske Sagn hos Saxo fra omtrent Aar 1200, de islandske Sagaer fra 13de og 14de Aarhundrede, de samtidige frankiske, engelske og irske Annaler fra 9de Aarhundrede samt en Række franske og engelske Krøniker fra 11te og 12te Aarhundrede. Saalænge intet kritisk Synspunkt var valgt, havde Historikerne den frieste Raadighed over alt dette store Materiale: man antog i det Væsentlige alt for rigtigt og sandt, og naar Kilderne stod imod hverandre, søgte man at bortforklare denne Strid ved lempelig Fortolkning, hvorved Forskernes personlige Sympathi, hans nationale og historiske Standpunkt fik det frieste Spillerum. Men efterhaanden som i dette Aarhundrede den kritiske Historieforskning udviklede sig, kunde ogsaa en rigtigere Udsondring af Stoffet komme tilorde. Lige siden Torfæus havde den islandske Tradition siddet i Høisædet, og det var derfor med en vis Respekt, man nærmede sig dens ærværdige Repræsentanter. Selv P. A. Munch, som dog i sin Fremstilling af selve Vikingetogene til Frankrige og de britiske Øer tog sit Udgangspunkt i de frankisk-engelske »Rigshistorier« og derfor maatte rokke Tiltroen til de islandske Sagaer, vover dog ikke ganske at bryde med disse: ligesom Niebuhr ligeoverfor de gammelromerske Traditioner kasserede de enkelte Sagn, men dog opstillede deres Grundtræk som Historie, opgav heller ikke Munch hverken Sigurd Ring eller Ragnar Lodbrok som i det væsentlige historiske Personer: da de frankiske Krøniker ikke kjender disse, men derimod omtaler en Række danske eller »normanniske« Konger, som ialfald beherskede Jylland, kom Munch til samme Resultat som sine Forgjængere: at Sverige og Danmark og Dele af Norge i 9de Aarhundrede var ét samlet Rige under

Overkonger som Sigurd Ring og Ragnar Lodbrok, der var
udgaaet fra Sverige og havde erobret Danmark; de havde un-
der sig de fra de frankiske Annaler bekjendte Underkonger,
der især herskede i Sønderjylland. Dog gjorde han et Skridt
videre, idet han paaviste, at disse de frankiske Annalers Kon-
ger faldt sammen med de Vestfoldske Konger i Norge, som
altsaa — sluttede han — havde underlagt sig Sønderjylland;
deraf udledede han det i 9de Aarhundrede saa hyppige Navn
»Nordmanni«, som derved fik sin mere generelle Betydning af
»Nordboer« og kunde bruges om de nordiske Vikinger, enten
de var Nordmænd eller Daner[1].   Det kan ikke nægtes, at
denne Hypothese havde Svar paa rede Haand mod alle Ind-
vendinger: pegte man paa de nordiske Runeskrifter i Dan-
mark, svarede Munch, at de vare satté af de nordiske (o: norske
eller svenske) Herrer i Danmark; gjorde man opmærksom
paa, at Danerne i England havde efterladt Sprogmindesmær-
ker, der stemte med de danske Runeindskrifter, svarede
Munch, at ogsaa i England havde Nordmændene været paa
Færde o. s. v.   Alligevel kunde Hypothesen ikke holde sig i
mange Aar: den led dog af den Feil, at den ikke kunde for-
klare, hvorledes dette store Monarki havde kunnet undgaa
de frankiske Annalister, der dog kjendte ganske godt til Dan-
marks politiske Forhold; det er jo saa, at det store »Erob-
ringsmonarki« kun omtales af Islændingerne, medens disse om-
vendt ikke kjende noget til de mange danske Forhold, som
de frankiske Annaler omtale.   Der maatte altsaa komme en
Reaktion mod Munchs Theorier, og denne Reaktion maatte
udgaa fra Danmark.   Dr. Jessen har (1862) i sine udmær-
kede »Undersøgelser til nordisk Oldhistorie« grundigt medta-
get baade det »nordiske Erobringsmonarki« og den islandske
Fremstilling af Danmarks Historie i 9de Aarhundrede.   Idet
han efter samme Methode, som Munch selv benyttede for
Fremstillingen af Vikingetogene, lagde til Grund de samtidige

---

[1] Det beror paa en fuldstændig Misforstaaelse, naar flere Forfattere
(f. Ex. Joh. Steenstrup) herpaa begrunde den Beskyldning mod
Munch, at han »henførte alle Normannernes Bedrifter til de
Norske«.

og troværdige frankiske Annalisters Efterretninger, viste han, at Danmark og Sverige i 9de Aarhundrede var særskilte Riger, at de hos Frankerne omtalte danske eller »normanniske« Konger var Konger i Danmark og at i de islandske Efterretninger kun fańdtes ganske lidet af historisk Værdi, men det meste var en for Historien ubrugelig Sagndigtning. Medens Munch gik ud fra, at Sagn ofte, selv om de i Enkeltheder viste sig at være feilagtige, dog kunde antyde Begivenheder i sine Hovedtræk, opstillede Dr. Jessen som Program, at ethvert Sagn er Løgn, saalænge indtil det bevises. Hvis her ikke ved Bevis forstaaes andet og mere end at Sagnet ikke strider mod tilforladelige Fakta eller mod den indre Sandsynlighed, maa den kritiske Historieforskning indrømme Satsens Rigtighed; i alle Tilfælde har man overfor Sagn den fuldeste Ret til at gjøre den skarpeste Prøvelse gjeldende. Men at forbyde Forskere, der skal skrive disse Tiders Historie, at befatte sig med ubeviste Sagn, vilde omtrent være det samme som at byde, at de havde at afholde sig fra at søge at skildre Vikingetiden; thi af de korte Notitser i Annalerne kan man ikke fremstille Tiden i dens fulde Virkelighed. For at skaffe nye Kilder til Vikingetidens Historie har derfor Hr. Joh. Steenstrup i sin 1876 udkomne »Indledning til Normannertiden« dristigt givet sig i Kast med Vikingetidens Sagnhistorie; dette er det nye og eiendommelige ved hans Bog, som derfor altid vil beholde sin Betydning for Normannertidens Historie. Gjennem et sammenlignende Studium af Sagnhistorien viser han, at Sagnet ofte kun er en »miskjendt Historie«; men Sagnets Vei er ofte farlig at betræde, ofte vildledende: man tror at staa midt i en troværdig, paalidelig Historie, men saa dukker uventet en af Eventyrets Skikkelser op og lader os havne. i historiserede Myther; eller Sagnet kan gribe en Navn-Lighed, et beslægtet Karaktertræk, og blande sammen uvedkommende Tider, Steder, Personer og Folkeslag i den mest brogede Forvirring; eller det kan af personlig eller national Sympathi tillægge sin Helt Seire, hvor han har lidt Nederlag, sit Folk Erobringer, hvor det er blevet undertvunget; det vil sige, Sagnet beherskes af alle andre Tilbøieligheder end Sands for historisk Sandhed, det ledes kun af Fantasien. Opgaven er her vanskelig nok, Resultaterne endnu kun halve, ofte rent illusoriske, men vi tro, at netop ved at fordybe sig i disse forvirrede Minder, ved at oplyse disse dunkle Steder med Kritikens Fakkel, vil man kunne faa et nyt Indblik i Forfædrenes Leve- og Tænkesæt. Paa mange Steder er dette allerede lykkedes Hr. Steenstrup, men naar vi alligevel anse væsentlige Partier af hans Bog for mislykkede, tilskrive vi dette den Grund, at han ikke udøver den rette Kritik paa de historiske Kildeskrifter. I Spørgsmaalet om Normandie's Bebyggelse har man pleiet at stille mod hinanden de norsk-islandske Kilder paa den ene Side, de danske og normanniske paa den anden. Hr. Steenstrup holder sig til de sidste, søger at undskylde deres Mangler og i det hele ophøie dem til brugbare Kilder, medens han uden videre har anseet sig berettiget til at skyde de norsk-islandske Sagaer tilside som ubrugelige for Vikingetidens Historie; naar han derfor er kommen til Opfattelser, der afvige fra hvad norske Forfattere som P. A. Munch, Ernst Sars og Gustav Storm har fremsat, »haaber han, at man vil indrømme ham, at Afvigelserne hidrøre fra et forskjelligt og rigtigere Udgangspunkt«. Han synes altsaa at mene, at P. A. Munch har gaaet ud fra Sagaerne som det historisk givne; men mod denne Opfatning maa vi hævde, at det netop er P. A. Munchs Fortjeneste i Fremstillingen af Vikingetiden at have taget sit Udgangspunkt i de kortfattede, men paalidelige frankiske Krøniker og at have prøvet alle sagnmæssige Kilder paa Grundlag af dem. For en kritisk Prøvelse vil det være klart, at hverken de norsk-islandske Sagaer, den danske Saxo eller de normanniske Krøniker (Dudo) er Kilder af stort Værd for det 9de Aarhundrede; de er fulde af uhistoriske Sagn o: Løgne; derfor maa hver Sætning prøves paa Guldvægt, før den bruges, og strider endog blot et eneste Hovedtræk mod en Kjendsgjerning, maa man være yderligt varsom med at tro dem i andre. Det er saaledes ikke nok at paapege, at Dudo ikke er fuldt saa slem, som man har gjort ham; naar man alligevel ikke kan rense ham ganske, er det kritisk urigtigt at bruge ham til Modbevis mod andre Traditioner. Vi skal senere nærmere undersøge Dudos kritiske

Værd, men dog allerede her nævne et Par Exempler. Historia Norvegiæ beretter, at Gange-Rolv erobrede Rouen ved det Krigspuds, at hans Folk grov Løbegrave, som de tækkede med Grønsvær; da nu Byens Beboere forfulgte Rolvs Folk, der lod som de flygtede til Skibene, styrtede alle Franskmændene i Gravene og nedhuggedes, saa at Byen med Lethed erobredes. Denne Beretning afviser Hr. Steenstrup med den korte Bemærkning, at »Krigspudset hører hjemme mange andre Steder, kun ikke her, thi Rollo erhvervede Rouen ved fredelig Forhandling med Byens Indbyggere«. Dette siger Dudo, og det er for Hr. Steenstrup Bevis nok. Men trænger ikke dette »Bevis« selv til Bevis? Jo, thi den samtidige og troværdige frankiske Skribent Flodoard beretter leilighedsvis om Normandie's Afstaaelse med de Ord, at Normannerne »fik sig nogle Kystherreder indrømmede tilligemed Byen Rouen, hvilken de næsten havde ødelagt«[1]; og denne Efterretning, der maa siges at være sikker og uanfægtelig, passer godt til Historia Norvegiæ, men aldeles ikke med Dudo. Endnu et Exempel kan anføres for at vise, hvorledes Hr. Steenstrups Stilling til sine Kilder leder ham til at anse for Historie, hvad der kun er Blanding af forskjellige Sagn. Efter at han har søgt at bevise, at Rollo ikke er den samme som Gange-Rolv (ɔ: at Normandie er befolket af Danske, ikke Nordmænd), vil han styrke yderligere dette Bevis ved at henvise til, at ogsaa efter Rollos Tid Normannerhertugerne stod i Forbindelse med de danske Konger. Nu er det sikkert nok, at ogsaa Olav den hellige opholdt sig hos Normannerne, men dette maa ikke (efter Hr. Steenstrup) forstaaes paa samme Maade, og man maa vel vogte sig for at tro Snorre, at Normannerne regnede sig i Slægt med Nordmændene; derimod bør man holde sig til Dudos Ord, at Normannerhertugerne var i Slægt med Danmarks Konge Harald (Blaatand) og modtog Hjælp fra ham. For os staar det klart, at hverken den ene eller den anden kan bevise

[1] Flodoard i Hist. Rem. hos Bouquet VIII, 163: concessis sibi maritimis quibusdam pagis cum Rotomagensi quam pene deleverant urbe.

Noget, idet de saa omtrent kan opveie hinanden; de vidne hver
for sig, at Normannerne følte sig i Slægt. med Nordboerne
o: Danske og Nordmænd. Men vil man gaa videre, bør
man ikke overse, at denne Kong Haralds Optræden i Nor-
mandie overhovedet er meget tvivlsom. Hr. Steenstrup, der
gaar ud fra Dudo, har let for at rydde Vanskelighederne af
Veien, thi han forklarer Flodoards Afvigelse fra Dudo som
grundet i Uvidenhed; men vi, som forlanger, at hvor man
har en samtidig og i det Hele paalidelig Kilde ved Siden af
senere Traditioner, maa man gaa ud fra den første, vi kan
ikke andet end studse ved, at den Harald, som Flodoard næv-
ner, ikke omtales som en fremmed Konge, men blot simpelt-
hen kaldes Befalingsmand i Bayeux: der staar ikke alene
intet om, at han kommer fra Danmark eller andetstedsfra,
Flodoard nævner Harald i Aaret 945 i hans særegne, men
underordnede Stilling i Bayeux[1], hvilket viser, at han ikke
var Konge, og Flodoard omtaler desuden udtrykkelig Høv-
dingen over de Nordboer, som var komne Normannerne til-
hjælp: han kalder ham Sigtrygg (Setricus rex paganus), og
efter hans udtrykkelige Beretning var de nys ankomne Nor-
manner dels faldne i Kampen mod Kong Ludvig (943), dels
var de dragne til Bretagne (944) og fandtes ikke længer i
Normandie, da Sammenstødet skede mellem Harald og den
franske Konge. Det er altsaa kritisk urigtigt, som Hr. Steen-
strup, til Fordel for Dudo at bortforklare Flodoards Beretning
med et »han har ikke vidst, at Harald var en nyankommet
Skandinav, og lærer ham først at kjende, dá han indtog denne
Stilling som Anfører (over Tropperne i Bayeux)«. Af denne
væsentlige Feil mod den rette kritiske Methode lider oftere
Hr. Steenstrups Undersøgelse af Daners og Nordmænds Del-
tagelse i Vikingetogene.

---

[1] Flodoard a. 945: Dum rex Ludowicus moraretur Rodomi, Hag-
roldus Nortmannus, qui Bajocis præerat, mandat ei quod
ad eum ventum esset condicto tempore vel loco — —.

II. De første Vikingetog.

Det har allerede før været paastaaet — baade af danske og norske Forfattere —, at selve Naturen har anvist Nordmænd og Daner forskjellige Veie til deres Vesterviking. Neppe 35 Mil i Vest for Hordaland ligger Shetlandsøerne; fra deres Sydpunkt kan man se over til den temmelig høie Fairhill og derfra over til North Ronaldsay, den nordligste af Orknøerne. For Nordmændene paa Vestlandet — Firdafylke, Sogn, Hordaland og Rogaland — skulde der ikke stort mere end et Døgns heldig Seilads for at naa over til de skotske Øer; naar de her havde tagett fas Station, kunde de følge Kysten sydover enten langs Skotlands Østkyst til England eller langs dets Vestkyst til Irland. Her maa man altsaa vente at finde Nordmændenes (Vestlændingernes) ældste Søvei, og her maatte man søge deres Spor. De Danske har Naturen derimod anvist en anden Vei: selv om man antager, hvad der er sandsynligt, at Limfjorden i det 9de Aarhundrede var aaben mod Vest, kunde man ikke vente, at Danerne (Jyderne) skulde søge direkte over den 70 Mil brede Nordsø til England, især naar man erindrer, at deres Tog leilighedsvis allerede før var gaaet til Frisland og den britiske Kanal[1]; for de danske Vikinger var den naturlige Søvei at følge langs Kysterne af Saxland, Frisland og Frankrige, hvorfra de bagefter vilde naa til England og selve Atlanterhavet. De geografiske Forhold tilsige os, at ogsaa Vikverjer paa Norges Østland og Gøterne have søgt sydover ad samme Vei[2]; for dem blev det jo ligesaa kort en Vei som for Danerne. Naar man med disse geografiske Forhold for Øie nøiagtigt gjennemlæser

[1] Om Jydernes Herjetog paa Frisland har Sagn bevaret sig i de oldengelske Digte »Beówulf« og »Slaget ved Finnsburg«; at Jyder i 5te eller 6te Aarhundrede kom til England og nedsatte sig i Kent og paa Wight, er historisk.

[2] Den danske Konge »Chochilaicus«, som c. 515 faldt i Frisland mod Frankerne, var efter oldengelske Sagn Konge i Götaland.

de sydlige Landes Krøniker, vil man finde dette Forhold fuldstændigt stadfæstet; man vil se, at de første Vikinger udgik fra det vestlige Norge til de nordlige Dele af de britiske Øer, at de først lidt efter lidt og i smaa Skarer vovede sig sydover, og man vil lidt senere se de danske Vikinger Skridt for Skridt nærme sig Frankerrigets Grænser, naa over til England og saa endelig i Irland støde sammen med sine nordlige Frænder. Den 8de Juni 793[1] herjede »Hedningerne« Klostret Lindisfarne paa »Holy Island« lige ud for Berwick, omtrent der, hvor nu Skotlands og Englands Grændser mødes; disse Hedninger siges udtrykkelig at være komne norden fra, fra de nordlige Øer. I det næste Aar 794 vovede Hedningerne sig endog længer syd, til Klostret ved Wearmouth (nu Monkwearmouth, lige ved Sunderland); men da dette Angreb løb uheldigt af, turde de ikke gaa længer syd ad denne Vei. Dog var Forsøget mod Wearmouth ikke det eneste Angreb, der skede paa Storbritannien i dette Aar, thi irske Annaler fortæller, at Hedningerne da herjede »alle Britanniens Øer«, hvorved fornemmelig tænkes paa de skotske Øer. Først i det følgende Aar 795 naaede Vikingerne til Irland, hvor de plyndrede Øen Rechru (Rathlin, udenfor Nordostspidsen af Irland), brændte Helligdommen og opbrød Skrinene[2]. Saaledes havde Vikingerne baade i Nordengland og i Irland opdaget, at de hellige Institutioner med deres Relikvier og Kirkeprydelser var et Bytte værdigt at eftertragte,

---

[1] Tidspunktet efter Dümmler i Monumenta Alcuiniana (p. 181). Den saxiske Krønike har ved Feilskrift 8. Jan., hvilket af Munch blev forklaret om 794.

[2] Hvad en senere walisisk Krønike fra det 13de Aarhundrede (the Gwentian Chronicle) fortæller om, at »de sorte Hedninger« i 795 kom til England, derpaa plyndrede i Wales og derfra gik til Irland for at plyndre Rathlin (se Todds War of the Gaedhil, Introduction p. XXXIII), viser sig at være upaalideligt, thi Efterretningen er tydeligt en Kombination paa Grundlag af den irske Beretning om Rathlin, som allerede var optaget i den ældre wæliske Krønike. Vi undrer os derfor over, at Hr. Steenstrup vil benytte en saadan Kilde til derpaa at bygge Formodningen om disse Hedningers Danskhed.

og i den følgende Plyndringstid retter de derfor fornemmelig
sine Angreb mod dem. Aar 798 overfaldt de Patricks Ø ved
Man og bortførte derfra Dochonnas Skrin; det tilføies, at de
tog Bytte paa »Søen mellem Irland og Skotland«[1]; endelig
plyndredes Kolumbas Helligdom i Jona to Gange, først 802[2]
og senere 806; ved den sidste Leilighed blev 68 Mand af
Klosterfolkene dræbte[3].   Vi nævner med det samme de to
første ordentlige Angreb paa Irlands Fastland, fordi ogsaa
her deres Retning viser, at de er udgaaede fra Nord ɔ: fra
Norge.   I 807 plyndrede Vikingerne Øen Inis-Murry paa
Nordvestkysten af Irland (i Sligo) og trængte derpaa ind i
Landet mod Syd indtil Roscommon[4]; og i 812 læse vi om
deres Indfald med 120 Skibe, først i Landskabet Mayo, lige-
ledes paa Nordvestkysten, derpaa længer Syd i Galway og
bagefter endnu længer syd i Kerry, hvor de blev slagne[5];
det er om dette Nederlag, Einhard beretter for Aar 812[6].

Det er bekjendt, hvilken Forfærdelse hine første Angreb
paa de britiske Øer vakte ogsaa paa Fastlandet; det bedste
Vidnesbyrd derom er Alcuins Breve til engelske Klerker og
Konger fra 793 og de følgende Aar.   Vi hidsætte nogle af
hans Ytringer, der viser, at Plyndringen af Lindisfarne var
det første Vikingeindfald i England, og at Angrebet skede
fra Nord.   Til Kong Ædelwold skriver han: »Se, vi
og vore Fædre har nu været dette skjønne Lands Indbyggere
i omkring 350 Aar, og aldrig har i den Tid en saadan Ræd-
sel opstaaet i Britannien, som vi nylig led fra Hedningerne.
Ikke troede vi et saadant Tog muligt.   Se, St. Cuthberts
Kirke, besudlet med Guds Presters Blod, plyndret for alle
Prydelser, det ærværdigste Sted i Britannien, gives Hednin-

---

[1] Ulster-Annalerne a. 797 (ɔ: 798).

[2] Ulster-Annalerne a. 801 (ɔ: 802).

[3] Chronicon Scotorum a. 806.

[4] ss. a. 807, Ulster-Annalerne a. 806.

[5] Ulster-Annalerne a. 811. Gaedhil p. 5 og Introduction p. XXXVI.

[6] Classis Nordmannorum Hiberniam Scottorum insulam adgressa,
commissoque cum Scottis proelio, parte non modica Nordmannorum
interfecta, turpiter fugiendo domum reversa est. Pertz I 199.

gerne til Plyndring. Og der, hvor den kristelige Religion
først tog sin Begyndelse i vort Folk, der har Ulykken og Elendig-
heden begyndt«; og til Munkene i Wearmouth: »I bo ved Hav-
kysten, hvorfra Ulykken er kommen. Paa os er opfyldt, hvad
fordum er forudsagt ved Profeten: Fra Nord stormer Ulyk-
kerne ind, og fra Herren vil en forfærdelig Lovprisning ud-
gaa. Se den flygtige Røver har overfaldt de nordlige Dele af vor
Ø«. Af senere Breve fra Alcuin fremgaar, at Togene efter 793
efterhaanden ogsaa naaede det sydlige England; i et Brev
af 797 til Kent-boerne siger han: »Se, hvad aldrig før var
hørt, et hedensk Folk pleier at ødelægge ved Sørøveri
vore Kyster, og Anglernes Folkeslag og Riger og Konger
strides med hinanden«, og i et Brev til Erkebiskopen af Canter-
bury af omtrent samme Aar: »Formedelst vore Synder frygter
jeg Hedningerne, som i tidligere Tider ikke har forsøgt at
beseile vort Hav og plyndre vort Fædrelands Kyster«[1]. Til
disse seneste Aar af det 8de Aarhundrede (794—800) maa vi
derfor ansætte den første Landgang af Vikinger i Wessex,
som man, efter en Ytring i den saxiske Krønike, pleier at
henføre til 787. Det Haandskrift af den engelske Krønike,
som ansees for det ældste, er grundlagt i Winchester senest
ved 850—60 og føres med samtidig Haand ned til 890; dette
Haandskrift siger ved 787: »I dette Aar tog Kong Beorht-
ric Offas Datter Eadburge; og i hans Dage kom først 3
Skibe, og Greven red til dem og vilde drive dem til Kon-
gens Gaard, men de slog ham ihjel. De var de første Dan-
ske Mænds Skibe, som søgte til Anglernes Land«. Ved
sit »første« henviser denne Notits til dens Tid, da Danernes
Indfald var bleven hyppigere, altsaa Tiden 832—55; og æl-
dre kan Notitsen ikke være, da den ikke henføres til et be-
stemt Aar, men kun i Almindelighed til Beorhtrics Regje-
ringstid (785—800). Og dette er vel at mærke den eneste
Landgang af Vikinger, som den vestsaxiske Krønike kjen-
der før 832. Men i de andre Haandskrifter af Krøniken fin-
des for 2den Halvdel af 8de Aarhundrede og lidt ind i 9de
en Række Indskud fra angliske (merciske og northumbriske)
Annaler, der synes at stamme fra en samtidig Annalist i

---

[1] Monumenta Alcuiniana p. 181, 199, 371, 373.

Worcester.[1]. Ham skyldes saaledes Efterretninger om Hed-
ningernes Indfald i Northumberland 793 og 794; fra samme
Kilde stammer et eiendommeligt Indskud i den tidligere med-
delte Notits fra 787; efter »Skibe« staar her: Norðmanna of
Hæreðalande (Nordmænds fra Hordaland). Der er ingen Grund
til at mistænke dette Tillæg: dets Herkomst fra Nordengland,
hvorpaa de vigtigste Anfald i disse Aar skede, og dets Eien-
dommelighed, idet ikke »Norðmenn« ellers omtales i disse
Tider i den vestsaxiske Krønike og »Hæreðaland« er aldeles
ukjendt — borger for dets Tilforladelighed. Efter den Gang,
Togene tog, tør man snarere henføre dette Anfald i Wessex til
et af Aarene om 797 end til 787; Alcuins Breve vise ial-
fald, at tidligere end 793 kan Vikingerne ikke have vist sig.
Den samme Forfatter oplyser i et Brev fra 799 om et Ind-
fald, som Vikingerne gjorde ved Aquitanien: »Hedenske Skibe
har gjort meget Ondt paa Oceanets Øer ved Aquitaniens
Kyst; dog omkom endel af dem, omtrent 105 Mænd af hine
Røvere blev dræbte paa Kysten«[2]. Havet mellem Frankrige
og de britiske Øer var derfor i disse Aar saa udsat for Sørø-
vere, at Karl den store fandt det nødvendigt at gribe til
overordentlige Foranstaltninger for at beskytte sit Rige mod
»Hedningerne«. Tidlig paa Vaaren Aar 800 bereiste han en
Maanedstid Kysten, lod oprette Vagtposter og bygge en
Flaade. Ikke det mindst mærkelige ved Karls Optræden
ved denne Leilighed er at se, hvorfra han ventede Angre-
bene. Hvis han frygtede Anfald fra Danerne, er det aaben-
bart, at det var de frisiske Kyster, som maatte beskyttes;
men Karl bereiser »det galliske Havs Kyster« og kommer
ikke længer mod Nord end til Klostret St. Riquier ved Som-
me[3]; det er altsaa ikke fra Nordsøen, men fra Far-
vandet søndenfor Irland og England, at man ven-
tede Angreben e. Og ser man dette i Forbindelse med
hvad før er sagt, vil man indse, at disse Herjetog før 800,
hvis Vei kan følges fra Hordaland til Aquitanien, alle er ud-
gaaede fra det vestlige Norge.

---

[1] Earle's Indledning til Two of the Saxon chronicles, p. XL.
[2] Mon. Alcuiniana p. 512. [3] Einhards Annaler a. 800.

Ganske anderledes udvikler sig Vikingetogene fra Danmark; der kan man iagttage, hvorledes Krigsforholdet til Frankerriget efterhaanden affødte dem. Den danske Kong Gudrød havde underkastet sig slaviske Folk i Holsten, som var Keiserens Vasaller, og Karl lod da sine Undergivne anlægge en Fæstning nordfor Elben til et fast Udgangspunkt i en følgende Krig. Kong Gudrød optog naturligvis dette som en Udfordring og sendte Aar 810 en Flaade paa 200 Skibe til Frisland, og det siges etsteds, at dette var første Gang, Nordboerne herjede her[1]. Krigen stansede endnu samme Aar ved Gudrøds Død; men Keiseren begyndte dog aabenbart at frygte, at ogsaa fra Nordsøen Vikinger skulde nærme sig hans Rige, thi endnu i samme Aar giver han Befaling til, at en Flaade skal bygges ham i Boulogne og i Gent, og at det var Alvor med denne Foranstaltning, viser sig deraf, at han Aar 811 inspicerede Flaaden[2]. I de følgende Tider blev det derfor stille med Anfald fra Danmark, indtil Krigen atter udbrød mellem Danmark og Frankerne; Aar 817 drog en dansk Flaade opad Elben og Stör ind i Saxernes Land, og Aar 820 gjorde 13 »normanniske« Skibe et Anfald paa Flandern, og da de blev slagne, landede de ogsaa ved Seine og fortsatte sin Vei lige til Aquitanien; dette maa siges at være den første Gang, at danske Vikinger naaede til selve Frankrige. I de følgende Aar, da Fred var oprettet mellem Daner og Franker, skede der atter en Stansning i Fiendtlighederne; men da fra 830 af det frankiske Rige begyndte at løsne i sine Folder ved Borgerkrigene mellem Keiser Ludvig og hans Sønner, strømmede Vikingeskaren efterhaanden ud over hele det vestlige Europa: 832 kommer Danerne første Gang til England, fra 834 viser de sig næsten hvert Aar i Frankrige, 844 kom de første Gang til Spanien og 851 til Irland; her stødte de som bekjendt sammen med Nordmændene, men efter et Par Forsøg paa at hævde sig, synes de at have overladt Irland til dem. Og til disse danske Tog sluttede sig meget snart Vikinger fra Nor-

---

[1] Vita S. Liudgeri, hos Pertz I 413.
[2] Einhards Annaler a. 811.

ges Østland og vel ogsaa fra Gøtaland; derfor træffe vi Vest-
foldinger ved Loire, idet Vikingerne, som Aar 843 indtog
Nantes, kaldes »Wesfaldingi«. Det følger ellers af sig selv,
at var først de Enemærker overskredne, som i Udlandet skil-
lede mellem Nordmænds og Daners Krigsskueplads, lod disse
sig ikke længer opretholde. Fra Midten af 9de Aarhundrede
tør man derfor ikke længer med Sikkerhed henvise alle Vi-
kinger paa frankiske Kyster til Danerne eller paa irske til
Nordmændene, thi Nordmænd har ofte deltaget i danske Tog
og omvendt Daner i norske Tog.

III. Normanner og Nordmænd.

En Undersøgelse af de normanniske Folkenavne maa al-
tid først og fremst vende sig til at belyse Forholdet mellem
det nordiske Navn Norðmenn og det frankisk-latinske
Nortmanni. Munch havde fremsat den eiendommelige
Theori, at Nordmænd fra Viken havde sat sig fast i Sønder-
jylland og der stiftet det af Frankerne saa hyppigt omtalte
normanniske Rige; derved blev det ham naturligt at betragte
Navnet Nortmanni som identisk med Nordmænd, hvad jo og-
saa er sproglig rigtigt. Munch gik ud fra, at Navnet Norð-
menn paa Norges Beboere var ældre end 9de Aarhundrede,
og deri havde han, saavidt jeg kan se, Ret. I Kong Alfreds
Skrifter fra Aarene 880—900 omtales gjentagne Gange Norð-
menn som Beboere af Norge; og Nordlændingen Ottar, hvis
Beretning Kong Alfred ordret gjengiver, omtaler hele Norge
ligefra Finmarken til Vestfold under Navnet »Norðmanna
land« og »Norðweg«. Disse Navne var saaledes kurante i
sidste Fjerdedel af Aarhundredet, og man kan altsaa med
Tryghed paastaa, at Nordmændene i 9de Aarhundrede over-

alt ligesom Ottar kaldte sig »Norðmenn«; derfor kan en Skald fra c. 880 hilse Kong Harald som »dróttinn Norðmanna«. Men vi har allerede seet, at vi kan følge Navnet længer tilbage, thi Notitsen i Worcester-Annalerne om »Norðmenn of Hæreðalande« stammer, som vi omtalte, fra Tiden om Aar 800, og den er ikke enestaaende: den irske Munk Dicuil, der skrev Aar 825, omtaler, at irske Munke i 100 Aar havde beboet Færøerne, men havde maattet forlade dem — altsaa i Tiden om 800 — »causa latronum Normannorum«. At dette Navn fremkommer hos et ugermanisk Folk som Irerne, har sin Betydning, thi det viser, at disse kun kan have laant det fra Vikingerne selv; disse kaldte sig altsaa i de britiske Farvand omkring Aar 800 Norðmenn. Men det var netop disse norske Vikinger, om hvem første Gang Normanner-Navnet bruges hos Frankerne. Alcuin taler kun om »Hedninger«, de ældre kongelige Annaler (Ann. Laurissenses) taler ved Aar 800 om, at Havet var »piratis infestum«; men Einhard indskyder i sin Bearbeidelse »piratis Nortmannicis infestum«, som om Navnet var nylig dukket op. Senere i 9de Aarhundrede bruger de frankiske Forfattere Nortmanni i Flæng om alle nordiske Vikinger (se nedenfor); det bliver altsaa Spørgsmaalet: har Frankerne ved 800 laant Nordmændenes Folkenavn til Betegnelse af alle de nordiske Folk, eller har de dannet Navnet af sit eget Sprog som ethnografisk Betegnelse for de nordiske Folk? Begge Alternativer er mulige, men ikke begge lige sandsynlige. Det er lidet rimeligt at antage, at disse tildels sammenfaldende Folkenavne er opstaaede uafhængigt af hinanden. Der kan anføres mangfoldige Folkenavne i Historien, som har flyttet sig af historiske Aarsager, men neppe noget Exempel paa, at et enslydende Folkenavn er opstaaet paa to Steder. Naar Finnerne kalder fra gammel Tid Svensker Ruotsi og Araberne kaldte Nordboerne i Almindelighed Rus, og naar Germani paa engang er Navn paa enkelt tysk Stamme i det nordøstlige Gallien og paa hele Folkestammen, vil neppe nogen benegte, at det specielle Navn er overført paa de beslægtede Nationer [1]; paa samme Maade

---

[1] Tacitus' Forklaring af det Germaniske Navns Udvikling kunde saa-

er Alemanner blevet til fr. Allemands (Tyskere), Angler til
Englændere, Franker til Franskmænd o. s. v.

Hr. Steenstrup har ogsaa behandlet dette Spørgsmaal, men er
kommet til et forskjelligt Resultat. Han fremhæver først rig-
tigt, at Vikingernes almindelige Navn i det 9de Aarhundrede
paa Fastlandet er Normanner, ikke Daner. Paa Spørgs-
maalet, om Vikingerne gav sig selv dette Navn eller var
døbte dermed af de Fremmede, svarer han: »Det sidste er
jo aabenbart det naturligste. Medens man vist forgjæves kan
søge efter Exempel paa, at et Folk selv har kaldt sig efter
et Verdenshjørne, opviser Historien og Geografien talrige Pa-
ralleler paa, at en Nation af et fremmed Folk har modtaget
et Navn bestemt efter det geografiske Bopælsforhold mellem
dem. De Norske ere jo af den Grund af os Danske blevne
betegnede som Nordmænd, af Irlænderne og Islænderne som
Østmænd; Nordboerne have af den Grund kaldt Irerne Vest-
mænd og Tydskerne Suðrmænd«. Dette Ræsonnement er nu
i sin Almindelighed rigtigt, men om end vi Nordmænd op-
rindeligt har faaet vort Navn paasat af vore sydlige Na-
boer (Danske og Gøter), har dette dog ikke hindret os i
de sidste 1000 Aar at nævne os selv med dette Navn; det er
sikkert nok, at vore Forfædre allerede i 9de Aarhundrede
kaldte sig Norðmenn, og altsaa fra den Side intet iveien for,
at de af andre kaldtes Normanni eller Nortmanni. Navnets
Oprindelse gjør forsaavidt lidet eller intet til Sagen, og det
synes os, som om Hr. Steenstrup kun ved Misforstaaelse af
sit eget Spørgsmaal har kunnet dvæle ved denne Side af Sa-
gen; det følger egentlig af sig selv, at naar en Del af Vi-
kingerne kaldte sig selv Nordmænd, maatte denne Brug ial-
fald til en vis Grad influere paa de Folk, Vikingerne be-
søgte.

Hr. Steenstrup besvarer sit Spørgsmaal, »om det kan af

---

ledes — mutatis mutandis — Ord til andet passer paa Overgangen
fra Norðmenn til Nortmanni: Germaniæ vocabulum recens ac nu-
per additum, quoniam qui primum Rhenum transgressi Gallos ex-
pulerint ac nunc Tungri, tunc Germani vocati sint; ita nationis
nomen, non gentis evaluisse paulatim.

fremmede Kilder sees, i hvilket af de nordiske Lande Vikingerne (paa Frankerrigets Kyster) havde deres Hjem« med at »Nortmanni i Kilderne er det fælles Navn for Nordboerne og at vitterligt Danske og Svenske betegnes derved; men man mærker ikke noget til, at Norges Beboere vare indbefattede derunder«, thi naar vi høre om »Vestfoldinger«, der Aar 843 plyndrede Nantes, saa betragter Hr. Steenstrup dem udenvidere som Danske, fordi Vestfold Aar 813 vitterligt stod under Danmark. Men selv om Vestfoldingerne Aar 813 laa under de danske Konger, har vi dog ingen Sikkerhed for, at de var danske ogsaa 843; desuden, ved Underkastelsen blev Vestfoldingerne dog ikke forvandlede til Danske, thi Aar 843 optræder de jo netop selvstændigt. Hr. Steenstrups Slutningsmethode paa dette Sted forekommer ialfald mig at være af samme Art, som om f. Ex. en fransk Forfatter, der vidste, at Grevskabet Laurvig (Vestfold) i 1813 tilhørte den danske Konge, og fandt, at Frankrige Aar 1843 indførte Jern fra Larvik, deraf drog den Slutning, at de Danske exporterte Jern til Frankrige. Man har mere Ret til at vende Argumentet om og sige: da Vestfoldingerne vitterlig var Nordmænd (og ikke Danske) og de indgaar under den frankiske Fællesbetegnelse »Nortmanni«, er dermed et afgjørende Bevis leveret for, at Nordmænd fandtes blandt de normanniske Vikinger i Frankland[1]. Vestfoldingerne er forresten ikke, som Hr. Steenstrup tror, de eneste Nordmænd, der har optraadt som Vikinger paa Fastlandet før Olav den Hellige. Aar 865 f. Ex. plyndredes Orleans af Normanner under Anførsel af en Baard (Barethus), der omtales meget i irske Kilder (Barid mac Imair) som norsk Konge af Limerick[2]. Biskop. Ado af Vienne († 874) har derfor Ret, naar han taler om Karl den Skaldedes uheldige Kampe »mod Daner og Nordmanner«[3], ved hvilket Udtryk han viser, at man i Frankrige

---

[1] Foruden Vestfoldinger omtales ogsaa andre Nordmænd i frankiske Annaler som Nortmanni; jeg har ovenfor citeret en Efterretning fra Einhard af 812 om Nortmanni, som blev slagne i Irland, og paapeget, at disse Nortmanni var fra Norge.

[2] Se nedenfor 2den Bog 3die Kapitel.

[3] Adversus Danos atque Northmannos, Pertz II 323.

allerede omtrent 870 begyndte at indse Forskjellen mellem to
af de normanniske Hovedfolk. Denne Forskjel vil man finde
iagttaget leilighedsvis ogsaa i 10de Aarhundrede f. Ex. af
Saxeren Widukind. Naar Hr. Steenstrup ikke før 11te Aar-
hundrede har fundet nogen Berøring mellem Norge og Tysk-
land eller Frankrige omtalt i Sagaerne[1], saa har dog vi an-
dre fundet saadanne; jeg skal nævne, at Erik Blodøxe i Aa-
rene omkr. 920 drog i Vikingetog baade til Frisland og
Saxland og Valland (Nordfrankrige), hvilket Snorre beret-
ter efter Glum Geiressøns Viser; i Egilssaga læses, at Egil
og hans Broder Thorolv omkr. 925 herjede en hel Sommer
ved Frisland, og at omkr. 944 Arinbjørn Herse med 3 Lang-
skibe herjede en hel Sommer i Saxland og Frisland; og Olav
Trygvessøn foretog (efter Hallfreds Viser) i flere Aar Plyn-
dringstog til Frisland, Saxland og Flandern, og (ialfald efter
Snorre) herjede han ogsaa i Valland. Disse Træk er nok
til at vise, at man ingenlunde har Ret til at udtale sig med
den Sikkerhed, Hr. Steenstrup gjør, og at ogsaa paa Fastlan-
dets Kyster Nordmændene maa indrømmes en rummeligere
Plads, end Hr. Steenstrup har villet give dem.

Hr. Steenstrup har med rette hævdet Forskjellen mel-
lem Brugen af Navnet Normanni paa Fastlandet og paa de
britiske Øer, men han synes os dog ikke konsekvent at have
gjennemført det rette. I 10de Aarh. forstaaes i England
ved Norðmenn »Norske i Modsætning til Danske«, thi ved
Aar 924 nævnes som de Folk, der boede i Northumberland,
»Englændere, Daner og Norðmenn«, og ved Aar 941 siges,
at Danerne i Northumberland »længe havde været under
Nordmændenes Tvang«, men befriedes af Kong Edmund;
dette minder os om Snorres Ord, at »Northumberland var
mest bebygget af Nordmænd, siden Lodbrokssønnerne vandt
Landet; Daner og Nordmænd herjede ofte der, efter at de
havde mistet Landet«. Men, siger Hr. Steenstrup, »i 9de
Aarhundrede findes Benævnelsen Norðmenn ikke« (nl. i Ang-

---

[1] »Naar vi afse fra Traditionen om Gangerrolf, finde vi ingen Be-
røring mellem Norge og Tydskland eller Frankrige omtalt af Sa-
gaerne« (Steenstrup S. 51).

losaxon chronicle), idet det har undgaaet hans Opmærksomhed, at en engelsk Forfatter fra 9de Aarhundrede, der aabenbart staar i et nært Forhold til den engelske Krønike, Kong Alfred, netop ligesaa rigtig gjør Forskjel mellem Daner og Nordmænd; derved bliver det Hr. Steenstrup umuligt at opfatte rigtigt den føromtalte Efterretning i den engelske Krønike ved Aar 787 om de 3 Nordmandsskibe fra Hordaland, om hvem der tilføies: »det var de første danske Mænds Skibe, som hjemsøgte England«. Den naturlige Forklaring fremstiller sig, naar man kjender Forholdet mellem de forskjellige Bearbeidelser af den engelske Krønike: Skibene var virkelig fra Hordaland, men den vestsaxiske Forfatter har henført dem til det samme Folk, som senere (fra 832 af) herjede i Sydengland, og den senere Bearbeider, som gjorde Indskuddene, mærkede ikke den Modsigelse, som fremkom ved at han lod de 3 norske Skibe være de første »danske Mænds Skibe, som kom til England«. Deri er jeg enig med Hr. Steenstrup, at Englænderne i Regelen stræbte efter at adskille Daner og Nordmænd; men om det altid lykkedes dem, kan jo være tvivlsomt. En Antydning af, at begge Folk deltog i de danske Tog i England, kan sees i, at Kong Gorm († 890) ved sin Død af den samtidige vestsaxiske Annalist kaldes »se Norðerna cyning« (de nordiske Mænds Konge), og at en Samling af Lovbestemmelser, som i 10de Aarh. gjaldt i en Del af Danelagen, kaldes »Norðleóda laga«. Her har vi altsaa et engelsk Fællesnavn svarende til det frankiske »Nortmanni«; men dette Fællesnavn tabte sig efterhaanden i England, og det danske Navn traadte i Stedet, efterat de danske Konger havde stillet sig i Spidsen for nye Tog til England. I Tiden om Aar 1000 træder det især tydeligt frem, at «Danerne« er blevet Fællesnavn for de nordiske Nationer i Vesten, — thi i det »danske« Navn skede Togene til England, hvortil dog ogsaa norske Kongesønner og svenske Høvdinger sluttede sig. Fra denne Tid synes ogsaa Udtrykket »den danske Tunge« som Fællesbetegnelse for de nordiske Folks Sprog at skrive sig; det bruges første Gang i Litteraturen af Sigvat Skald i et Vers til Haakon Jarl, Kong Knuts norske Søstersøn. Denne engelske Sprogbrug trængte som bekjendt ind i det norrøne Litteratursprog, og paa de britiske Øer selv har den efterladt stærke Spor, idet Danernes Navn overalt fortrængte Nordmændenes, selv der hvor Nordmændene var eller havde været herskende, som paa Irland.

Irerne havde fra først af forskjellige Navne paa Vikingerne; de kaldte dem *geinte* (Hedninger), *gaill* (Fremmede) eller *Normanni* (Nordmænd); senere da Danerne optraadte ved Siden af Nordmændene, adskilte de dem fra hinanden som *Finn-gaill* (hvide eller smukke Fremmede) og *Dubh-gaill* (sorte Fremmede). Navnet »Lochlann« bruges i Irland allerede fra 9de Aarhundrede om Vikingernes Hjemland, deraf dannedes et nyt Folkenavn for Vikingerne »Lochlannac«; da disse nutildags paa de britiske Øer altid kaldes »Daner«, oversætter derfor irske Sprogmænd Lochlann ved »Denmark, Scandinavia«. Uagtet nu Hr. Steenstrup indrømmer, at i de gammel-irske Krøniker »Lochlannach« netop bruges om Nordmænd, i Modsætning til Daner, tager han dog til Indtægt den nyere Brug af Lochlann, finder, at det »ligger nærmere at forstaa det om Danmark«, og formoder, at Lochlann »oprindelig« betyder »Sjæland« og altsaa netop betegner de Danskes Hjemland. Sproglig er denne Forklaring mulig — thi *loch* betyder Indsø eller Fjord[1] og *lann* betyder Landstykke eller Land — men historisk usandsynlig er den, baade fordi Irerne ikke godt kunde finde paa at kalde sine nærmere Naboer Nordmændene efter en Provins i et fjernere Land, og fordi Sjæland neppe før end i 11te Aarhundrede ombyttede sit Navn »Sel-und« med Sjá-land, Sialandia[2]. Lochlann er vistnok ikke andet end en Oversættelse af Ordet Firðir eller Firdafylke (Fjordlandet), hvis Indbyggere vitterlig deltog i Vikingetogene til Irland; man erindre Hjor-

---

[1] Skjønt loch oprindelig betyder Indsø (lat. lacus), er det dog meget tidligt i Gælisk ogsaa brugt i Betydningen Fjord, derom vidner talrige Stedsnavne baade i Irland og Skotland.

[2] Thietmar af Merseburg skriver ved Aar 1012 Selon (ɔ: Selund), norrøne Skalde fra 10de og 11te Aarhundrede, som Guthorm c. 950, Sigvat c. 1036, Thjodolv og Valgard c. 1030, rimer alle efter Formen Selund eller endog Silund. Adam skriver Selandia, hvilket neppe er nordisk.

leiv og Ingolv, Islands første Kolonister, Kveldulv og Berdla-
Kaare o. s. v. Ja, der er Grund til at tro paa en tidligere
Forbindelse mellem Irland og Firdafylke. Som A. D. Jør-
gensen har formodet, er Kjærnen i Legenden om Sunniva et
Sagn om irske Munke, som nedsatte sig paa Øerne Kinn og
Selja. En saadan Nedsættelse er ikke alene sandsynlig, men
har ligesom paa Island og Færøerne bevislig ogsaa fundet
Sted i Norge, thi ogsaa her findes en Papey[1], endog saa
langt mod Øst som Hvaløerne. Kinn og Selja i Firdafylke
har da ogsaa engang i Fortiden (rimeligvis i 8de Aarhundrede)
været Bosteder for irske Paper, hvad der maaske endog har vist
Firderne Veien til Irland.

IV. Vikingetogenes Aarsager.

Vil man søge efter Aarsagerne til den store Bevægelse
udad i Vikingetiden, nytter det ikke at holde sig blot til de
nordiske Kilder; thi dels begynder de sikre nordiske Efter-
retninger ikke saa tidligt, dels har Digtningen saaledes paa-
virket de nordiske Sagaer, at disse fremstiller enhver fjern
Fortid som en Vikingetid. Og dette kan paa en Maade være
berettiget, thi de nordiske Stammer har ligesaalidt som deres
tyske Naboer nogensinde i Fortiden nøiet sig med de frede-
lige Næringsveie i Hjemmet. Allerede før Cæsars Tid kan
man træffe Germanerne optagne foruden af Fredens Sysler
tillige med private eller offentlige Hærtog enten til fremmede
Folkestammer eller mod hinanden indbyrdes. De tidligste
Spor af Nordboerne vise sammesteds hen. Tacitus omtaler
Svenskerne som »mægtige ved deres Mænd, Vaaben og Flaa-

---

[1] nu Pappere; det oldnorske Navn findes i »den røde Bog«.

der« i de østersøiske Farvand; der havde de altsaa allerede
dengang begyndt at fare over Havet for at herje paa frem-
mede Kyster. De spredte Efterretninger om Norden i senere
Tider stadfæste dette: i de danske Mosefund finde vi talrige
Vidnesbyrd om indbyrdes Krige; fra omtr. Aar 515 har vi
en enestaaende Beretning om et dansk (gøtisk) Hærtog til
Frislands Kyster, og omtrent paa samme Tid deltog Jyder i
Anglers og Saxers Tog til Britannien. Ligeledes kan vi ikke
tvivle om, at Skarer af Nordboere deltog i Folkevandringen,
naar vi se Herulerne hente sig en Konge fra »Thule« og en
Del af dem vende hjem til Gøtaland, eller naar en nordisk
Fylkeskonge Rodulf optræder som Hærmand hos Goterkongen
Theoderik i Italien. Alle disse spredte Træk tyde paa, at
allerede før Aar 800 Krigerlivet var en hædret Levevei hos
Nordboerne, at de ogsaa før den Tid drog paa Hærtog eller
tog Tjeneste som Krigere i fremmede Hære. Det, som ad-
skiller Tiden før 800 fra Tiden efter, er altsaa, at denne Næ-
ringsvei blev den mest fremtrædende i Folkets Liv, og sam-
tidig at den fik et nyt Virkefelt i en stærk Bevægelse mod
de vestlige og sydlige Naboer, mod de britiske Øer og Fran-
kerriget. Denne Bevægelse kunde man gjerne kalde en Fol-
kevandring, hvis ikke Benævnelsen let kunde misforstaaes,
saa at man uden videre stillede denne nordiske Folkevandring
sammen med den »store« Folkevandring; thi der er den store
Forskjel, at medens i denne Goter, Langobarder, Burgunder
o. s. v. var brudt op fra sine Bopæle i samlet Masse og
deres Lande stod øde efter dem, indtil andre Folk besatte
dem, saa forblev vistnok Mængden af Nordboerne i sine Hjem-
lande, men lod Overskuddet af sin Befolkning drage ud
paa Hærtog, ofte med Kvinder og Børn og i den tydelige
Hensigt at nedsætte sig i Udlandet. Derfor maa disse to
germaniske Bevægelser skjønt umiskjendelig beslægtede dog
holdes ud fra hinanden, og man kan ikke være forsigtig nok
med at anvende Resultater fra den ene paa den anden, skjønt
der findes Sammenligningspunkter nok.

Hr. Steenstrup har i Regelen holdt den »store Folke-
vandring« udenfor Undersøgelsen af Aarsagerne til Vikingeto-
gene. Naar han alligevel ikke kommer til helt tilfredsstil-

lende Resultatèr, forklares det efter vor Mening af hans min-
dre heldige Udgangspunkt, idet han benytter Sagnhistorien
som Hovedkilde og med Støtte i denne søger at oplyse de
samtidige Beretninger, medens det sikreste aabenbart er at
gaa den omvendte Vei. Vi vil forsøge her at paavise dette.
Vi har ovenfor seet, at Vikingetogene mod Vest havde to
Udgangspunkter, fra Vestlandet i Norge over Nordsøen til
Skotland og fra Egnene om Skagerak og Kattegat langs Ky-
sterne til Frisland, Frankrige og England. Vi saa, hvorledes
Nordmændene lidt efter lidt vænte sig til at herje paa Ky-
sterne i Irland og at deres Hensigt var kun at plyndre og
røve; det samme gjentager sig fra Danmark af i de første
Tog mod Frankerriget, og overalt sker i Begyndelsen Togene
i mindre Stil. Men i Løbet af en Menneskealder forandrer
Tingene Udseende. Skibene voxer i Antal, og omtrent fra
830 af besætter Nordmændene i Irland faste Punkter ved El-
vemundingerne for at have sikre Udgangspunkter for sine
Herjetog, men ogsaa for at beherske Landets Handel. Kort
efter gjøres det første Forsøg paa Erobring; alle Nordmænd
forene sig under en Konge Thorgisl, som slaar sig ned i det
nordlige Irland omkring Armagh, erobrer Byer og bygger
Borge, uddeler Landet mellem sine Høvdinger og udskriver
haarde Skatter; af de Skibes Tal, der nævnes, ser man, at
han havde flere tusind Mand under sig. Men Forsøget mis-
lykkes, Irerne mander sig op. Thorgisl dræbes (845), og i
flere Aar føres en haardnakket Kamp, hvori i ét Aar falder
1200 Nordmænd og to Aar senere ikke mindre end 2400;
dertil kommer, at Nordmændene fik en ny Fiende i Danerne
under en Hærkonge Orm, som kom til Irland 851, overvandt
dem i to store Søslag og siden gik i de irske Kongers Sold.
Men alligevel strømmede nye Skarer Nordmænd til, og snart
kunde de under Brødrene Olav og Ivar Gudrødssøn erobre
Dublin (853). Derfra foretog de og deres Mænd ustraffet
Herjetog gjennem store Dele af Irland; man ser nemlig, at
Bosættelsen i »Dublinshire« ikke stansede Hærtogene, men
Dublin betragtedes, ialfald saalænge de to Hærkonger levede,
kun som Standkvarter, hvorfra man udsendte Tog til alle
Kanter for at inddrive Skatter og vinde Bytte fra det ulykke-

lige Land. Irerne, der selv vare splittede under mange Konger og altid laa i indbyrdes Feider, formaaede sjelden at opnaa Fordele over sine grusomme Fiender og maatte efter flere Forsøg paa at fordrive dem lade Nordmændene blive i Dublin; først ved Paavirkning af Kristendommen og Kultur opnaaedes efterhaanden i de følgende Aarhundreder et roligere Forhold mellem Indvandrere og Indfødte. Paa andre Kanter gik ikke Forsøgene saa let. Da første danske Vikingetog udgik — som før nævnt — i Anledning af Krigene mellem Danmark og Frankerne; men fra 834, da Frankerne var optagne af Stridighederne mellem Keiser Ludvig og hans Sønner, vover danske Vikinger sig paa Herjetog til Frisland og til Egnene om Loire, ligesom samtidig Veien findes over til Englands østlige Kyster; i disse Aar nævnes en Flaade paa 33 eller 35 Skibe, altsaa neppe mere end 14 à 1500 Mand. Men snart voxer Skibenes Antal, og snart fæster Vikingerne fast Fod i Landene. Fra 843 slog de sig ned paa en Ø i Loiremundingen, fra 850 fik de afstaaet smaa Landsdele i Frisland, omtr. 855 sætter de sig fast paa Øer i Seinen og i Themsen. Paa alle Punkter behersker de Havet og Handelen, de optræder overalt med Masser af Skibe, ofte flere Hundrede i Tal; fra de faste Punkter gjør de blodige Hærtog ind i Landene, udskriver Kontributioner eller modtager Skat for at gaa tilbage til sine Befæstninger. Det næste Skridt er, at Landvindingen eller Erobringen sker for dens egen Skyld, d. v. s. for at Hæren kan fæste Fod i Landet som fastboende Befolkning. Et Forsøg herpaa sker i England fra 866 af, og Resultatet er, at Hærene erobrer hele det østlige England og deler dette mellem sig i Aarene 875—79. Strax opmuntrer dette Held en anden Hær til at gjøre samme Forsøg i Frankrige; der samler sig store Skarer i England 879, de drager over til Flandern, og efter 3 Aars Kampe maa Keiseren afstaa Frisland til Vikingerne. Imidlertid ser man, at kun en Del af disse higer efter Land; de øvrige drager under en af sine Konger bort for at vende sine Vaaben mod det vestfrankiske Rige, og her gaar deres Hensigt ud paa at vinde ikke Land, men Bytte og Penge. I 892 driver en Hungersnød dem over til England, de bygger sig faste Borge ved Kysten og herjer Landet, men Erobringer synes de ikke at tænke paa; efter et Par Aars Forløb kommer de tilbage til Gallien for atter at plyndre, og her forlader den samtidige Historieskrivning dem (den standser nemlig Aar 900), indtil vi atter en Del Aar senere træffer Nordboer igjen i Frankrige, men da har deres Høvding — Rollo — traadt i Frankerkongens Tjeneste mod sine Landsmænd (»pro tutela regni«). — Af disse korte Træk vil det fremgaa, at Vikingetogene efter et Par Menneskealdres Forløb vistnok e n d t e med Bosættelse af talrige Skarer i de fremmede Lande, men at Bosættelsen ingenlunde var Vikingernes eneste Formaal, ofte ikke deres Formaal; som Vikingetogenes Hensigt maa vi overalt se S t r æ b e n e f t e r a t v i n d e B y t t e, enten v e d R ø v e r i eller v e d P a a l æ g a f S k a t t e r e l l e r v e d a t g a a i f r e m m e d K r i g s t j e n e s t e. Det vil endvidere fremgaa, at Togene i Begyndelsen overalt sker med smaa Kræfter, at efterhaanden Krigerskarerne voxer og opfylder til Slutning alle Kyster; og Folketallet synes at stige, uagtet Krigene kræver mange Ofre, og uagtet mange slaar sig ned i de fremmede Lande som fredelige Indbyggere. Dette viser, at Skarernes Væxt maa staa i Forbindelse ikke alene med at stadigt flere og flere slaa sig paa den nye Næringsvei, men ogsaa med en Væxt af Folkemængden hjemme, d. v. s., at Udvidelsen af Folkets Næringsveie i den nye Retning har fremkaldt en stærk Folkeformerelse, som holder Skridt med Udviklingen. Det kan her være godt at minde om den Erfaringssætning fra Statsøkonomien, at en F o r ø g e l s e a f N æ r i n g s k i l d e r n e i e t L a n d regelmæssig f ø r e r m e d s i g· e n F o r ø g e l s e a f F o l k e m æ n g d e n. Det er saaledes bekjendt nok, hvorledes Befolkningen steg i Irland efter Indførelsen af Potetesavlen. Det er saa langt fra, at Krig og Udvandringer i Regelen formindsker Folkemængden, at snarere det omvendte kan siges at finde Sted, undtagen naar Krige bringe Formindskelse af Næringsmidlerne. Under Krigene mellem England og Frankrige steg Englands Folkemængde fra 8½ Million (1790) til 12 Mill. (1821), og selv Frankrige, som blev saa haardt rammet af Krigen, øgede sit Indbyggerantal fra 26½

Mill. (1791) til 29¼ Mill. (1817)[1]. Men Krigene i Vikinge-
tiden var jo i sig selv en Forøgelse af Folkets Næringskilder,
og jo stærkere Udstrømningen til Udlandet blev, desto stærkere
maatte denne allerede i næste Generation virke tilbage til
Hjemlandene og fremkalde ikke alene stærkere Folkeforøgelse,
men ogsaa stærkere Udvandring. Netop i Slutningen af Aar-
hundredet, i den 3die eller 4de Generation, kunde saaledes
begge vise sig i sin stærkeste Udvikling.

Denne Forklaring falder i nogle Punkter sammen med Hr.
Steenstrups Resultater, i mange afviger den derfra paa Grund
af hans særegne Udgangspunkt fra de sagnmæssige Kilder.
Vi er ikke bange for at betegne det som en Overvurderen af
disse, naar han endog tager i Forsvar de med rette berygtede
»Vandringssagn«; han nævner de forskjellige Grunde, hvorfor
nyere Forskere. i Regelen har en vis Sky for at benytte disse
i tidligere Tider saa udbredte og anseede Beretninger, men
den vigtigste af disse Grunde synes han at have overseet,
nemlig at omtrent alle eller de fleste »Vandringssagn« slet
ikke er »Sagn«, men Theorier, fremkomne ved Forsøg paa
at forklare, hvad man paa et uudviklet Standpunkt af Mangel
paa den rette Indsigt ikke kan forklare. De normanniske
Forfattere fra 11te Aarhundrede, der ikke længer mindedes
det 9de Aarhundredes virkelige Historie, havde af denne
kun bevaret de mest slaaende Træk, og disse samlede sig om
de enkelte Mænd, der havde fuldendt Udviklingen: derved
kom de til at opfatte hele Vikingetiden efter dens endelige
Resultat som en »Udvandring« og søgte da efter dennes Aar-
sager, hvilke de med Lethed fandt efter sin klassiske Læs-
ning om lignende Forhold i ældre Tid. Hr. Steenstrup ser
derimod i de normanniske Beretninger ægte »nordiske Sagn«;
for at vinde Indgang for en saadan Betragtning paapeger han
først en Række danske Paralleler. Hvis nu ogsaa disse pe-
gede paa en Udvandring til England eller Frankrige,
vilde de jo tale for Paalideligheden af de normanniske »Sagn«;
men om en Udvandring mod Vest tier de danske

---

[1] Efter Roscher, System der Volkswirthschaft I 546 (11te Udg.).

Sagn. Han maa altsaa hjelpe sig paa anden Maade: nu gives der en Række »Sagn« om Udvandringer mod Øst, og af disse uddrager da Hr. Steenstrup den Lære, at der ved Østersøens Kyster har existeret en bestemt Tradition om en Udvandring og en Kolonisation mod Øst, og at Aarsagen hertil har været Overbefolkning. Det er egentlig kun det sidste, som har Betydning for Undersøgelsen, nemlig som Parallel for Udvandringen mod Vest og som Vidnesbyrd om, at Danmark i Vikingetiden var overbefolket. Nu er det jo saa, at enhver Udvandring forudsætter til en vis Grad Overbefolkning (o: Misforhold mellem Folketallet og Næringsveienes Afkastning), saa at hvis et Udvandringssagn skal bevise noget om Overbefolkning paa en vis Tid, maa Sagnet være historisk. Men disse »Sagn« om Udvandringer mod Øst lider alle af den Feil at være uhistoriske. Saxo fortæller, at Harald Blaatands Søn Haakon (hvis historiske Ikketilværelse nok er sikker) drog ud paa Vikingetog, at han og hans Mænd erobrede Sembia (Semgallen i Lifland), dræbte de mandlige Indbyggere, giftede sig med Kvinderne og slog sig ned i Landet, hvorfor Semberne endnu (paa Saxos Tid c. 1200) regne sig for Danske[1]. Dette »Sagn« er i en Krønike fra c. 1290 voxet derhen, at hver tredie Mand i Danmark paa Kong Lodne-Knuts Tid (c. 900) drog over Havet mod Øst, erobrede Preussen, Semgallen, Karelien (o: det østlige Finland) og flere tilgrænsende Lande, og deres Efterkommere blev boende der til den Dag i Dag[2]. Jeg har fremhævet den sidste Linje i begge Beretninger, fordi den viser os, hvorledes disse Sagn er opstaaede. Paa Kysterne af Estland, Lifland og Finland boede i meget tidlig Tid nordiske Mænd, nemlig udvandrede Svensker; der skulde da ikke mere til at danne et Sagn om en dansk Udvandring hid, end at danske Handelsmænd paa Reiser i Østersøen opdagede disse »dansk«-talende og berettede derom hjemme, hvoraf da Sagnet lettelig opstod om en dansk Udvandring. Nationalsagn har hyppigt en erobrende Tendens; hvad underligt da i, at

---

[1] Saxo p. 485—86.   [2] Langebek Scr. I 158.

man i Valdemarernes Dage med Interesse tænkte paa disse
ældre Kolonisationer og fandt Anledning til at knytte dem
til den danske Historie, som derved blev et Forbillede for
Samtiden? — Paa en noget anden Maade forholder det sig med
Sniosagnet. Det er forlængst erkjendt, at Sagnet om Lango-
bardernes Udvandring fra Danmark er laant fra fremmede
Kilder (Paulus Diaconus) og uhistorisk; Hr. Steenstrup tror
dog, at en Del af Sagnet er hjemlig dansk, fordi han ellers
ikke kan forklare sig, at Saxo lader Udvandrerne gaa ud fra
det østlige Danmark. Men slaar man efter hos den lango-
bardiske Historieskriver, der (vistnok paa 2den Haand) har
været Saxos Kilde, vil man læse, at Udvandrerne drog fra
»Scandinavia« over »Mauringa« og »Golanda«; Saxo følger
altsaa netop Antydninger i fremmede Kilder, naar han lader
sine Udvandrere drage fra det østlige Danmark (Skaane og
Bleking) over Moringa (Møre) og Gutlandia (Gotland). Det
eneste hjemlige i Saxos Fortælling er hvad han siger om
Kong »Snio«; men denne Konge hører ikke hjemme i Hi-
storien, han er laant fra Mythologien. Snio betyder Sne
(oldn. snjór), og Kong Sne og hans Slægtninger træffes igjen
i norrøne Sagaer som Snær hinn gamli, som Frosti,
Kári (Vind), Logi (Ild), der ogsaa her efterhaanden blev
til historiske Personer; selv hos Saxo finder vi et Minde af
Mythen i det Træk, at Kong Sne skal mødes med sin El-
skede »ved Vinterens Komme«[1]. Hvad Under da, om
Sagnet henførte til Kong Snes Tid stærkt Uaar og Hungers-
nød og til denne knyttede det fremmede »Sagn« om Lango-
bardernes Udvandring? Hvor let det er at faa istand Van-
dringstheorier, viser Gotlændernes Beretning om, at Goterne
i Syden var udvandrede fra Gotland, hvilket ogsaa skede
paa Grund af Overbefolkning, eller det schweiziske »Sagn«
om at Schweizerne udvandrede fra Sverige (Svetia — Schweiz),
hvilket naturligvis havde samme Aarsag. Ifølge romersk og
græsk Tro havde det nordlige og østlige Europa altid et stort
Overskud af Befolkning, saa derfra kunde de lærde Historikere

---

[1] sml. N. M. Petersens Nordisk Mythologi.

i Middelalderen udlede hvad Folk det skulde være. Havde man en Navnlighed, var Sagen klar (Dacer - Daner, Geter - Goter eller Gøter, Schweizere - Svensker). Om der kom sproglig Slægtskab til, som mellem germaniske Stammer i Nord og Syd, var det saa meget bedre; der skal ikke mere til, for at den tyske Erkebiskop Hraban Maurus († 856) udleder ogsaa Frankerne fra de nordiske Folk.

Af de danske Beretninger om uhistoriske Udvandringer mod Øst kan altsaa kun udledes det Resultat, at de Danske — som alle andre — antog at Udvandringer kom af Overbefolkning, men en saadan Antagelse kan vi ikke bruge som historisk Dokument. Naar vi nu gjenfinde den samme Antagelse hos normanniske Forfattere, bør vi ikke heraf drage Slutninger til historiske Forhold, men maa først undersøge, om Antagelsen her findes sammen med virkelige Efterretninger. Dudo (c. 1000—1020), der tror, at Danerne kommer fra Dacien ved Donaumundingerne, beretter nu, at Geter, Sarmater, Amaxobier, Tragoditer og Alaner lever et meget løsagtigt Liv, at der derfor fødes dem en Mængde Børn, og at, naar disse blive for mange til at Landet kan føde dem, drives de efter gammel Skik ud af Riget, for at de kan skaffe sig nye Lande. Saaledes gjorde Geterne eller Goterne, og saaledes var det ogsaa blandt ›Daci‹; da bestemte Kongen, at den gamle Lov skulde anvendes og en stor Del af det unge Mandskab drives ud af Landet o. s. v. En noget senere Forfatter, Vilhelm af Jumiège (c. 1070), lægger til denne Beretning endnu den videre Forklaring, at Familiefaderen drev alle de voxne Sønner bort fra sig undtagen én, som da blev Arving. Det er paa disse ›Sagn‹, at Hr. Steenstrup grunder sin Theori om Vikingetogenes Oprindelse. Han indrømmer, at Dudo udgaar fra lærde Theorier, som han har laant fra sin Læsning; men hvad Dudo fortæller om Danerne, mener Hr. Steenstrup, er dog en ›selvstændig nordisk Tradition‹, og han søger altsaa at hævde, 1) at Danmark ved Vikingetidens Begyndelse var overbefolket, 2) at denne Overbefolkning kom af Flerkoneri eller Frilleliv. Begge Dele ef det umuligt at bevise, man kan aldrig komme længer end til Sandsynligheder, da man ingen sikre statistiske

Opgaver har fra det 9de Aarhundrede. At Danmark — og Norden overhovedet — var godt befolket, kunde man allerede paa Forhaand være sikker paa, da det sender et Overskud af sin Befolkning ud i Verden; men hvor godt befolket, og i hvilket Forhold Befolkningen stod til Næringsveienes Afkastning, kan vist ingen nu længer bringe paa det rene. Hr. Steenstrup søger at skaffe os en Forestilling om Folkemængden af de Tal, som opføres i udenlandske Annaler over faldne eller over Skibe; og disse fortjener visselig Opmærksomhed, selv om man ikke kan betragte dem som ganske sikre og man ofte maa fraregne en god norsk eller svensk Kontingent i de »danske« Hærmasser. Men disse Tal kan ikke bevise nogen Overbefolkning, endnu mindre, at Overbefolkningen var Aarsag til Togene. Lægger man Mærke til Tallenes Stigning, jo længer man kommer ned i det 9de Aarhundrede, turde man føle sig fristet til at paastaa, at de taler for en stærk Forøgelse i Løbet af Aarhundredet; den danske Hærstyrke, som Kongen sender til Frisland 810 og som udbydes til Leding 815, var kun 200 Skibe (c. 8000 Mand), men i 845 udgjør den samlede Leding 600 Skibe (c. 24000 Mand), og ved Paris 885 laa omkring 40,000. En saadan Stigning har, som vi før saa, sine naturlige økonomiske Aarsager, og forsaavidt hænger Vikingetogene sammen med Folketallet; men selv paa den Tid kan vi ikke bevise, at der fandtes nogen Overbefolkning, og var der nogen, opfatte vi den snarere som Følge af end som Aarsag til Vikingetogene.

Dudos Forklaring af Aarsagen til Overbefolkningen maa vi saaledes afvise; den er da i sig selv mislig nok. Flerkoneri eller Frillevæsen har ifølge alle moderne Iagttagere ikke Folkeformerelse tilfølge, snarere det modsatte. Vore Forfædre i Vikingetiden udmærkede sig vistnok ikke i Retning af Sædelighed, dertil var deres Liv for haardt og raat; men man tør neppe med Hr. Steenstrup antage, at Flerkoneri var udbredt, det synes dog direkte at stride mod alle Germaners juridiske Opfatning af Ægteskabet, hvorefter hos vore Forfædre i en Husholdning Manden herskede »uden Stoks«, Hustruen »inden Stoks«. Historiske Efterretninger synes ogsaa overalt at vise hen til, at Flerkoneri kun kjendtes og

var optaget blandt Fyrsterne; alle Exempler maa hentes
fra dem. Frillevæsen har rimeligvis været mere udbredt, og
kunde vistnok i Almindelighed blive til Forøgelse af den en-
kelte Familie; men det kan neppe have havt nogen absolut
Betydning for Forøgelsen af Landets Folkemængde. Den
almindelige Erfaring lærer jo, at hvor man har Flerkoneri
eller Friller, der maa ogsaa samtidig et tilsvarende Antal
Mænd afholde sig fra Ægteskab; til de islandske Høvdingers
talrige Familier svarede ganske vist allerede i Oldtiden et
talrigt Følge af ugifte Husfolk, saaledes som endnu paa Is-
land den ugifte Husstand er uforholdsmæssig stor; og ved
Siden af Flerkoneriet hos Orientens Fyrster finder man en
talrig Stand af Eunucher og ugifte Slaver, hvilket selvfølgelig
virker mod Folkeforøgelsen. Omvendt turde man vel snarere
have Lov til at slutte, at da man ser tydelige Spor til, at
Folkemængden i Norden har voxet stærkt i Løbet af 9de
Aarhundrede, kan hverken Flerkoneri eller Frillevæsen have
været stærkt udbredt, ialfald ikke saa udbredt, at det havde
synderlig Indflydelse paa Folketallet.

Følgen af Overbefolkningen var efter Dudo, at Kongerne
paabød Udvandring af de unge Mænd. Hos Dudo er denne
Beretning en Afslutning af hans hele Betragtning af For-
holdene i Norden; det var disse Paabud, som drev
Ungdommen ud af Landet og specielt førte den
under Hasting og Rollo til Frankrige. Hvis altsaa
det foregaaende Ræsonnement var rigtigt, maatte Afslutningen
— Resultaterne — være saa meget sikrere. Det maa derfor
forundre, at Hr. Steenstrup her opgiver Dudo næsten fuld-
stændig, thi efter Kildernes Udsagn »synes Vikingetogene ikke
foranledigede af den danske Regjering eller de danske Konger«,
og en af disse protesterede jo endog udtrykkelig mod, at han
skulde have givet sit Samtykke til Plyndringerne. Men er her
Dudo upaalidelig, bliver hele Beretningen upaalidelig; naar
hans Konklusion ikke stemmer med Historien, saa kan hans
Præmisser det endnu mindre, thi da er de ikke ægte Tradi-
tioner, men en Sammenstøbning af halvglemte Sagn og lærde
Formodninger, som kun er bleven til for at forklare Ud-
vandringspaabudene.

Man skulde tro, at for den middelalderske Opfatning maatte den af Dudo omtalte Aarsag strække til for at forklare Danmarks Folketal og den deraf følgende Udvandring; ikke desto mindre har dog Dudos Efterfølger Wilhelm villet finde en endnu bedre Grund, og denne søger han i en efter hans Sigende i Danmark bestaaende Skik, at Faderen selv drev sine Sønner ud i Verden og kun lod én arve Gaarden. Dette forudsætter, som man vil se, at efter nordisk, specielt dansk, Ret Gaardene ikke deltes mellem Eiernes Sønner, men holdtes sammen som udelelige; men danske Retshistorikere (Rosenvinge, J. E. Larsen) er enige om, at Deling af Eiendomme var brugelig i Danmark omtrent indtil Reformationen og i Norge og Sverige ialfald indtil det 13de Aarhundrede. Det er derfor næsten utænkeligt, at Danmark allerede i 9de Aarhundrede skulde have udviklet sig i denne Retning og saa bagefter være gaaet tilbage til Urstandpunktet. Hr. Steenstrups Forsøg paa at »redde« ogsaa Wilhelm's Beretning for Historien maa vi derfor anse for afgjort mislykket, uden at vi tør trætte vore Læsere med en nærmere Paavisning deraf [1]. Dette Forsøg var en Konsekvens af det Standpunkt, Hr. Steenstrup indtager ligeoverfor de normanniske Kilder, og er det faldt uheldigt ud, rammer Uheldet ogsaa disse Kilder selv, hvis Upaalidelighed bliver den samme som før.

---

[1] En saadan Paavisning er nu udført af v. Amira i Sybels Historische Zeitschrift, N. F. III 248—57.

2den Bog.

Ragnar Lodbrok og Lodbrokssønnerne.

I »Historisk Tidsskrift« fremsatte jeg for et Par Aar
siden et Forsøg paa at opklare Danmarks Historie i 9de Aar-
hundrede ved at stille de frankisk-karolingiske Kilder lige-
overfor de nordiske; det Resultat, hvortil jeg kom, kan i Kort-
hed betegnes saaledes, at det danske Rige gjennem næsten
hele det 9de Aarhundrede var optaget af Stridigheder mellem
en indfødt Kongeæt og Ætlinger af den svensk-norske Yng-
lingeæt, at (som allerede Munch havde gjort gjeldende) Karl
den stores Modstander Godfred var den samme som den vest-
foldske Kong Gudröd, der omtales i Digtet Ynglingatal, og at
af Sagnhelten Ragnar Lodbroks Bedrifter kun de færreste til-
hørte Historien [1]. Denne Theori har hertillands og i Sverige
vundet adskillig Indgang — den er saaledes f. Ex. optaget i
den nye svenske »Illustrerad Verldshistoria« i et Stykke, for-
fattet af den nylig afdøde R. Tengberg —, men i Danmark
har den kun fundet Modsigelse. A. D. Jørgensen indrømmer
min Fremstilling en »abstrakt Mulighed«, men det er ham
dog »ufatteligt, hvorledes man skal tænke sig, at en norsk
Gudfreds erobring af Danmark og kampe med Karl den
store og hans sønners herredømme over hele Danevælden,
helt ned til Harald Hårfagers tid, skulde være uomtalt eller
glemt i den norske kongesaga (for ikke at tale om de sam-
tidige tyske kilder eller den danske tradition), dersom den
virkelig havde fundet sted«.[2] En dansk Anmelder under

---

[1] »Om Ynglingatal og de norske Ynglingekonger i Danmark«, (Norsk)
Hist. Tidsskr. III 58—79.
[2] Den nordiske Kirkes Grundlæggelse og første Udvikling, S. 76,

Mærket — c i Sybels historiske Tidsskrift[1] tror at have opdaget i min Afhandling en Ytring af en særegen Skjævhed hos norske Historikere, at befatte sig med genealogiske Hypotheser, og afviser mig med endel vrede Bemærkninger. Joh. Steenstrup har i sin »Indledning til Normannertiden« viet mit Forsøg et helt Kapitel af Modbeviser; ogsaa han røber en stærk Fortrydelse over, at jeg »vil gjenopreise den gamle Theori om Norskes Herredømme i Danmark paa Grundlag af disse ulykkelige Genealogier«. Nu er det imidlertid saa, at Danmarks indre og ydre Forhold i hine Tider har stor Betydning for hele Vikingetidens Historie; desuden har denne Tid en videre Interesse ogsaa for den senere norrøne Litteratur, forsaavidt som kun en kritisk Sammenligning af Historie og Sagn kan bringe for Dagen, ad hvilke Veie den norrøne Sagnhistorie og Sagndigtning har taget sin Væxt. Af denne og andre Grunde tager jeg her disse Spørgsmaal under ny Behandling; jeg har af Hr. Steenstrups Resultater optaget adskillige og er derved paa flere Punkter kommet til nye Anskuelser, men jeg har desuden under den fornyede Behandling fundet adskillig Bestyrkelse for mine Hovedsynsmaader, som jeg her vil udvikle nærmere. For at vinde et fast Udgangspunkt skal jeg i det følgende begynde med at tegne Omridsene af Danmarks sikre Historie i 9de Aarhundrede; derefter skal jeg søge at paavise, ad hvilke Veie og efter hvilke Love den danske Sagnhistorie har forvandlet sig til det Billede, vi kjender fra Saxo og fra de islandske Sagaer om Ragnar og hans Sønner.

I. De frankiske Annaler om Danmark i 9de Aarhundrede.

Den første frankiske Forfatter, som giver os et virkeligt Indblik i samtidige Forhold i Norden, er Karl den stores be

---

[1] Historische Zeitschrift, 82ter Band. Hr. — c citerer ellers i en foregaaende Artikel en af Dr. Jessen forfattet Afhandling som sin egen; det maa altsaa være tilladt at betragte Hr. — c som identisk med Dr. Jessen.

kjendte Biograf Einhard (f. c. 770). Han var uddannet ved
Hofskolen under Karls egne Øine og optoges tidligt i hans
fortrolige Kreds, han blev kongelig Bygmester og Sekretær og
brugtes i vigtige Sendebud. End større blev Einhards Ind-
flydelse under Keiser Ludvig, idet han i 817 blev Minister for
den unge Keiser Lothar og beholdt denne Stilling indtil Ud-
brudet af Kampen mellem Ludvig og hans Sønner i 829; da
han ikke længere kunde stanse Striden, trak han sig tilbage
fra Hoffet til et Kloster i Øst-Franken og døde her i 844[1].
Foruden »Keiser Karls Levnet« har man fra hans Haand en
Bearbeidelse og Fortsættelse af de saakaldte Lorsch-Aarbøger
(Annales Laurissenses), som i Virkeligheden er samtidige
Optegnelser om det frankiske Riges Historie, opfattet fra Hof-
kredsens Standpunkt og fremstillet efter denne Opfatning, alt-
saa officiel Rigshistorie. Deres Beretninger kan være
skjævt fremstillede, forsaavidt alt maa tjene til Keiserens og
Rigets Forherligelse, ofte kan Uheld være fortiede; men om
Forfatternes Fortrolighed med sin Gjenstand, deres Evne til
fuldstændig at beherske sit Stof, kan man ikke tvivle, og
overalt, hvor Forholdet til Hoffet eller Rigsregjeringen ikke
paavirker dem, bør man skjænke dem den fuldeste Tiltro.
Dermed er ikke givet, at Forfatternes Kundskaber strækker sig
stort udenom det frankiske Rige; det er for at nævne et
Exempel aabenbart, at Einhard ikke havde den fjerneste
Anelse om, at der blandt de skandinaviske Nationer fandtes
en egen Stamme af Navnet »Nordmænd«. Han omtaler en-
steds den store Havbugt, som gaar ind fra Vesterhavet mod
Øst (ɔ: Skagerak, Kattegat og Østersøen), og fortæller, at »om
den bor mange Folkeslag, nemlig Daner og Svensker, som
vi kalder Nortmanner og som bor paa Havbugtens Nordside
og Øerne i den«, samt paa Sydsiden Slaver og Ester[2]. Det
er tydeligt, at ved Normanner mener han den ethnografiske
Enhed »de skandinaviske Folk«; men blandt disse kjender
han kun de to, skjønt han lader dem bo baade paa Nordsiden
af den store Havbugt (ɔ: i Norge og Sverige) og paa Øerne

---

[1] Wattenbach, Deutschlands Geschichtsquellen (2den Udg.) S. 128 ff.
[2] Einhards Vita Karoli, Pertz II 449.

i samme (o: de danske Øer, samt Halvøerne Skaane og Jylland). En lignende Uklarhed, som dog nærmer sig til det rigtige, viser Einhard i Omtalen af det norske Vestfold (Vesterfolda ell. Vestarfolda); i Annalerne ved 813 siger han, at det ligger yderst i Danekongernes Rige mod Nordvest og vender mod Nordspidsen af Britannien[1]; men at Vestfold laa nordenfor Havbugten, altsaa paa det nordlige Fastland, har han kun havt en meget dunkel Forestilling om. Man er ikke engang berettiget til at vente hos Einhard nogen Kyndighed i nordiske Tilstande, thi med Nordboerne beskjæftiger han sig kun i Forbigaaende, nemlig naar de kom i nærmere Forhold til Frankerriget; først den Omstændighed, at Frankerne med Karl den store flyttede sine Grænseskjel til Elben og saaledes nærmede sig de danske Lande, har aabnet et Indblik i disse.

Da Franker og Daner var blevne Naboer, indtraadte i Begyndelsen et ganske fredeligt Forhold. Den danske Konge rørte sig ikke, da Karl undertvang Saxerne, og det uagtet Danskerne havde Anledning nok til at blande sig i Striden, idet Saxer-Høvdingen Vidukind flygtede til dem (777); men netop i de samme Aar læser vi om fredelige Gesandtskaber mellem Kong Karl og Danekongen Sigfred[2] (Aar 777 og 782). Denne kunde ogsaa roligt se paa, at Karl herjede de vendiske Wilzer i Mecklenburg og Pommern (789). Men da Keiseren i 804 trængte ind i Nordalbingien (Holsten), bortførte de derboende Saxer og overlod deres Land til sine vendiske Forbundsfæller, Abotriterne, fandt den danske Konge Godfred[3] ikke at kunne sidde stille længer; han drog »med sin Flaade og sit Riges Rytteri« til Slesvig og opstillede sig paa Grænsen.

---

[1] Einhards Annaler, Pertz I 200.
[2] Sigfred kaldes af Einhard og Frankerne Sigifridus. Man har i Regelen gjengivet dette Navn med det danske Sivard eller det norske Sigurd, men neppe rigtigt, thi i 9de Aarhundrede brugtes Sivard (Sigurd) og Sigfred af Nordboerne som forskjellige Navne; saaledes havde den norske Kong Ivar i Dublin († 873) to Sønner Siugrad (o: Sigurd) og Sicfraid (o: Sigfred), ligeledes havde Harald haarfagre Sønnerne Sigurðr risi og Sigfrœðr. Navnet Sigfrœðr gik senere over til Sigrœðr og faldt derfor efterhaanden sammen med det nærliggende Sigurðr.
[3] lat. Godefridus, oldn. Goðröðr, senere Guðröðr.

Men det synes, som om begge Parter havde liden Lyst til at
maale sig med hinanden, thi uden at der egentlig blev sluttet
nogen Fred, holdt man sig hver inden sit. Fire Aar bagefter
(808) benyttede Godfred sig imidlertid af, at, som han sagde,
»Abotriterne havde brudt Freden«; han sluttede Forbund med
deres østlige Naboer Wilzerne, seilede over til den vendiske
Kyst, herjede Abotriternes Land og underkastede sig to Tredie-
dele deraf. Efter dette Tog ventede han sig aabenbart Fiendt-
ligheder af Keiseren, derfor lagde han den Plan at opføre
ved sit Riges Grænse en Jordvold fra Østersøen til Vester-
havet og fordelte Arbeidet mellem sine Mænd, inden han
seilede hjem. Dette Arbeide var imidlertid langt fra færdigt
(og synes efter Godfreds Død at være ganske faldt sammen);
dets ufærdige Tilstand har vel foranlediget, at Godfred ikke
strax brød fuldstændig med Keiseren, men sendte Bud til ham
og undskyldte Fredsbruddet. Efter et Forligsmøde, som ikke
førte til noget, fandt imidlertid Karl at burde gribe til For-
holdsregler mod den nye Fiende og lod anlægge en Forskans-
ning nord for Elben ved det senere Itzehoe (809); dette optog
Godfred som en Krigserklæring og lod om Vaaren 810 en
Flaade paa 200 Skibe herje Frisland, medens han selv rustede
sig til et Tog ind i Saxland. Keiseren var allerede draget
nordover med Østfrankernes og Saxernes Krigsmagt for at
møde ham ved Elben, da han fik Melding om, at hans Fiende
var dræbt af en af sine egne Mænd (a proprio satellite).

Godfreds Eftermand i Danmark blev hans Brodersøn
(»nepos«) Heming; Godfreds egne Sønner var maaske unge,
men de kan ikke have været Børn[1], da de 3 Aar senere op-
træder som voxne Kronprætendenter; snarere har der været en
Arveretsregel omtrent som i Irland, at den ældste Mand i
Slægtlinjen indtog den ledige Plads. Derfor kaldes i 808 God-
freds Brodersøn Ragnvald (som vel havde været ældre Broder
af Heming) »den første i Riget næst Kongen«[2]; derfor følger
som Konge efter Hemings Død i 812 en anden »nepos« af

---

[1] Som f. Ex. Joh. Steenstrup har ment (S. 71). Grunden til at de
blev udelukkede kan saa meget mindre være deres barnlige Alder,
som jo i 854 en »puer« blev Konge (Fulda-Annalerne, Pertz I 369).
[2] Pertz I 306.

Godfred, Sigfred, uden at der endnu bliver Tale enten om
Hemings Brødre Haakon og Anganty eller om Godfreds Sønner.
Kong Heming havde i 811 sluttet en formelig Fred med
Keiseren og opgav da baade Herredømmet over Abotriterne
og Forbundet med Wilzerne; men at Eideren skulde være ud-
trykkelig bestemt som Grænse (hvilket først Adam fra Bremen
beretter), er lidet troligt, da Striden ikke havde angaaet
Grænseforholdene.

Med Hemings kort efter indtrufne Død (Vinteren 811—12)
begynder urolige Tider for Danmark, idet Kampe om Konge-
magten udbrød, som med flere Afbrydelser fortsattes gjennem
et helt Aarhundrede. Et Parti valgte den førnævnte Sigfred,
Godfreds Slægtning, et andet sluttede sig til en Aale, Frænde
af en tidligere Kong Harald (Anulo nepos Herioldi quondam
regis)[1]; mellem dem kom det til en voldsom Kamp, og begge
Konger faldt (Aar 812), men Aales Parti seirede og gjorde
hans Brødre Ragnfred[2] og Harald til Konger. Disse kunde
imidlertid vente sig en fornyet Kamp med det slagne Parti;
derfor gjaldt det for dem at styrke sin Magt paa alle Maader
og først og fremst at sikre sig et godt Forhold til Keiseren.
Freden, som naturligvis efter Hemings Død maatte fornyes,
søgte de at opnaa ved et Gesandtskab til Keiser Karl, hvilket
lykkedes. Og allerede Vaaren 813 følte de sig stærke nok til
at drage til Norge for at sikre sig Vestfold; naar der her
siges, at dettes »Fyrster og Folk ikke vilde underkaste sig
dem« og derfor maatte undertvinges, tilsiger den almindelige
politiske Situation os, at »Folk og Fyrster« i Vestfold holdt
med Modpartiet, Godfreds Frænder. Disse opholdt sig imidler-
tid i Sverige og forberedte herfra et Hevntog mod de nye

---

[1] Anulo var et almindeligt frankisk Navn, der netop i 8de og 9de
Aarhundrede findes i Formerne Analo, Anolo, Anulo, Anilo (i Fem.
Anila og got. Anulo) og ganske svarer til det nordiske Aale (tidligere
Anli, opr. Anala). Dette, som allerede er erkjendt af Munch (Saml.
Afh. IV 149), beder jeg fastholdt for den senere Undersøgelse. Man
har med Urette antaget det for en Oversættelse af et nordisk Hringr,
der jo paa Latin maatte hedde Annulus; desuden findes den Skik
at oversætte Navne paa Latin ikke brugt i de karolingiske Annaler.

[2] Ogsaa Ragnfred var et i Vikingetiden brugeligt Navn; saaledes hed
f. Ex. en Søn af Erik Blodøxe. Det maa saaledes ikke uden videre
ombyttes med Ragnar, Ragnvald eller lignende.

Konger; kort efter disses seirrige Hjemkomst faldt Godfreds Sønner ind i Landet, fik stort Tilløb, og efter et Slag maatte Ragnfred og Harald flygte ud af Landet (813). En af Einhard uafhængig Kilde synes at berette, at de flygtede syd til Abotriterne[1], hvilket er troligt nok, da Abotriterne visselig ikke kunde være venligt stemte mod Sønner af Kong Godfred, som havde herjet dem saa haardt. Det næste Aar (814) forsøgte de fordrevne Konger sin Lykke i Danmark, men i et Slag faldt Kong Ragnfred, og Harald maatte atter flygte. Han begav sig nu til den nye Keiser, Ludvig, hyldede ham som sin Overherre og fik hans Løfte om Hjælp. Det Forsøg, som Keiserens Hær gjorde i 815 fra Saxen af, udrettede imidlertid ikke noget, og Haralds egne Anfald paa hans forrige Rige var ligesaa frugtesløse og fremkaldte kun et dansk Hevntog opad Elben (817). Men Godfreds Sønner kunde ikke selv opretholde Freden mellem sig, to af dem fordrev de to andre, og for nu at sikre sit Rige mod frankiske Anfald forsonede de seirende sig med Harald og gav ham (819) en Del af Riget, nemlig Landet nær Grænsen (Sønderjylland? eller hele Jylland?). Dog følte Harald sig usikker i denne Stilling, klagede til sin Beskytter Keiseren over Godfreds Sønner og søgte at knytte Baandet til Keiseren stærkere ved at lade sig døbe i Mainz (826) og føre kristne Munke med sig hjem til Slesvig. Dette hindrede dog ikke Godfreds Sønner fra allerede Aaret efter at fordrive ham ganske fra Danmark; hans nye Forsøg paa at vinde sit Rige mislykkedes atter (828), og siden vides han ikke at være vendt tilbage; vi træffer ham længe bagefter som frankisk Landeværnsmand i Frisland.

Her stanser Einhards Aarbøger, med Aar 829; men Arbeidet optages strax af nye Mænd, der fortsætter i samme Aand. Med det frankiske Riges Delinger spalter dog ogsaa Annalistiken sig i en østfrankisk og en vestfrankisk Historieskrivning, repræsenterede af Fulda-Aarbøgerne og de Bertinianske Aarbøger; ved deres Side faar en Række private Kloster-Annaler Betydning, blandt dem kan nævnes Xanten-Annalerne, Fontenell-Annalerne, den aquitanske Krønike o.

[1] Chron. Moissiacense, Pertz I 311.

fl., vigtige Kilder er ogsaa de talrige samtidige Helgen-Biografier. Rigs-Annalerne beholder sin Karakter af officielle Arbeider, der fremstiller Begivenhederne fra Hoffets og Kongemagtens Opfatning; dog kommer Kritiken mere til Orde, fordi de to Rigers Politik ofte er modsat. Rigs-Annalerne beholder endnu Overblikket over det hele frankiske Rige, hvad enten Forfatterne staar Ludvigs Hof nærmest, som Enhard (830— 838), Rudolf af Fulda (til 863) og de øvrige unævnte Forfattere af Fulda-Aarbøgerne, eller de hører til Kong Karls Kreds, som Forfatterne af de Bertinianske Aarbøger, Prudentius af Troyes (835—861) og Hincmar af Reims (til 882). Det maa forøvrigt erindres, at de selv betragter sig som Einhards Fortsættere og ligefrem henviser til ham, ligesom ogsaa i de bevarede Haandskrifter Rigs-Aarbøgerne udgjør en sammenhængende Række fra Karl den store indtil Slutningen af 9de Aarhundrede. Med Nordboerne beskjæftiger disse Krøniker sig i Regelen kun, naar de skal skildre deres Herjetog paa Frankernes Kyster; dog bringer de ofte Træk, der viser disse Togs Sammenhæng med hjemlige Forhold.

Vi saa, at i Kampen om Danmarks Rige havde Haralds Parti ligget under og Godfreds Sønner var gaaet ud af Kampen med Seir og i fuld Besiddelse af sin Faders Rige. Einhards Efterfølgere omtaler af Godfreds Sønner kun den ene, Horicus (Haarek)[1], og ham kalder Rimbert ved 845 »Enehersker i Danernes Rige«[2]. De Vikingetog, som i hans Tid fra 834 af udgik næsten hvert Aar mod Frankerne, var vel i Regelen private, dog stod tildels hans yngre Slægtninge i Spidsen for dem; i 845 ledede han selv et Tog til Elben, medens en af hans Jarler sendtes til Seinen. Blandt disse hans yngre Slægtninge nævnes hans Brodersøn Gudorm, som i lange Tider levede udenlands som Sørøver, men i 854 samlede om sig Mængden af Vikinger og med dem drog hjem

---

[1] *Horic* eller *Oric* er et brugeligt frankisk Navn (se Förstemanns Namensbuch), der svarer til oldn. Hárekr, ikke til Eirekr, thi Rimbert omtaler ved Siden af hinanden den danske Horicus (= Hárekr) og en svensk Hericus (= Eirikr).
[2] Rimberts Vita Anskarii, Pertz II 709.

for at berøve Kong Haarek Liv og Rige. Det kom til et tre Dages Slag, hvori Mandefaldet skildres saa stort, at »ikke alene en Mængde Almue faldt, men af den kongelige Familie (stirps regia) blev ingen uden en Dreng tilbage« (Fulda=Aar=bøgerne), eller at »Kong Haarek og de øvrige Konger og næsten alle Høvdinger faldt« (Prudentius), eller at »Kong Haarek faldt i Kampen og med ham næsten alle de Høvdinger, som havde været Ansgars Venner« (Rimbert). Den »kongelige Familie«, som her mistede alle voxne Mænd, og de »øvrige Konger«, som her faldt, maa efter Sammenhængen være alle Godfreds og Haareks Slægtninger, medens Haralds Sønner og hans Broder Rørek oftere omtales efter 854. Udtrykket »stirps regia« viser netop, at Haralds Ætlinger ikke hørte til denne Kongeæt, altsaa at der i Danmark i 9de Aarhundrede var to forskjellige Kongeætter.

Den eneste gjenlevende af Godfreds Ætlinger, den unge Haarek, toges nu til Konge; men aldrig saa snart var dette skeet, førend Medlemmer af den anden Kongeæt, Haralds Broder Rørek og Haralds Søn Godfred, atter forsøgte sin Lykke mod Godfreds Ætlinger, som de vel mente var svæk-kede ved den indbyrdes Feide. Alligevel er deres Angreb i 855 uheldigt, og først da Rørek alene gjentager Forsøget i 857, maatte Haarek den unge finde sig i at overlade ham en Del af sit Rige »mellem Eideren og Havet«. Der indtraadte saa-ledes nu omtrent samme Situation, som da Harald herskede sammen med Godfreds Sønner; men dennegang synes Røreks Herredømme hjemme at have været endnu kortere, thi alle-rede ved Aar 860 træffes Rørek igjen i Frisland, og i 864 skriver Paven et Brev til Kong Haarek, der tydeligt beteg-ner denne som Enekonge[1]. Dette er sidste Gang, at Haarek omtales; i 873 optræder to nye danske Konger, Brødrene Halvdan og Sigfred; de synes at have delt Riget mellem sig, thi de underhandler hver for sig med Kong Ludvig. Disse Konger kan ikke, som f. Ex. Dümmler tror[2], være Sønner af

---

[1] Acta SS. Febr. I 407.
[2] Gesch. des ostfrankischen Reichs I 802.

Kong Haarek, dertil er de for gamle, da Haarek (f. c. 840)
ikke kunde have voxne Sønner i 873; da Haarek var den
eneste gjenlevende Mand af Ætten, kan saaledes Halvdan
og Sigfred ikke stamme fra Godfred, de hørte enten til
Haralds Ætlinger eller til en ny Æt (hvorom mere nedenfor).

Saalangt kan vi med de frankiske Annaler følge de
danske Kongeætter. Jeg tror ikke, det er muligt at negte,
at vi her har en i to Generationer fortsat Strid mel-
lem forskjellige Kongeætter, der afvexlende er oven-
paa. Om de begge er danske, fremgaar ikke tydeligt af An-
nalerne, der jo betragter de nordiske Folk omtrent som en
Enhed. Jeg har allerede før gjort opmærksom paa, at God-
freds Ætlinger søgte sin Støtte i Sverige, og at Provinsen
Vestfold synes at hænge mest fast ved dem, medens den
anden Æt støtter sig til Landets sydlige Naboer, Vender og
Franker.

Mod disse Resultater og de Slutninger, jeg drager deraf,
har Joh. Steenstrup fremsat en Række Indvendinger, som har
til Hensigt at svække dem. Han vil ikke indrømme, at
Einhards Ord skal opfattes, som jeg har forstaaet dem. Naar
der staar, at Sigfred var en yngre Slægtning (»nepos«) af
Godfred og Anulo »nepos« af Harald, skal dette betyde, at
Kronprætendenterne »henviste til den af de tidligere Konger,
med hvem de var nærmest i Slægt«. Dette kalder jeg at
øve Vold mod Kilderne, der ikke taler om Slægtskab mellem
Harald og Godfred, men nævner, at én Kronprætendent var
beslægtet med Harald, én anden med Godfred; ja hvis nogen
Efterretning sagde, at disse to Konger var beslægtede, maatte
vi opstille et Forsøg som det, Steenstrup gjør S. 71—72,
men nogen saadan Efterretning foreligger ikke. Og de senere
Annaler, der lader Kongeslægten (ɔ: Godfreds Ætlinger) falde
i 854, medens den anden Slægt florerer, taler ligefrem imod
et saadant Slægtskab[1]. Jeg har endvidere hevdet, at

---

[1] Steenstrup vil ikke lade dette Argument gjelde. »Dette Udsagn
om, at hele den kongelige Æt gik til Grunde«, siger han, »maa
naturligvis ikke tages altfor bogstaveligt«, og han henviser til Ans-
karii vita c. 32, hvor nævnes en *comes Burchardus*, som havde

endnu ved Aar 850 Prudentius henviser til hin ældre Kong Harald ved at omtale en »nepos Herioldi«, nemlig den fordrevne Kong Haralds Broder Rørek, som sideh i lang Tid herskede i Frisland. Dette vil Hr. Steenstrup komme fra ved at formode, at »nepos Herioldi« her skal betyde Brodersøn af den yngre Harald.. Det er imidlertid ikke, som han synes at tro, kun Fulda-Annalerne, der kalder Rørek Haralds Broder; Xanten-Annalerne, der ved 826 omtaler Haralds Daab og ikke nævner nogen anden Harald, kalder Rørek »Broder af den før omtalte yngre Harald« [1], altsaa var virlig Rørek ligesom denne sin Broder og ligesom Anulo en »nepos« af den ældre Harald [2].

Aarsagen, hvorfor Hr. Steenstrup ikke kunde blive staaende ved mine Resultater, ligger for Dagen; jeg drog jo Slutninger, som kunde komme det olddanske Rige til Skade for lange Tider. Jeg benyttede jo disse »ulykkelige Genealogier« for at bevise, at en fremmed Kongeslægt havde siddet paa Danmarks Throne. Jeg fandt nemlig (hvad hæderlige Mænd før mig har antaget, som N. M. Petersen og P. A. Munch), at der ogsaa blandt de norrøne Sagaer existerede et Monument fra 9de Aarhundrede, altsaa et samtidigt Vidnesbyrd —, og at dette omtrent samtidige Vidne, Digtet Ynglingatal, omtalte den samme føromtalte Kong Godfred under Navnet Gudrød Halvdanssøn af den svensk-norske Ynglingeæt. Det

---

Indflydelse hos begge Konger Haarek, fordi han var deres »propinquus« (Frænde). Men allerede hans Navn viser jo, at han var en tysk (saxisk) Greve, som ikke hørte til Kongeætten, men paa en eller anden Maade var besvogret med den. Mit Argument maa altsaa fastholdes; Kilderne siger ligeud, at alle voxne Mænd af Kongeætten faldt i Slaget, ellers var det jo meningsløst at vælge en »puer« til Konge.

[1] Rorik Nordmannus, frater jamdicti Herioldi junioris. Pertz II 229.

[2] Ved de øvrige Indvendinger, Hr. Steenstrup gjør, skal jeg ikke opholde mig; de er tildels ligefrem uefterrettelige, som naar han om Udtrykket »Rorik nepos Herioldi« bemærker, at »selv om Harald og Rorik vare Brødre, har jo Prudentius ikke syndet ved at kalde dem Slægtninge (nepotes)«, eller naar han citerer Halvdelen af Kildestedet for Kampen i 812 og deraf faar ud, at der i Aarbogen antydes en Retstrætte, et Frændeskifte, hvor der ligefrem staar, at da Kronprætendenterne ikke kunde blive enige, førte de Krig.

er bekjendt nok, hvorledes der om dette Digt har dannet sig
en Saga (Ynglinga-saga), fuld af Genealogier og ialfald for
de ældre Tider fuld af uhistoriske Træk; disse har tildels
bragt Sagaen i Miskredit, og fra Sagaen har da Tvivlen og-
saa vendt sig mod Digtet Ynglingatal. Dette Digt har efter
Snorre til Hensigt at opregne den vestfoldske Konge Ragn-
valds Forfædre i 30 Led og at berette om hver Konges
Dødsmaade og Begravelse. Efter at have fortalt om en
Række svenske Konger indtil Olav Tretelgja behandler det
derefter dennes norske Ætlinger: Halvdan hvitbein, Eystein,
Halvdan, Guðröðr hinn göfugláti, hans Søn Olav og dennes
Søn Ragnvald, der levede i Midten af 9de Aarhundrede, og
det fortæller om hver af disse kun, hvorledes de døde; det er
altsaa et historisk Læredigt, og dets Hensigt er ikke at be-
rømme Ragnvalds Forfædre, ikke at prise deres Færd eller
prale af deres Bedrifter. Mod Digtets Ægthed har man kun
havt én Indvending at gjøre, nemlig at den der omtalte Gud-
rød dør paa samme Maade som Einhards danske Kong God-
fred; deraf sluttede Dr. Jessen, at Digtets Forfatter har an-
nekteret den danske Konge og indsat ham i sin norske Konge-
række, og han antog derefter, at Digtet er forfattet ikke i
9de, men i 10de eller 11te Aarhundrede. Jeg har allerede
før fremhævet alt, hvad der taler for Digtets Ægthed, og skal
ikke her gjentage det, saalænge ingen har søgt at modbevise
denne af Digtet selv. Den sidste Forfatter, der har skrevet
om disse Ting, Hr. Joh. Steenstrup, lader vistnok ogsaa
nogle svage Tvivl komme tilorde, han »undrer sig dog i al
Stilhed over, at man alt ved Aar 850 skulde have adopteret
i den nordiske Poesi saa tunge og kluntede Billeder med saa
pretensiøse Kundskabsforudsætninger hos Tilhøreren«[1], men
gaar dog »gjærne« ind paa min Antagelse, at Versene »ere
digtede for Kong Ragnvald i Vestfold, en Sønnesøn af vor

---

[1] Hvad vil Hr. Steenstrup da sige om »Poesien« paa Røkstenen eller
paa Karlevi-Indskriften paa Øland? Er ikke en Omskrivning som
Vandils-jörmungrundar-reið-viðurr »pretentiøs« nok? Og er man
idetheletaget berettiget til at gaa ud fra den Forudsætning, at den
ældste Poesi er den enkleste?

Godfred«. Idet han nu gaar ud fra den feilagtige Forudsætning, at Ynglingatal er et »Mindedigt«, et Hædersdigt for Kongens Forfædre istedetfor en nøgtern Huskeseddel paa Vers, spørger han: »Er det tænkeligt, at en Skjald, som vil hædre sin Konges Bedstefader, der har udført den store Bedrift at erobre et mægtigt Naborige [1], som hans Slægt endnu behersker — at en Skjald skulde i sit Mindedigt lade dette være uomtalt og kun kvæde om hans Død for Snigmorderhaand«? og lidt senere: »Det var da en daarlig Digter, som brød sig om, at han besang noget Overflødigt; i Skjaldskab spørger man jo kun om det Hæderfulde og Prisværdige og bryder sig kun lidt om det besungne er kjendt eller ukjendt«. At gjendrive disse Ord er overflødigt, da de hviler paa en saa falsk Forudsætning; skulde »Ynglingatal« være et Epos om Ynglingernes Bedrifter, som Hr. Steenstrup gjør det til, blev vistnok Thjodolv »en daarlig Digter«, men det hindrer ham imidlertid ikke fra at være en paalidelig Sagn-Beretter. En Antagelse, at den norske Digter har annekteret en berømt dansk Konge, vil altid (som jeg før har paavist) komme til at strande paa det Faktum, at Thjodolv ikke med et eneste Ord omtaler de store Bedrifter, for hvis Skyld han skulde have inddraget Godfred i sin Kongerække.

Et Argument for Godfreds genuine Danskhed har dog mine Modstandere (Jessen, A. D. Jørgensen, Steenstrup) tilbage: »Hvorledes er det tænkeligt, at der hverken har holdt sig et dansk, norsk eller svensk Sagn om Gudrød og hans Erobring af Danmark?« Dertil svarer jeg: at de Danske ikke har bevaret Erindringen om Gudrøds Erobring, har sine naturlige Aarsager, som skal blive udviklede nedenfor, hvor vi søger at vise, at der egentlig ikke har holdt sig noget

---

[1] Naar der forresten tales om Godfreds »Erobring af Danmark«, maa vi gjøre en Bemærkning; det følger ikke af sig selv, at det netop var ved Erobring, at Godfred (Gudrød) blev dansk Konge, man kan jo ogsaa tænke paa andre Maader, ved Giftermaal, som Formynder for unge Nabokonger o. l.; en Parallel foreligger i Magnus den gode, han blev dansk Konge paa Grundlag af en Traktat, men maatte dog tillige erobre Landet.

egte dansk Sagn om denne Konge; til svenske Sagn bør man
ikke gjøre for store Fordringer, da der som bekjendt ikke
existerer et eneste egte svensk Sagn fra Hedendommen, og
at Nordmændene glemte den danske Historie er ikke under-
ligere, end at de glemte sin egen Historie tidligere end Harald
haarfagre. Med andre Ord: vi kjender Kong Godfred kun
fra de frankiske Kilder, og vi finder hans Stamtavle kun
i det norrøne Digt, som vi maa anse for et ægte Vidnes-
byrd fra hans Sønnesøns Tid. Vi skal i et senere Kapitel
undersøge den danske Tradition om Godfred; men inden vi
nærmer os den, skal vi paapege, hvilken Forvandling den
frankiske Annalskrivning undergik paa sin Vei til Danmark.

II. Adam fra Bremen og de ældste danske Krøniker.

Mag. Adam fra Bremen, der skrev sin »Hamburgske
Kirkehistorie« omkring Aar 1075, har for sit Emne anvendt
dels skriftlige Kilder, dels mundtlige Sagn, som han samlede
paa en Reise i Danmark, tildels ved Omgang med Kong
Sven. Det er for længe siden paavist, at hvor Adam ar-
beider efter skrevne Kilder, der excerperer han disse paa en
vilkaarlig og unøiagtig, ofte ligetil uvørren Maade; hvor vi
har hans Kilder, maa hans Uddrag derfor lægges tilside som
ubrugelige, undtagen forsaavidt den Indflydelse maa noteres,
som hans vrange Fremstilling fik paa Efterfølgere, især i
Norden. Hans Hovedkilder for Nordens, specielt Danmarks,
Historie i 9de Aarhundrede har nu været Rimberts »Vita
Anskarii« samt en Bearbeidelse af de østfrankiske Annaler
indtil 911; Grundlaget for disse har været Fulda-Annalerne,
dog var deri optaget Stykker fra andre, f. Ex. Regino, og de
havde desuden faaet nogle nye, tildels feilagtige Tillæg, saa
at Adams frankiske Kilde kan omtrent sammenlignes med
den saakaldte »Chronicon Nortmannorum«, der har udskrevet
de Bertinianske og Vedastinske Annaler og dertil føiet nogle
Berigtigelser og Forvanskninger. I denne »Historia Fran-
corum« fandt Adam en sammenhængende Kongehistorie, hvis

Beretninger han dog ikke forstod at gjengive uforfalsket, og hvis Huller han søgte at udfylde ved egne Gjetninger. Efter Godfred († 810) og Heming († 812) følger rigtigt Anulo og Sigfred, som han begge kalder nepotes Godefridi, istedetfor at hans Kilde angiver deres Slægtskab med forskjellige af de foregaaende Konger. Efter deres Fald følger da Reginfred og Harald; men da Fulda-Annalerne allerede havde undladt at omtale Begivenhederne i 813 og 14, kjendte Adam ikke nøiere til disse, og for nu at forklare, hvorledes Harald senere kunde optræde alene og faa Godfredssønnerne til Modstandere, har han paa egen Haand indlagt den Forklaring, at Harald først havde fordrevet Reginfred, og at denne da slog sig paa Sørøveri; derfor har Adam ogsaa undladt at oplyse, at Reginfred og Harald var Brødre. Heri bør man kun se Vilkaarlighed, ikke Indflydelse fra danske Sagn, thi Adam arbeider i hele denne Del af sit Værk efter skrevne Kilder, de danske Efterretninger begynder senere (I 50)[1]. Videre beretter Adam om Harald, at han blev fordreven af Godfreds Sønner, og at han blev døbt i Mainz; her har nu Adam indskudt det Tillæg, at med Harald blev hans Broder »Horuch« døbt og fik et Len i Frisland. Horuchs Daab har Adam lagt til paa egen Haand, Horuch hed ellers Rørek, hans Forlening med Frisland synes at være fra senere Tid (c. 838)[2], og han blev først døbt c. 860[3]. Denne Efterretning (især Navnevexelen) maa ellers noteres, fordi dens Virkninger har strakt sig langt ned i Tiden, idet Horuch sammenblandedes med Horic og tilslut blev til Erik. I det følgende (I 27) fortæller nu Adam (efter Rimbert) om Ansgars Besøg hos den danske Kong Horicus, hvis Slægtskabsforhold han ikke kjender, og siger, at Ansgar omvendte Horicus til Kristendommen, hvilket er en Forvanskning af Rimberts Ord. Derefter følger et Uddrag af Fulda-Annalerne om Kampen i 854 mellem Haarek og Gudorm; denne kalder han »princeps Normannorum«, hvilket efter Adams Sprogbrug

---

[1] Sml. Dr. Jessens Undersøgelser i nordisk Oldhistorie S. 21 ff.
[2] Ann. Fuld. 850, Pertz I 366, sml. 3die Kapitel.
[3] Flodoard, hist. Remensis eccl. III, c. 26.

betyder »Nordmændenes Høvding«, men i hans Kilde betegner
»Vikingehøvding«. Lignende Forvanskninger har Adam fore-
taget med den yngre Kong Haarek, hvis Fiendskab mod
Christendommen af Rimbert omtales som ganske forbigaaende,
men hos Adam bliver til en grum Kristenforfølgelse (I 30).
Ogsaa de følgende Konger Sigfred 'og Halvdan kjender han
efter Fulda-Annalerne og giver intet nyt om dem; men af
den senere Oversigt over Vikingetogene (I 40, 41, 49) frem-
gaar det, at han ved Halvdan tænker paa den Søkonge Halv-
dan, som gjorde Erobringer i England (om ham mere siden),
og ved Sigfred paa den Kong Sigfred, som ifølge Fulda-
Annalerne faldt ved Løwen. Dette Slag ved Løwen (891) har
Adam anseet for en Afslutning af Vikingetogene, hjulpet der-
til ved en storartet Feillæsning: at Hedningerne faldt i Hun-
drede- og Tusindvis (per centena et millia) oversætter han
med at 100,000 Hedninger faldt (centum milibus paganorum
prostratis)! »Saaledes blev Normannernes Forfølgelse stanset,
idet Herren hevnede sine Tjenere, hvis Blod var udgydt i 60
eller 70 Aar«. Da her de skriftlige Kilder slipper op, har han
henvendt sig til den samtidige danske Konge, Sven Estridssøn,
og dennes Beretninger gjengiver han nu for den følgende Tid.
Svens Ord lød saa: »Efter Normannernes Nederlag herskede
Heiligo, elsket og agtet af sit Folk for sin Retfærdighed og
Hellighed. Derpaa fulgte Olav, som kommende fra Sverige
erobrede det danske Rige og havde mange Sønner, af hvilke
Chnob og Gurd blev Konger efter Faderens Død«. »Efter
Olav »Sveonum princeps«, som herskede i Danmark med sine
Sønner, toges til Konge Sigerich. Da han havde været
Konge en. kort Tid, fordreves han af Hardegon Sveinssøn, som
kom fra Norge (Nortmannia)«[1].

Kong Svens Beretning foreligger ikke her uforandret, det
kunde man heller ikke vente af en saa unøiagtig Fortæller
som Adam. Denne har for det første fortysket Navnene: Hei-
ligo er naturligvis = Helgi, Chnob = Gnúpr, Gurd = Gyrðr,
Sigerich er en tysk Form af det Navn, som danske Kilder
gjengiver »Syric«; Hardegon, der ikke er noget Navn, er

---

[1] Adam I 50, 54.

G. Storm. Vikingetiden.   4

en aabenbar Feil for Hardeknut, som han nedenfor kaldes [1].
Dernæst har Adam paa egen Haand lagt den Forklaring til,
at »Heiligo« var elsket »propter sanctitatem«, et temmelig
uheldigt Ordspil paa hans Navn (Heiligo = t.heilig), da Helge
neppe kan have været kristen. Desuden modsiger Adam sig
selv ved først at lade Olav efterfølges af sine Sønner, der-
paa regjere samtidig med sine Sønner. Men Resultatet
bliver dog staaende fast, at Kong Sven for Adam har nævnt
følgende Konger mellem Sigfred (a. 873) og Gorm, den sidste
hedenske Konge: Helge, Olav fra Sverige med Sønnerne
Gnup og Gyrd, Sigeric og Hardeknut Sveinssøn fra Norge.
Denne Kongeliste stemmer nu mærkeligt med de frankiske
Annaler: ogsaa nu var der indfødte danske Konger (Helge,
Sigeric), som blev fordrevne af svenske og norske Konge-
ætlinger; ogsaa nu førtes altsaa Ættefeider mellem Skjoldunger
og Ynglinger! Hvad hjælper det saa, om man ikke vil er-
kjende Godfred og hans Sønner for Ynglinger? her faar vi jo
alligevel høre om, at svenske og norske Høvdinger gjorde nye
Forsøg mod Danmarks Kongestol, og at disse lykkedes ligesaa
godt som de tidligere i 813. Og for Tiden omkring 900 er
det ikke blot Antydninger, som kunde bortfortolkes, men lige-
fremme Vidnesbyrd afgivne af en paalidelig Mand, Kong Sven,
som selv stammede i 5te Led fra Hardeknut og altsaa havde
al mulig Grund til at ønske hans Navn og Hjemstavn bevaret.

Denne af Adam optegnede Tradition om den danske
Kongefamilies Oprindelse kunde alligevel ikke bevare sig længe,
thi den stødte an mod en i Danmark i 12te Aarhundrede her-
skende Tendens, den nationale Selvfølelse, som ikke kunde
finde sig i, at Forfædrene havde modtaget Konger fra Sverige
eller Norge. Adam fra Bremen, som har Æren af første Gang
at have samlet Efterretninger om Danmarks ældre Historie,
omend kun som Tillæg til den bremiske Kirke-Historie, fik

---

[1] I 57 kaldes nemlig den følgende Konge Hardecnudth-Wrm ɔ: Harde-
knut-Gorm eller Gorm, Hardeknuts Søn. Navnet Hardeknut, paa
Oldnorsk *Hörðaknútr*, oldengelsk *Harðacnut*, kan neppe betyde andet
end Hördernes Knut (sml. *Hörða-Kári*), hvilket passer mærkeligt
med Adams Beretning, at han »kom fra Norge«.

vistnok Leilighed til at faa stærk Indflydelse paa den senere danske Historieskrivning, men denne emanciperede sig dog efterhaanden. De ældste historiske Forsøg i Danmark er egentlig kun Uddrag af Adams danske Beretninger, men de udvider sig lidt efter lidt, dels ved Optagelse af hjemligt Stof, dels ved Tillæg fra andre udenlandske Kilder, dels ogsaa ved vilkaarlige Forandringer og Omstøbninger af Adams Arbeide efter danske Synsmaader. Fra 12te Aarhundrede har vi ikke mindre end 3 saadanne Forsøg: Anonymus Roskildensis[1], Indskuddene i de Lundske Annaler[2] og den saakaldte »Brevior historia«[3].

I. De Lundske Annaler indeholder for 9de og 10de Aarh. kun Uddrag af Adams danske Historie, men dette Uddrag er igjen indsprængt med kortere Indskud af korte Kongerækker, som vist ogsaa oprindeligt er laante fra Adam, men paa Veien til de Lundske Annaler er bleven forvanskede og blandt andet udstyrede med vilkaarlige (og urigtige) Aarstal. Vi faar her følgende Kongerække: Godefridus † 776 (!). Hemingus † 802(!). Sygafridus og Anulo, nepotes Godefridi, som falder 812. Derpaa følger Reginfrid og Harald; denne fordriver Reginfrid 821 (!), bliver selv fordrevet af Godfrids Sønner og døbes i Mainz 826, kommer tilbage og opgiver Kristendommen (!) 832 og dør 841. Hans Broder er Hericus, som i 856 falder mod sin Broders (o: Haralds!) Søn Guthorm og efterfølges af Hericus puer 856—902. Olaf, veniens a Svecia, 902—6. Gyrth de Dacia 906—14. Hardegon filius Herici regis 914—25. Orm Harthæsnutæ (!) 925—31. Gorm, Thyres Mand, fra 931. Forfatteren, hvis eneste Kilde er Adam, har altsaa gjennemført følgende »Forbedringer«:

Haralds Efterfølger Hericus (= Haarek † 854) falder sammen med Haralds Broder Hericus (= Rørek), hvorved altsaa Haareks Brodersøn Gudorm bliver Søn af Harald!

Af Kongerne efter Haarek den yngre forsvinder Sigfrid, Helge, Gnup og Sigeric!

---

[1] Langebek Scriptores I 373—86.
[2] Nordalbingische Studien V 27 ff.
[3] Langebek I 15—18.

Hardecnudth-Wrm omskabes til det løjerlige Orm Har-
thesnuthæ og stilles op foran Gorm.

Den svenske Kong Olav betegnes ikke længer tydeligt
som svensk af Fødsel, kun at han »kom fra Sverige«; af hans
Sønner bliver Gyrd gjort til dansk, ligeledes bliver Hardegon
dansk og faar Kong Hericus til Fader.

Man kan ikke tage Feil af denne Forfatters Tendens:
han yndede ikke svenske og norske Mænd paa Danmarks
Kongestol eller, om man vil, kunde ikke tænke sig Muligheden
af, at dette Forhold kunde være historisk, og omskabte dem
efter bedste Evne til »gode danske Mænd«; iøvrigt lod han de
fleste Navne staa i sydgermanisk Form, forsaavidt som han
ikke udelod dem ganske.

II. Forfatteren fra Roskilde, der i Aarene om 1140
gjorde et noget mere nøgternt Uddrag af Adam (maaske paa
2den Haand og med Benyttelse af flere, afvigende Afskrifter),
vidner ogsaa for en saadan national Tendens. Han begynder
sin Kongerække med Harald, der i sit 6te Aar (826) bliver
døbt i Mainz, hans Efterfølger er hans Broder Hericus;
efter denne følger Hericus puer, hvis Slægtskabsforhold
Forfatteren ikke kjender; om Slaget 854 ved han kun, at
Normanni (Nordmænd) dræbte Hericus. Men saa bliver Konge-
rækken aldeles forvirret[1]: efter Erik kommer Frode (- Adams

---

[1] Det følgende Stykke lyder saa: Hericus rex defunctus est et in reg-
num Frothi levatus est, quem Unni Archiepiscopus baptizavit. Ex-
templo erecte sunt Ecclesie, que pridem destructe sunt Slesvicensis
et Ripensis; tertiam rex in honorem s. Trinitatis apud Arusam edi-
ficavit. Dicunt qvidam, quod Unni Bremensis Archiepiscopus Gorm
et Haraldo qui in Dania reges extiterant, predicaret & Christianis
placatos redderet & ecclesias diu neglectas revocaret (Adam I 61).
Iste Gorm pater Haraldi extitit, qui Haraldus vivente patre XV annos
regnum gubernavit, mortuo patre L annos regnavit. Hic christianus
extitit cognomine Blatan sive Clac-Harald. Mortuo Haraldo Süen
quidam Nortmannorum transfuga, collecta multitudine, Ang-
liam invasit, regem Aldradum expulit, ipse regnum tenuit. Hujus
filii Gorm & Harthacnut, patre non contenti latrocinio Daniam
insiliunt, occisoque rege Danorum Haldano cum filiis ejus
regnum Danorum partiti sunt, Gorm Daniam, Harthacnut Ang-
liam; nam Suen pater eorum interim, quo ipsi Daniam invaserunt,

Sigfridus), som Erkebiskop Unni døbte(!); saa siges, at »efter Nogle« (o: Adam) Unni prædikede for Gorm og Harald, og at Harald fulgte sin Fader som Konge i 50 Aar. Vi har jo allerede her en Kongerække indtil Harald Blaatand; men derefter optages i en anden Bearbeidelse en ny Kongerække for samme Tidsrum, thi nu gjør Sven, »Nortmannorum transfuga«, Indfald i England, fordriver Kong Adelrad (!) og erobrer hans Rige; Svens Sønner Gorm og Hardeknut angriber Danmark, dræbe dets Konge Halvdan og hans Sønner og dele efter Faderens Død Landene mellem sig saa, at Gorm faar Danmark, Hardeknut England; denne Gorm er da Harald Blaatands Fader. I »Sven Nortmannorum transfuga«, Gorm og Hardeknut gjenfindes ligefrem Adams »Hardegon filius Svein veniens a Nortmannia« og hans »Hardecnudt-Wrm«, men med vilkaarlige Forvanskninger; i Halvdan og hans Sønner, der dræbes af Gorm og Hardeknut, kan vi da ikke se andet end en dansk Udgave af Adams svenske Olav og hans Sønner, der efterfølges af (Sigeric og) Hardegon. Altsaa findes her den samme Bestræbelse for at blive kvit Konger af svensk og norsk Byrd; den roskildske Forfatter har vendt sig mod den svenske Konge og beholdt den norske, medens Forfatteren i de Lundske Annaler havde Tilbøielighed til at beholde Svensken og lade Nordmanden forsvinde.

III. »Brevior historia« har gaaet et Skridt videre end de to førstnævnte; den har givet sig i Kast med den indenlandske Tradition og staar paa en Maade midt imellem denne og den udenlandske, med en Fod i begge Leire. Brevior historia ender i sin nuværende Skikkelse med Aar 1219 og skulde altsaa være forfattet senere, men synes oprindeligt at være bleven til midt i 12te Aarhundrede, saa at Notitserne fra Valdemar I af er senere tilføiede[1]. Dette Arbeide belærer os om, hvorledes de udenlandske Beretninger (fra Adam) efterhaanden støbtes sammen med de indenlandske Sagn og tilsidst

---

mortuus est. Haldanus autem utrum fuerit filius Clac-Haraldi an non, in dubio est. Gorm crudelissimus rex sedem regni apud Selandiam constituit.

[1] sml. Usinger, die dänischen Annalen S. 11.

gik op i disse som fast Bestanddel. Hele den første Halvdel indtil Godfred hviler paa hjemlige Sagn; Navnene og Ordenen stemmer med Saxo, men da Tilnavnene alle gives paa Dansk, er Listen uafhængig af Saxo og ældre. Fra Godfred af har Forfatteren benyttet et Uddrag efter Adam, som har givet ham omtrent alle Beretninger [1]; dog har han ombyttet de fran-

---

[1] Vi hidsætter det os vedkommende Stykke, idet vi udhæver de fra Adam laante Uddrag med *Cursiv* og Henvisninger.

Gøtric hin giafmildi. *Hic Fresis itemque Nordalbingis & Slavorum populis tributo subactis, Karolo Magno bellum minatur.* (Ad. I 16).

Olaf filius ejus.

Hemming fil. Olaf. *Hic nepos Getric, succedens in regnum, pacem fecit cum Karolo, Egdoram fluvium accepit regni sui terminum.* (Ad. I 16).

Syward & Syward Ring, *nepotes Getrici. Hi ambo prælium inierunt pro sceptro, sed utrique cociderunt in acie cum undecim milibus.* (Ad. I 16).

Lothbroki fil. Siward Ring.

Harald Clac qui et Herioldus dictus est. *Hunc expulerunt filii Getric qui et Godefrid dictus est; qui fugiens venit ad Liudewicum Imperatorem, filium Karoli Magni, a quo Christianam fidem suscepit. Reversus est in Daciam, comite Ansgario Episcopo.* (Ad. I 17).

Eric filius ejus, Christianus. *Hujus tempore fertur Danos transisse per Ligerim fluvium; Turones succendisse; per Seeanam Parisius obsedisse; Imperatorem timore pulsum eis terram ad habitandum dedisse* (I 30). *Tunc Saxonia vastato est a Danis. Brun dux occisus est cum aliis X comitibus, duo episcopi truncati sunt. Tunc Fresia depopulata est, Trajectum civitas excisa. Coloniam & Treveres incenderunt. Aquisgrani equis suis stabulum fecerunt, quod per annos LXXX permansit usque ad tempora Ottonis Magni, tunc destructum est. Magoncia ob metum eorum instaurari coepit* (I 40). Persecutionis hujus erant *præcipui tyranni Eric & Orwich, Godafrith, Rodulf & Inguar. Crudelissimus tamen omnium fuit Ingvar filius Lothbroki* (I 39). *In Angliam cum misissent unum ex sociis suis Haldan & illo ab Anglis occiso, Dani constituerunt in loco ejus Gundredum. Ex eo tempore Fresia & Anglia sub ditione Danorum permanserunt* (I 41).

Eric ungi, filius Eric. *Christianus, hic conversus ad fidem, constituit primus apud Sliaswic cum s. Ansgario Ecclesias* (I 27).

Syward f. Regneri Lothbroki.

Lota Cnut, filius Eric & filiæ Syward.

kiske Navne med hvad han ansaa for de ægte danske. Saaledes har vi istedenfor Godfred faaet Gøtric hin giafmildi .(el. Gøtric), istedenfor Sigfred og Anulo (Aale) faaet Syward og Syward Ring, istedenfor Reginfrid findes Lothbroki filius Sivard Ring, for Heriold Harald Clac, for begge Haarek'er Erik og Erik unge, for Sigfred og Halvdan staar Syward filius Regneri Lothbroki; derpaa følger Lota-Cnut og hans Søn Sven Langfot, som skal repræsentere Adams Hardegon(-knut) filius Svein, og istedenfor de øvrige af Adam efter Kong Sven opregnede Konger fungerer Frothe, Gorm enske, Harald og Gorm, med hvem de hedenske Konger af-sluttes. Vi erkjender her to Bestræbelser: den ene er den hel agtværdige at skaffe de danske Konger deres danske Navne tilbage; den anden er ligesaa fremtrædende, at fremstille de danske Konger som altid tilhørende en og samme Stamme, hvis Medlemmer følger efter hinanden i uafbrudt Sukcessionsorden; begge Retninger har havt stor Indflydelse paa den senere danske Historie. Godefrid, om hvem kun fortælles, hvad Adam véd, faar sit Navn oversat med Gøtrik, idet Forfatteren har tænkt paa Sagnhelten Gøtrik den gavmilde, som oprindelig ikke har hørt hjemme i den danske Historie; dog synes Mindet om den virkelige Godfred endnu ikke helt at være tabt, thi som den norske Gudrød faar han en Søn Olav, hvilken mod Adams Vidnesbyrd indskydes lige efter Godfreds Død. Anulo har Forfatteren gjengivet med Ring, idet han tænkte paa lat. annulus og naturligvis ikke kjendte til, at Anulo var et frankisk Navn; hvorledes Ring her er bleven til Sivard Ring, har allerede Dr. Jessen rigtig forklaret[1]. Sigfred gjengiver han med Sivard, og istedenfor Reginfred har Forfatteren vel oprindelig sat »Regner Lothbroki, Søn af Siward Ring«; nu staar her kun Lothbroki, men Regner synes

---

Sven Langfot filius Cnut.
Frothi victor Angliæ, fil. Sven.
Gorm Ensci.
Harald filius Gorm.
Gorm filius Harald.
[1] Undersøgelser til nordisk Oldhistorie S. 16 ff.

udeglemt i Afskriften, da begge Navne forekommer sammen
nedenfor. Om ingen af disse véd Forfatteren mere, end Adam
giver; det samme gjelder Harald og begge Eriker, naar und-.
tages Tilnavnet Clac. Ligesom for Reginfred er indsat [Reg-
ner] Lothbroki, saaledes findes for Sigfred (a. 873) »Syward,
Søn af Regner Lodbrok«. Her træffes altsaa for første Gang
i den danske Kongerække disse to bekjendte Skikkelser; det
følger af denne nye Position, at de maatte være kjendt i hjem-
lige Sagn for saaledes at kunne trænge ind i den fra Adam
laante Kongeliste. De øvrige Konger bliver alle genealogisk
sammenknyttede; allerede Adam havde vist Veien ved at slaa
Haralds og Godfreds »nepotes« sammen, og videre paa denne
Vei har Forfatteren af »Brevior historia« gaaet: i Regelen gjør
han hver Konge uden store Omstændigheder til Søn af sin
Forgjænger. Med Harald maa han gjøre en Undtagelse, thi
da denne kjæmper mod Gøtriks Sønner, kan han ikke gjøre
Harald til Søn af hans Forgjænger (Lothbroki), som allerede
er bleven Sønnesønssøn af Gøtrik; han indlader sig derfor
ikke paa at oplyse Haralds Æt, men knytter ham sammen
med de senere Konger ved et Giftermaal mellem Sivards Dat-
ter og Erik d. yngre. Ved disse Paafund opnaar han at faa
Tiden mellem Godfred († 810) og Gorm († c. 940) fyldt med
ikke mindre end 10 (!) Generationer, og hvad mere er, de
svenske og norske Konger er totalt forsvundne af den
danske Kongerække.

Vi har været nødt til at dvæle saa længe ved disse første
Forsøg paa dansk Historieskrivning, fordi det forekommer os,
at nyere Historikere ikke har stillet dem i den rigtige Belys-
ning: deres Afhængighed af Adam og deres originale Bestræ-
belser i national Retning. Der findes endnu et fjerde Forsøg
ældre end Saxo, men dette kan mindre benyttes for vort For-
maal, fordi det springer over en Række Konger. Da Sven
Aagessøn omkr. 1185 skulde skrive sit Fædrelands Historie,
forelaa der vistnok allerede saa mange Uddrag og Bearbeidelser
af danske Kongerækker, at han kom ganske i Vildrede. Han
havde ikke Kundskaber eller Kritik nok til at vælge mellem
dem; for ikke at skrive »fabulose vel mendaciter« springer
han simpelthen over flere Aarhundreders Konger, fra Ingild

og Olav til Sivard, Søn af Regner Lodbrok (Siwardus filius Regneri Lothbroki): denne trængte efter Svens Fremstilling ind i Danmark, erobrede Riget, dræbte Kongen, ægtede hans Datter og fik med hende Sønnen Knut, som blev Konge efter Sivards Død, og i hvis Barndom den sjælandske Bonde Ennignup var Formynder; efter Knut følger Frode, Harald og Gorm, Thyres Mand. Vi har her atter en anden Udgave af de Adam'ske Uddrag, udstyrede med nye Vilkaarligheder: ligesom i de Lundske Annaler den svenske Gyrd (Olavs Søn) fik Tilnavnet »de Dacia«, har vi hos Sven hans Broder Gnup i endnu mere dansk Skikkelse som »Ennignup Sialandensis Bondo«; hos Sven finder vi ogsaa første Gang Slægtrækken Regner—Sivard—Knut, som siden gjorde saadan Lykke paa Island, og fra Knut fortsættes Slægtrækken ned til Gorm; mere kan man ikke forlange.

Med Sven Aagesøn staar vi lige paa Siden af Saxo Grammaticus; førend vi indlader os paa hans danske Sagnhistorie, vil vi slaa fast Resultaterne for hans Forgjængere. Ligesom Adam var fuldstændig afhængig af Frankerne og, hvor han foretog Berigtigelser, kun frembragte Forvanskninger, saaledes saa vi det samme gjentage sig i de danske Krøniker: disse er paa samme Maade afhængige af Adam, og hvor de forlader ham, forvansker de Historien saa fuldstændigt, at man længe har havt Vanskelighed for at gribe Udviklingens Traade. Men ligesom allerede Adam havde nærmet sig den danske Tradition og hentet Notitser deraf, saaledes foregaar der i de danske Krøniker en endnu stærkere Tilnærmelse, indtil danske Sagn og danske Tendenser efterhaanden vinder Overhaand: derved fik i Løbet af 12te Aarhundrede Sagnhelten Ragnar Lodbrok og hans Søn Sivard en Plads i den danske Kongerække midt imellem de Konger, som fra de frankiske Annaler gjennem Adam var naaede til Danmark. Førend vi studerer Ragnars Historie hos Saxo, maa vi derfor undersøge, med hvilken historisk Ret Ragnar har indtaget denne nye Rang. Vi saa, at den danske Krønike indsatte ham istedenfor den uheldige Kong Reginfrid († 814); men dette kan (som Joh. Steenstrup rigtig har hævdet mod Dr. Jessen og mig) ikke være hans oprindelige Stilling, thi baade Ragnar og hans Sønner

har vundet sit Navn i Sagn og Historie som Søhelte; vi
maa, som samme Forfatter viser, søge dem blandt Vikingerne
i 9de Aarhundrede og derfor først vinde et Overblik over
de danske Vikingetogs Historie.

III. Danske Vikingehøvdinger i 9de Aarhundrede i de frankiske og britiske Farvand.

Karl den store fik en stærk Følelse af det nødvendige i
at beskytte sit store Riges Kyster, da de første normanniske
Anfald nærmede sig Gallien fra de britiske Farvand. Han
udrustede ogsaa Flaader, oprettede Kystvagter og tog endog
fremmede Søkrigere i sin Sold[1], og saalænge han selv levede,
opretholdtes hans Forholdsregler, og Frygten for hans Navn
afholdt i Regelen Normannerne fra ordentlige Angreb. Men
da under hans svage Efterfølger alle rigsfiendtlige Kræfter
sattes i Bevægelse, da Stamme stod mod Stamme, da Keiseren
og hans Sønner laa i næsten uafbrudte indbyrdes Feider, slap-
pedes Opmærksomheden udad: Flaaderne forfaldt, Kystvagten
forsømtes, og snart laa de nærmeste Kyster aabne for Fien-
derne. Keiser Ludvig havde, endnu før Borgerkrigene udbrød,
ordnet de frisiske Kysters Bevogtning. Efter Kong Haralds
Daab havde han overladt ham Grevskabet Riustri i Ostfris-
land (Kystlandet mellem Dollart og Jahde) som Tilflugtssted,
hvis det gik ham galt i Danmark, men ogsaa med Forplig-
telse til at vogte Grænserne mod Vikinger; og paa Walcheren
ved Scheldes Munding havde en anden dansk Høvding, He-
ming, Halvdans Søn, Station[2]. De Danskes egentlige Anfald

---

[1] Poeta Saxo a. 807, Pertz I 263.
[2] Denne Heming Halvdanssøn (ex stirpe Danorum) har man villet
gjøre til Broder af Kong Harald, aabenbart kun fordi en af dennes
Brødre hed Heming (Einhards Annaler a. 813); derved vandt man

begyndte 834, samme Aar som de frankiske Stammer i Øst
og Vest laa i aaben Krig og optoges deraf; Danerne seilede
Ostfrisland forbi, hvad enten de ikke vilde eller ikke turde
angribe sin Landsmand Kong Harald, men drog op ad Rhinens
Munding til den store Handelsstad Dorestad, hvis Rigdomme
lokkede dem og som de udplyndrede. I de følgende Aar gjen-
tog Angrebene sig og rettedes nu ogsaa mod Naboegnene ved
Maas og Schelde; i 837 landede de paa Walcheren, dræbte
sin kristne Landsmand Heming og en frankisk Greve og førte
meget Bytte med sig hjem. Keiseren maatte af Hensyn til
dette Anfald opsætte et Tog til Italien mod Lothar og ryk-
kede med sin Hær op i Flandern, hvorfor Vikingerne vendte
hjem; han ordnede nu Grændsebevogtningen og indsatte nye
Grever. Ved denne Leilighed eller kort Tid efter har Lud-
vig overdraget Dorestad til Kong Harald og hans Broder
Rørek, og da efter Ludvigs Død Harald holdt sig til Keiser
Lothars Parti, overlod Keiseren ham ogsaa Walcheren og
Naboherrederne (841), hvilket bragte den vestfrankiske Anna-
list til at udtale sig i haarde Ord om at Lothar gav hedenske
Vikinger Magt over Kristne [1]. Efterhaanden havde nu altsaa
Harald opnaaet et Rige udenlands til Gjengjeld for hvad han
havde tabt hjemme, idet han styrede en Række frisiske Land-
stykker med Endepunkter ved Weser og Schelde og med sit
Hovedsæde i en af Frankernes rigeste Handelsbyer. At over-
lade danske Konger frisiske Landsdele kunde støtte Frankerne,

da den genealogiske Oplysning, at Haralds Fader hed Halvdan, hvil-
ket kunde give Anledning til mange andre Gjetninger (Langebek I
250, Dümmler, Gesch. des ostfrankischen Reiches I 266, Steenstrup
S. 118). ›Hvor usikre alle disse Kombinationer ere, behøve vi ei
yderligere at paapege‹ (Munch, Saml. Afh. II 408).

[1] Prudentius insinuerer i sin Partiskhed mod Lothar, at Harald havde
været med i Anfaldene paa Frisland: Herioldo qui cum ceteris
Danorum maritimis incommoda tanta sui causa ad patris inju-
riam invexerat, Gualacras aliaque vicina loca huius meriti gratia in
beneficium contulit. Dignum sane omni detestatione facinus, ut qui
mala christianis intulerant, iidem christianorum terris et populis
Christique ecclesiis præferrentur, ut persecutoris fidei christianæ do-
mini christianorum existerent et dæmonum cultoribus christiani po-
puli deservirent.

der manglede Sømagt og Lyst til Søvæsen; men dette For-
hold kunde give Anledning til mange Forviklinger, idet Da-
nerne snart betragtede Frisland som sin retmæssige Arv, knyt-
tede Forbindelser med de endnu halvhedenske Indbyggere og
med sine hjemmeværende Landsmænd og ofte følte sig fristede
til at bryde Freden med sine Lensherrer. Allerede kort efter
Haralds Død (han omtales sidste Gang i 842) begyndte Kei-
seren at mistænke Rørek for at pønse paa Frafald og lod
ham derfor fængsle; men dette gjorde kun ondt værre, thi
Rørek undslap og tog sin Tilflugt til Østfranken, hvor Kong
Ludvig tillod ham at bo i Saxen. Herfra samlede han »efter
flere Aar« en stor Skare af sine Landsmænd om sig, deriblandt
Haralds Søn Godfred (døbt med sin Fader 826), og fore-
tog med dem i 850 et Tog mod Lothars frisiske Provinser
for at vinde sine Lande·tilbage; Keiseren forsøgte forgjæves
at staa ham imod og maatte tilslut overlade ham »Dorestad og
andre Grevskaber« i Frisland. Naturligvis skulde han lige-
som før være Keiserens Lensmand og værge Frisland mod
Vikingerne, men Stillingen var væsentlig forandret ved at
Rørek havde tiltvunget sig dette Len med udenlandsk Bistand.
Man ser derfor, at han fra nu af betragtede sig som Herre i
Frisland, og hans Lands Beliggenhed paa Grænsen af de tre
frankiske Riger og med Danmark som Støtte i Baggrunden
gjorde, at han kunde stille sig temmelig uafhængig ligeoverfor
sine frankiske Lensherrer. Hans Rige blev for hans Lands-
mænd som et andet Danmark, hvor de kunde slaa sig ned
som hjemme, og hvorfra de kunde faa Hjelp paa sine Tog i
fremmede Lande; ja man kan sige, at nye Tog ligetil udgik
fra Frisland mod de kristne Lande, og at Rørek, naar han
vilde, kunde dirigere Hærmasser mod Frankerne uden nogen
Fare for sig. Hans Brodersøn Godfred, som havde deltaget i
Kampen mod Lothar, drog videre vestover mod Karls Rige,
herjede i Flandern og seilede derefter op ad Seinen. Karl
turde ikke indlade sig paa aaben Kamp, men kjøbte ham til
at drage bort[1]. 2 Aar senere hører vi, at Godfred i Forbund

---

[1] Efter en som det synes misforstaaet Beretning skal han endog have
overladt ham et Stykke Land, sml. Dümmler I 366.

med en anden Høvding Sigtryg atter drog op ad Seinen
(Oct. 852); Keiser Lothar og Kong Karl forenede sig for at
drive Vikingerne bort, men disse byggede sig nu en fast Borg
for Vinteren i den saakaldte »Givolds Grav«, og Karl maatte
atter kjøbe Godfred til at vende tilbage til Frisland, hvorfra
han Aar 855 sammen med sin Farbroder foretog det ovenfor
omtalte Forsøg mod Kong Haarek. Hermed forsvinder God-
fred, thi i 857 optræder Rørek alene, og fra 864 omtales en
anden Søn af Kong Harald, Rodulv, der synes at have arvet
sin Faders og Broders Besiddelser og Fordringer; ogsaa han
havde som disse sit faste Tilhold i Frisland. I 864 maatte
Kong Lothar betale Rodulv en tung Skat fra hele sit Rige;
denne har altsaa optraadt med afgjort Overmagt, og han har
holdt denne Stilling, thi da Kong Karl efter Lothars Død
havde bemægtiget sig næsten hans hele Rige og underhandlede
med Rodulv om Underkastelse, stillede denne saa overmodige
Fordringer, at Kongen ikke vilde gaa ind derpaa og de skiltes
i Uvenskab. I 873 forsøgte Rodulv at erobre tilbage sin Fa-
ders gamle Land i Ostfrisland, men blev her dræbt af Friserne.
Den gamle Rørek havde baaret sig mere statsklogt ad; da
Lothars Rige splittedes, underkastede han sig begge hans Far-
brødre ved særskilt Underhandling, hvorved adskillige Fordele
vistnok tilstodes ham. Og uagtet hans Troskab tidligere ikke
havde været saa særdeles at rose, bevarede man dog hos Fran-
kerne Mindet om ham efter hans Død som »Frankerkongernes
tro Mand«; han døde mellem 873 og 880. Endnu gav hans
Slægt ikke Landet op; den Vikingehær, som fra 880 udgød
sig over de frankiske Lande, tvang den tyske Konge til at
overlade »det frisiske Rige« til en Konge Godfred og til
endog at gifte ham med Kong Lothars Datter. Denne God-
fred synes nemlig at have gjort Arvefordringer gjeldende og
har da rimeligvis hørt til Haralds Ætlinger; han blev den
sidste danske Konge i Frisland, idet han myrdedes i 885 og
hans Landsmænd derefter fordreves fra Landet.

I al den Tid, da dette frisiske Rige bestod, havde Vikin-
gerne været virksomme paa alle Farvand, og flere af deres
Flaader synes at have staaet i Forbindelse med dette Rige.
Dog var Anfaldene paa **det vestfrankiske Rige** begyndt før

og havde især forstærket sig efter Keiser Ludvigs Død, da Krigene rasede som værst mellem de frankiske Stammer og Fællesfølelsen i den Grad holdt paa at tabe sig, at vi paa flere Steder finder Vikingerne i Forbund med et af de stridende Partier. I Aarene fra 840 af var en Aasgeir[1] den mest berygtede Vikingehøvding. Han plyndrede Rouen, brændte Klostret Jumièges og herjede frygteligt ved Seinen (841). I de følgende Aar til 851 siges han at have herjet paa alle Kyster mellem Seinen og Bordeaux; hans Flaade har altsaa enten deltaget i eller ledet Angrebene paa Nantes i 843, da Vikingerne erobrede Byen og slog sig ned for Vinteren paa en Ø i Floden, paa Toulouse i 844, Bretagne i 847, Bordeaux i 848. Den sidste By beholdt Vikingerne i flere Aar, thi herfra drog de under Aasgeir i 851 tilbage til Seinen, brændte Fontenelles, plyndrede Rouen og brændte Beauvais, førend de drog tilbage til Bordeaux. Disse Vikinger kaldes dels med Fællesnavnet Normanni, dels med de mere specielle Navne Dani og Wesfaldingi (ɔ: Mænd fra Vestfold i Norge); man ser saaledes ogsaa her, at i fremmede Farvand ligesom i sine Hjemlande optræder i denne Tid Daner og norske Mænd i Fællesskab. I Aaret 845 udgik fra Danmark samtidig Tog i to Retninger til Frankerne; Kong Haarek selv drog med en Flaade opad Elben og plyndrede Hamburg, medens en af hans Høvdinger Ragnar trængte med 120 Skibe opad Seinen, hvor han plyndrede Paris og Omegnen; ogsaa han blev kjøbt bort af Kong Karl. Ogsaa Røreks Tog mod Frisland i 850 udgik direkte fra Danmark eller ialfald med Bistand herfra, men efter den Tid synes de fleste Høvdinger at have havt Standkvarter eller ialfald Forbindelser i det frisiske Rige. Derfra udgik Godfred i 850 og 852; da han om Vaaren 853 lod sig bevæge til at drage bort, fortsatte hans Forbundsfæller

---

[1] Fontaneller-Krøniken kalder ham dels Hoseri, dels Oscheri, hvilket sidste ikke kan repræsentere andet end *As-geirr*. At skrive ›Oskar‹ som Lappenberg og Dümmler gjør, er naturligvis urigtigt, da Oscar er et irsk Navn, som først med Kong Oscar I indførtes i vor nuværende Kongefamilie og derfra fik videre Udbredelse hos de nordiske Folk.

Toget til Loire, hvor de i Mai s. A. paa en Ø i Mundingen oprettede en fast Leir. Derfra overfaldt de og brændte Nantes og Klostret St. Florent, om Høsten s. A. den hellige Martins By Tours og hans Kloster, i det følgende Aar Blois og Angers, i ·855 plyndrede de i Aquitanien, i 856 Orleans, i 857 atter Tours, hvor Munkene i St. Martin flygter med sin Helgens Levninger til Léré (i Berry)[1]. Hvem deres Anfører i disse Aar var siges ikke; det var ikke Sigtryg, thi han forsøgte netop i 855 at erobre deres Borg paa Loire-Øen, men mod at faa Andel i deres Bytte lod han sig bevæge til at opgive Beleiringen og drage ud af Floden. Fra sit Stade i Loire-Mundingen, paa Halvøen Guerrande og i Paimbeuf sværmede disse Vikinger rundt i Nabolandskaberne og herjede og plyndrede, hvor de kom; kun faa af de frankiske Grever formaaede at modstaa dem. I 863 nævnes deres Konge Maurus (Már?), som da faldt paa et Tog i Angoulême i Tvekamp med Grev Turpio. I 865 vovede deres Høvding Baretus (Bárðr, opr. Báruðr) at trænge med 40 Skibe helt op til Klostret Fleury, som herjedes, og paa Tilbageveien plyndredes Orleans; denne Baretus synes at være den samme, som kjendes fra denne Tid i Irland, han var Søn af Hærkongen Ivar i Dublin og herjede i mange Aar i det vestlige og sydlige Irland[2]; hans Deltagelse i Loire-Togene synes derfor kun at have været midlertidig, og allerede i det følgende Aar finder vi en ny Høvding for Loire-Normannerne, der siden skulde gjøre sit Navn frygtet blandt Vestfrankerne som ingen anden af sine Landsmænd. Det er den bekjendte Haastein (Hastignus, Hastingus)[3]. Det var ham, som i 866 foretog et længere Hærtog gjennem Anjou, Poitou og Touraine og paa Hjemveien i et Slag fældede Vestfrankernes tapreste Krigere, Greverne Ramnulf og Rodbert; i 869 maatte Kong Salomon af Bretagne

---

[1] Bibl. de l'école des chartes 1869 p. 175.
[2] Chron. Scotorum p. 167 og War of the Gaedhil with the Gaill p. 273.
[3] De Vedastinske Annaler kalder ham rigtignok Alstignus, ligesom senere Kilder Alstagnus, men da den engelske Krønike kalder ham Hæsten, maa jeg med Munch tro, at hans virkelige Navn har været Haastein.

betale ham Skat for at slippe for Plyndring og samme Aar lagde han atter Tours i Skat; i 872 satte han sig fast i Angers, blev beleiret af Kong Karl og maatte kjøbe sig fri mod Løfte at drage bort fra Landet, men holdt ikke sit Løfte og »rasede værre end før«, thi samme Aar kom han igjen til Tours, hvorfra Munkene i St. Martin atter maatte flygte med sin Helgen, dennegang til Burgund[1]; i 874 deltager han i Borgerkrigen i Bretagne, men bliver slagen. Først i 882 — efter mindst 16 Aars Ophold ved Loire — bliver han af Kong Ludvig nødt eller overtalt ved Penge til at forlade Frankrige og forsvinder nu ganske indtil 890, da han lander ved Somme, sætter sig fast her og gjør derfra Tog til Amiens (891) og Vermandois (891—92). Den store Hungersnød i Frankrige driver ogsaa Haastein over til England, hvor vi kan læse om hans Kampe i 893 og 894, da vi sidste Gang hører Tale om ham; vi ved saaledes ikke, om han døde i England, om han fulgte med »Hæren« tilbage til Frankrige i 896, eller om han vendte hjem igjen til sit Fødeland. Ikke alene, at hans Vikingefærd varede længere end de fleste af hans Landsmænds (fra 866 til 894), men ogsaa at han optraadte som seirrig paa saa mange Valpladse — ved Loire, ved Somme og i England — maatte gjøre hans Navn ualmindelig frygtet, saa man kan ikke undre sig over, at Frankerne i ham saa den værste af alle Vikinger og udstyrede ham i fortrinlig Grad med alle de Egenskaber, de fandt hos sine nordiske Fiender; derved blev efterhaanden »Hasting« hos Vestfrankerne Typen for Vikingetiden. Det vil have Betydning for det følgende at fastholde, at hans Virketid falder fra 866 af, at han neppe før den Tid kan have været Loire-Normannernes Høvding, fordi andre Navne nævnes lige forud, og at han i 866 maa have været en yngre Mand, idet han endnu ved 893—94 virker i sin fulde Mandskraft. Om Hastings Herkomst eller hjemlige Forbindelser nævnes ikke et Ord; særegent for ham er, at han optræder som oftest selvstændigt og uden Medanførere, han slutter sig ikke til den »store Hær«, førend denne i England

---

[1] Bibl. de l'école des chartes 1869 p. 179.

søgte Tilflugt i en af Hastings Borge (893), og kun derved kom han til en Stund at operere i Fællesskab med den.

Den samme Sigtryg, der i 852 med den frisiske Godfred herjede ved Seinen og som i 855 forsøgte sig mod Loire-Normannerne, viste sig samme Sommer atter i Seinen (18 Juli 855), dennegang sammen med en anden Høvding, Bjørn (Berno). Begges Hære trængte fra Seinen langt ind i Landet, indtil Kong Karl slog dem i Perche (i Champagne): derpaa drog Sigtryg den følgende Sommer (856) ned tilhavs, og vi hører derefter ikke mere til ham, men Bjørn satte sig fast i Floden og fik Undsætning fra en nyankommende Hær. Ogsaa dennegang tog Vikingerne Vinterkvarter i Givolds Grav, og derfra overfaldt de Paris, som grundigt udplyndredes i Dagene om Nytaar 856—57. Bjørn byggede sig derefter en fast Borg paa Øen Oissel (ved Pont de l'Arche, ovenfor Rouen) og indrettede sig til et Ophold paa flere Aar. Skjønt han i 858 var hos Karl i Verberie og der svor ham Troskab, vedblev dog det fiendtlige Forhold, og Karl besluttede sig til med hele sit Riges Kræfter at beleire Vikingernes Ø-Borg (Juli 858); men Bjørn forsvarede sig godt, og Karl saa sig nødt til at ophæve Beleiringen i September s. A., da hans Vasaller faldt fra ham og hyldede den østfrankiske Kong Ludvig, som drog med en Hær mod sin Broder. Denne ulykkelige Feide mellem de frankiske Riger gjorde, at Normannerne i flere Aar kunde holde sig uangrebne i sin Borg; i 859 streifede de helt op til Noyon (ved Oise), hvor de fangede og dræbte Biskop Emmo, i 861 plyndrede de atter Paris. Karl henvendte sig i sin Nød til Somme-Normannerne under Veland, som mod Løfte om 3000 Pund Sølv angreb Seine-Normannernes Borg paa Oissel (861), og de Beleirede saa sig nødt til at overbyde Kongen og afstaa en Del af sit Bytte for at slippe bort. Forenet drog nu begge Hære ned til Havet, men da Vinteren hindrede dem fra at reise hjem, lagde de sig i Vinterkvarter ved Nedre-Seinen; paa Vaarsiden (862) kom Veland til Kongen, lod sig døbe og gik i hans Tjeneste. De øvrige (ɔ: Seine-Normannerne) drog til Havet, delte sig her i flere Flaader, som seilede hver sin Vei, en stor Del drog til Bretagne for at deltage i Kampen mellem Kongen af Bre-

tagne og de frankiske Grever. Hvorlænge Bjørn deltog i
dette Tog, siges ikke ligefrem; Annalerne nævner hans An-
komst 855, hans Besøg hos Karl 858 og hans Forsvar af
Borgen s. A.; vi skal siden se, at et senere Sagn antyder, at
han holdt ud til det sidste med sine Mænd.

I disse Aar kom Normanniske Vikinger helt ned i **Mid-
delhavet**, og efter alt hvad vi kan slutte, har to forenede
Flaader udført Bedrifter her. En arabisk Historiker Ibn-
Adhâri fortæller, at en Flaade paa 62 Skibe i Aaret 859
seilede sydover langs Spaniens vestlige Kyst, forsøgte forgjæ-
ves at lande her, og indtog endelig og plyndrede Algeziras
(ved Gibraltar-Strædet); at den derfra satte over til Afrika,
hvor den gjorde Landgang, gik derfra tilbage til den spanske
Middelhavskyst ved Murcia og herjede her indtil Orihuela
(paa Grænsen mod Valencia); den følgende Vinter laa de
over i Frankrige, hvor de bemægtigede sig en By, som længe
beholdt Navn efter dem; paa Hjemveien blev de slagne til-
søs af Emiren Mohamed. En arabisk Geograf Bekrî op-
lyser, at det Sted, som plyndredes i Afrika, var Nekur (i
det østlige Marokko); det samme oplyser den senere spanske
Kronist Sebastian fra Salamanca, som tilføier, at Normannerne
derefter paa sit Tog røvede Folk fra de Baleariske Øer og
kom helt til Grækenland [1]. Prudentius, som ikke ved noget
om Opholdet i Spanien og Afrika, beretter derimod, at Da-
nerne (piratæ Danorum) efter at have seilet rundt Spanien Aar
859 slog sig ned ved Rhone, plyndrede Byer og Klostre og
overvintrede paa Camargue i Rhones Munding, at de den
næste Vaar (860) foretog Plyndring opad Floden ligetil Va-
lence [2] og senere paa Sommeren herjede paa italienske Byer,
deriblandt Pisa [3]. Allerede samme Aar synes Vikingerne at
have begivet sig paa Hjemveien, thi hverken Prudentius eller
Ibn-Adhâri omtaler mere end ét Vinterophold paa Camargue;

---

[1] Dozy, Recherches sur l'histoire et la litterature de l'Espagne II
290 ff.

[2] Dozy opfatter urigtig ›Valentia‹ som den spanske By af dette Navn
(Rech. II 285).

[3] Prudentius a. 859, 860, Pertz I 453—54.

og om Vaaren 862 var de allerede komne til Frankrige, thi
da sluttede de sig sammen med Seine-Normannerne og lod
sig med dem leie af Grev Robert til at kjæmpe mod Bre-
tagne[1]. Alle disse Vidnesbyrd stemmer jo godt sammen, og
man vilde have anseet det for sikkert, at vi her i et og alt
har samme Vikingeflaades Bedrifter, hvis der ikke nylig var
fremdraget en Annalberetning, som kaster nyt Lys over dette
Tog. Joh. Steenstrup viser i sin »Indledning til Normanner-
tiden«, at et gammelt irsk Annalbrudstykke beretter om
samme Tog. Dets Indhold er, at en Kongesøn fra Lochlann,
Raghnall mac Albdan, nogle Aar før 867 blev fordrevet fra
sit Fædreland af sine yngre Brødre og flygtede med sine 3
Sønner til Orknøerne, hvor han slog sig ned. To af Søn-
nerne drog derfra ud paa Tog til de britiske Øer; siden sei-
lede de over den kantabriske Sø til Spanien, hvor de dræbte
og plyndrede, og gik derfra gjennem Strædet over til Afrika,
hvor de kjæmpede med »Mauritani« og vandt stort Bytte.
Men da en af Sønnerne i en Drøm fik vide, at den Broder,
som de havde efterladt hos sin Fader, var dræbt, og de æng-
stedes for sin Faders Skjæbne, vendte de hjemad; fra Toget
medførte de mauriske Træle (»Blaamænd«), som solgtes i Ir-
land[2]. Steenstrup har i denne »Raghnall« troet at gjenfinde
Sagnets Ragnar Lodbrok og i Toget Lodbrokssønnernes i
Sagnene bekjendte Tog til Italien (Luna); men herimod rei-
ser sig saa stærke Betænkeligheder, at Formodningen maa
helt afvises. Allerede Navnet Raghnall gjør Vanskelighed,
thi det gjengiver paa Irsk ikke Ragnar, men Ragnvald, som
jo var et saa almindeligt Navn blandt den norske Kongeæt i
Dublin. Værre er det, at Ragnvald eller rettere hans Fader
Halvdan kaldes Konge i Lochlann, thi selv om man ind-
rømmer, at Lochlann i senere Tid i Irland er Fællesnavn
for de skandinaviske Lande, saa kan det ikke benegtes, at
netop i dette Annalfragment træder overalt tydeligt

---

[1] Hinkmar a. 862, Pertz I 456.
[2] Jeg henviser til Steenstrups Bog, hvor en Oversættelse af det hele
Stykke meddeles S. 92—93.

frem Forskjellen mellem Lochlannac (Nordmænd) og Danair
(Daner) som de to forskjellige Nationer blandt Vikingerne:
Side 117—25 skildres vidtløftigt de to Søslag Aar 851 mel-
lem Danerne, som kom til Irland, og »Lochlannac«, som var
der før; Side 131 fortælles, hvorledes »Danerne, d. e. Orm og
hans Mænd« gik i Kong Kerbhal's Tjeneste for at kjæmpe
mod Lochlannac, og Side 133, hvorledes Ossorymændene med
Danerne overvandt og nedsablede Lochlannac (hvilket Navn
vexler med Normannac). Kong Raghnall har altsaa været en
norsk Konge (ɔ: Fylkeskonge), rimeligvis fra et af de vest-
landske Fylker, og er han da den samme som Sagnets Rag-
nar Lodbrok, saa maatte denne ogsaa været norsk Fylkes-
konge, hvilket er umuligt. Kong Ragnvald og hans
Sønner bliver saaledes at adskille fra Ragnar Lod-
brok og Lodbrokssønnerne. Om disse norske Konge-
sønner fortælles nu i en fuldkommen paalidelig Krønike, at
de i et af Aarene om 860 drog paa Vikingetog til Spanien
og Mauritanien og paa Hjemveien kom til Irland. Man kan
ikke godt negte, at her er Tale om Toget i 859, thi spanske
og arabiske Forfattere kjender intet andet Tog, hvorpaa denne
Efterretning kan passe; men deraf maa nu ikke sluttes, at
hele dette Tog i Middelhavet har været udført af Ragnvalds
Sønner. Langtfra; det siges jo ligetil, at de vendte hjem fra
Mauritanien og altsaa ikke kom længer øst; desuden kal-
des udtrykkelig Rhone-Vikingerne Daner, og i de frankiske
Annaler fra 9de Aarhundrede bruges neppe »Dani« som skan-
dinavisk Fællesbetegnelse ligesom »Normanni«. Resultatet af
dette bliver altsaa, at Toget til Middelhavet 859—61 har væ-
ret udført af danske Vikinger (hvis Førere ikke omtales i
paalidelige Kilder), men til dem har der sluttet sig en norsk
Vikingeskare under Kong Ragnvalds Sønner; disse vendte
hjemad fra Nekur, medens Danerne alene fortsatte Toget øst-
over til Rhone og Italien.

I **England** var man ligefra 832 af udsat for næsten aar-
visse Angreb fra Vikingerne. Disse var i Regelen Daner,
dog ser man ogsaa, at Nordmænd fra Irland deltog i Anfal-
dene, f. Ex. i Aar 851, da Danerne herjede østenfra paa

Kent og Surrey, men Nordmændene paa Devonshire[1]. Vikingerne rettede sine Angreb mod det sydøstlige eller sydlige England, hvor de vigtigste Handelsbyer var, og forsøgte som oftest at sætte sig fast paa en af Øerne i Themsens Munding, medens det nordlige England var ganske fri for Herjinger indtil Aar 867. I 855 lykkedes det en »hedensk Hær« at holde sig Vinteren over paa Shepey i Themsen; den bestod, som det udtrykkelig siges i en paalidelig Krønike, af »Daner og Friser« og anførtes af (Brødrene) Halvdan, Ingvar og Ubbe; den samme Krønike kalder senere udtrykkelig Ubbe Jarl i Frisland[2], saa man kan ikke tvivle om, at denne Hær udgik fra Røreks frisiske Rige og at disse Brødre var hans Jarler, maaske hans Slægtninge. England forlod de 856, og da vi før har seet, at Sommeren 856 en Hær sluttede sig til Seine-Normannerne under Bjørn (der, som vi senere skal se, var deres Broder), kan man med Rimelighed antage, at den nye Hær var anført af disse Brødre Halvdan, Ingvar og Ubbe, som saaledes har opholdt sig i Seine-Egnene mellem 856 og 862. I 866 lander atter en stor Hær i England, anført af Brødrene Ingvar og Ubbe. Vinteren over blev de i Ostangeln, hvis Folk gav dem »Fredland«; men da de hørte, at der i Northumberland var udbrudt en Borgerkrig, idet mange havde faldt fra sin Konge Osbriht og taget en anden, Ella, drog Vikingerne overland til Northumberland og bemægtigede sig York (867). Begge de stridende Konger forenede sig nu mod Vikingerne og drog mod York, som de angreb, men Northumbrerne led her et haardt Nederlag, begge Konger faldt i Slaget, og Folket underkastede sig Erobrerne. Disse opholdt sig Vinteren 867—68 i York, den næste drog de sydover til Nottingham, men den derpaa følgende var de atter i York (869—70); i disse Aar synes betydelige Skarer at have

---

[1] Three Fragments of irish Annals S. 180, jfr. med Angl. Chron. a. 851.

[2] Annales Lindesfarnenses, Pertz XIX 506 a. 856: Paganorum exercitus, sc. Dani et Frisones, ducibus Halfdene, Ubba et Inguar, applicant in insula Scepeige. A. 868: ab Ubba duce Fresonum populus pene totus Norðanhymbrorum occisus est cum suis regibus.

samlet sig til dem, thi ved Siden af (eller rettere over) Jar-
lerne Ubbe og Ingvar nævnes nu ikke mindre end fire Konger
(deraf faldt de 3 ved Thrykingham i 870, den 4de, Anund,
forekommer ogsaa senere), og Høsten 870 kom en stor Hær
til England fra Danmark for at deltage i Erobringen under
Anførsel af Kongerne Halvdan (Jarlernes Broder), Guðrum
(ɔ: Gudorm eller Gorm), Bagsegg, Aasketil og Haamund
samt fem Jarler; og allerede før havde Ingvar og Ubbe op-
fordret de norske Konger i Dublin, Ivar og Olav, til at del-
tage i Erobringen[1], hvilken Opfordring disse fulgte ved at
herje i Nordengland baade paa »Briter og Saxer«[2] og ved i
871 at indtage Dumbarton (ved Clyde) efter 4 Maaneders
Beleiring[3]. Dette Angreb fra flere Kanter havde dog ikke
strax den tilsigtede Virkning: de norske Konger blev snart
kaldte hjem fra Toget for at beskytte sine Besiddelser mod
Irerne, og Saxerne i Sydengland gjorde under de unge vest-
saxiske Konger en energisk Modstand. Vistnok besatte Da-
nerne Høsten 870 Ostangeln, og Brødrene Ingvar og Ubbe
dræbte dets Konge Eadmund (20 Nov. 870); men i det føl-
gende Aar led de en Række Nederlag mod Vestsaxerne,
hvorved der faldt en Konge (Bagsegg) og 9 Jarler, deriblandt,
som det synes, Ingvar[4]. Alligevel holdt Hæren sig i de er-

---

[1] Annales Inisfalenses ex Cod. Dubliniense p. 85: 870. Deprædatio
Lageniæ per Aodum filium Nialli, a Dublinio usque Gabran, post-
quam profecti fuissent Anlafus et Imarus cum gente na-
vium 200, ad auxilium præbendum Danis Britanniæ cum
suis Ducibus Danis, nempe Hingaro et Hubba. Det gaar
saaledes ikke an med Dr. Todd og Steenstrup at antage, at Ivar
(Ingvar) Lodbrokssøn er den samme som Kong Ivar i Dublin, der
udtrykkelig af irske Kilder kaldes en Nordmand fra Lochlann, var
Broder af Kong Olav (hvite) og Søn af en norsk Konge Gudrød Ragn-
valdssøn (Three fragments 195).

[2] »En stor Mængde Fanger, af Saxer og Briter, blev bragt af dem
til Irland«. Chron. Scotorum a. 871.

[3] Three fragments p. 193.

[4] Dette siges rigtignok ikke i den angelsaxiske Krønike, men det
fremgaar af Ædelweards Krønike, at Ingvar faldt inden et Aar ef-
ter Eadmunds Død.

obrede Lande, i 874 delte den sig i to Hoveddele, hvoraf den ene under Kong Halvdan slog sig ned i Northumberland og delte dette Land, den anden under Kongerne Gorm, Aasketil og Anund fortsatte Krigen med Vestsaxerne, der efter mange Omvexlinger endte med det bekjendte Forlig i 878. Flere af Anførerne var under disse Kampe faldne eller bortdragne, hvorved Gorm var bleven Hærens . Hovedanfører. Jarlen Ubbe herjede i 877 paa egen Haand i Sydwales, hvis Fyrste Ruaidri maatte flygte til Irland; medens Gorms Hær det følgende Aar angreb Wessex østenfra, gjorde Ubbe fra Wales et Indfald i Devonshire, der endte med hans Fald ved Cynwit. Om Halvdan ved man kun, at hans egne Mænd fordrev ham fra Northumberland[1]; da i 877 en dansk Hær lander i Irland under Halvdan, Ragnvalds Søn, er det rimeligvis den samme Høvding; i en Strid med Nordmændene i Dublin blev denne Halvdan dræbt i 877, og hans Mænd gik under en norsk Kongesøn, Eÿstein Olafssøn, til Skotland[2]. Kong Gorm, der ved Forliget i 878 lod sig døbe med Navnet Æðelstan, drog efter et Aars Ophold i det vestlige England om Cirenchester i 880 til sit Rige Ostangeln, som han beherskede til sin Død 890[3].

Af de frankiske Annal-Beretninger for Aarene 865—80 fremgaar det, at de frankiske Riger nu forholdsvis nød Fred, thi omtrent alle for Vikingelivet disponible Kræfter i det danske Folk synes efterhaanden at have trukket sig over til England, og kun Hasting holdt sig paa sin Station ved Loire. Men aldrig saa snart var Freden sluttet i England, førend Stormen atter gik ud over Frankerne; og Sammenhængen er her saa meget tydeligere, som Angrebet udgaar, om ikke fra Gorms Hær, saa dog fra England. Aaret før Kong Gorm drog til Ostangeln for at grundlægge sit nye Rige,

---

[1] Simeon af Durham, som angiver Aarstallet 882, hvilket dog er for sent, da efter hans Kilde (de Lindisfarnske Annaler, en ny Konge nævnes i 881.

[2] Todds War of the Gaedhil p. 278, sml. Chron. Scotorum a. 877.

[3] Denne Gorm eller Gudrum gjenkjendes i den danske Kongerækkes Gorm enske eller anglicus.

samlede der sig en ny Hær af Vikinger i Themsen (ved Ful-
ham ovenfor London), og den fik her stærkt Tilløb, aaben-
bart ogsaa fra Gorms Hær. Dette siges ikke ligetil i de
samtidige Kilder, men dels følger det ligefrem af sig selv, at
mange af Gorms Hærmænd foretrak det frie Røverliv frem-
for Udsigten til at tilbringe sine Dage som kongelige Hus-
tropper i Ostangeln, dels antyder franske Sagn ialfald, at
Franskmændene ansaa denne nye Hær for udgaaet fra Da-
nerne i England. Denne »store Hær«, som holdt sig i de
frankiske Lande til 892, skal vi i følgende Bog vende til-
bage til.

Hvis vi efter denne korte Oversigt over Vikingetogene
omkr. 850—80 skulde danne os nogen Mening om, hvilke
Høvdinger og hvilke Slægter der stod i Spidsen for de vig-
tigste Tog, vilde vi neppe endnu kunne fremhæve andet end
de løsrevne Navne Aasgeir, Bjørn, Haastein, Ingvar, Ubbe
og Gorm samt Haralds Slægtninge i Frisland. Imidlertid be-
sidder vi dog ogsaa andre Vidnesbyrd om Vikingehøvdingerne
i 9de Aarhundrede; rigtignok er disse ikke af første Rang
som de samtidige Annaler, men de er Folkesagn, optegnede
af lærde Munke, der søgte at gjøre Historie ud af dem; man
maa derfor først undersøge deres Værd kritisk, vogte sig for
at lade sig narre af deres ligefremme Forsikringer og kun
tro, hvad der ligefrem er uantasteligt. Heldigvis er i nyere
Tid den kritiske Undersøgelse af disse Forfatteres Kilder og
indbyrdes Slægtskab naaet saa langt, at man ikke let iænger
lader sig føre vild; anvendte paa den rette Maade vil derfor
disse senere Sagnbearbeidelser give adskillige Oplysninger om
Vikingetogenes Sammenhæng og om Vikingehøvdingers Hi-
storie. Vi vender os først til de normanniske Skribenter, der
omtaler Hasting og Bjørn Jernside, Lodbroks Søn.

Dudo af St. Quentin, der (omkr. Aar 1000—1020) skrev
Normannernes Historie efter mundtlige Beretninger, opfattede
Vikingetogene i det 9de Aarhundrede, indtil Rollo, som en
eneste dansk (eller dacisk) Folkevandring, hvis Aarsag var
Overbefolkning og hvis Hensigt var at skaffe det »daciske«

Folk nye Bopæle[1]. Normannernes Høvdinger paa denne
Vandring er »Anstignus» (Hasting), og hans Bedrifter bestaar
kun i at plyndre Byer og brænde Kirker i Nordfrankrige
samt i at foretage Toget til Luna i Italien. Naar man sky-
der Dudos Rhetorik tilside, beholder man følgende Indhold
af hans Fortælling: »Dacerne kom engang (det nævnes ei
naar) under Høvdingen Anstignus til Francia; her brænder de
Kirken i St. Quentin og alle andre Kirker i Verman-
dois, derefter Klostret St. Denis, de dræber Biskop Emmo af
Noyon d. 28. April (uden Aar!), brænder St. Medardus' og
Eligius's Kirker (i Soissons) samt St. Genovefas Kirke (i
Paris). Derefter besluttede Anstignus at erobre Rom, Ver-
dens Hovedstad, »ligesom han havde erobret Francia«, og
seilede bort fra Francia; han kom paa sin Seilads til Byen
»Lunx qui Luna dicitur«, som han antog for Rom, og da
han ikke kunde indtage den med Magt, anvendte han den
bekjendte List med forstilt Daab og Begravelse, hvorved Byen
indtoges. Han mærker nu, at det ikke er Rom, lader Byen
brænde og Indbyggerne bortføre som Fanger; derpaa drager
han tilbage til Francia, hvor Kongen (hans Navn siges ikke)
for at undgaa hans Plyndringer betaler ham en stor Penge-
sum og tager ham i sin Tjeneste; senere nævnes han blandt
de franske Høvdinger, som underhandlede med Rollo Aar
876. Hvad der mest springer i Øinene ved denne Frem-
stilling er, at Tider og Personer er fuldstændigt sammen-
blandede, Tidsfølgen er ikke paa noget Sted korrekt, og alle
de normanniske Bedrifter, som Dudo kjendte forud for Rollo,
har han overført paa Hasting: med andre Ord, her foreligger
en Række Sagn, tildels Lokalsagn, som efterhaanden har
fæstet sig til Hasting. Klostret i St. Quentin blev brændt
af den »store Hær« under Sigfred 883, St. Denis af Seine-
Normannerne i 865, Biskop Emmo dræbt af Seine-Norman-
nerne i 859, St. Medards Kirke i Soissons brændt af Kong
Sigfred efter Paris's Beleiring i 886 og St. Genovefas Kirke
af Seine-Normannerne under Bjørn i 856—57. Det eneste,
som historisk kan føres tilbage til Hasting, er, at han herjede

---

[1] sml. ovenfor Side 80—82.

i Vermandois 891—92, men at han brændte Kirker her oplyser de samtidige Kilder ikke; naar vi nu erindrer, at Dudo selv er født i Vermandois, vil man forstaa, at han har fulgt sit Hjemlands Sagn om, at alle Kirkerov i Nordfrankrige er udførte af Hasting. Historisk er det ogsaa, at Hasting indgik et Forlig med Frankerkongen, men det skede ikke lige efter Middelhavstoget, men først efter (mindst) 16 Aars Ophold ved Loire, i 882 med Kong Ludvig, og Hasting gik ikke i Frankerkongens Tjeneste, men seilede »ud til Havet« og nævnes ikke førend 8 Aar bagefter (i 890) i Frankrige. Naar det staar saa til med Dudo, hvor han færdes paa fransk Jordbund, kan man ikke vente større Sikkerhed i Italien. Nordboerne har kun én Gang herjet i Italien, nemlig da de i 860 gjorde et Streiftog fra sin Station paa Camargue og plyndrede »Pisa og andre Byer«; man har da for at frelse Dudo antaget, at en af de »andre Byer« var Luna, saa at Sagnet kunde med Forkjærlighed have grebet dette Navn fremfor det vigtigere Pisa. Isaafald maatte Fortællingen om, at Togets Maal var at erobre Rom, lægges helt tilside som Sagndigtning, og man maatte se bort fra, at Normannerne i flere Aar herjede paa Middelhavets Kyster, i Spanien og Afrika, og havde sin faste Station i disse Aar ved Rhone. Imidlertid lader Sagnet sig frelse paa en Maade, hvorved ialfald dets hovedsagelige Indhold kommer mere til sin Ret. Netop ved Midten af 9de Aarhundrede blev Rom gjentagne Gange truet med Anfald af hedenske Sørøvere, og disse har virkelig plyndret Luna; men disse Sørøvere var — Saracener. Allerede 841 havde Saracenerne fra Sicilien overrumplet Bari, i de følgende Aar streifede de frit om i de italienske Farvand, i 846 vovede de at sende en stor Flaade ind i Tiberen mod Rom, som vistnok selv ved sin Mur var beskyttet mod Angreb, medens Forstaden paa høire Tiberbred blev udplyndret; og i 849 indtog Saracenerne Luna. Dette er Lunas virkelige Plyndring af hedenske Vikinger, og den berettes af den samme paalidelige Annalist, som i 860 kun nævner »Pisa og andre Byer«; man indser ikke nogen Grund til, at han i 849 skulde finde Luna betydelig nok til at nævnes, men i 860 springe den over.

Hvis dette er rigtigt og Luna kun denne ene Gang er plyndret af Hedningerne, har de nordfranske Sagnfortællere henført til Normannerne og Hasting et Sagn, som oprindelig har været fortalt om Saracenerne i Italien. At Franskmændene omkr. Aar 1000 overførte Bedrifter fra Saracener til Normanner, er ikke underligere, end at de i Sluten af samme Aarhundrede byttede Rollerne om, saa at Normannerne blev til Saracener (hvorom mere nedenfor), eller at de franske Heltedigte overhovedet gjør alle Hedninger (f. Ex. Saxer paa Karl den stores Tid) til Saracener. Af Dudo kan vi altsaa ikke faa nye Bidrag til Hastings Historie; selv om man ikke vil tro paa Forvexling af Saracener og Normanner, tør man ikke fæste Lid til, at Hasting var Fører paa Toget til Italien (859 —61); ialfald kan ikke Dudos Vidnesbyrd gjælde som Bevis, thi efter ham skulde jo Hasting ogsaa have gjort Toget til Noyon og have dræbt Biskop Emmo, hvilket Drab vitterlig udførtes i 859, medens Middelhavs-Normannerne laa paa Camargue; vi har jo ingen Grund til at følge Dudo mere i den ene end i den anden Angivelse, saameget mindre som han henfører alle Normannernes Bedrifter før Rollo til Hasting.

Dudos Efterfølger, Vilhelm af Jumièges fra c. 1070, synes at give mere, og hvad vi kan hente fra ham synes ialfald tildels at være egte Sagn fra hans Kloster, at sige naar han ikke bearbeider Dudo eller andre Krøniker. Ogsaa Vilhelm anerkjender Dudos »Udvandringstheori«, men han giver den det mærkelige Tillæg, at de danske Udvandreres Høvding egentlig var »Bier ferreæ costæ, filius regis Lothbroci«, medens Hasting kun er Bier's »pædagogus« (Fosterfader). Disses Bedrifter er da følgende:

De kommer Aar 851 til Vermandois og brænder Klostret i St. Quentin, samt dræber Biskop Emmo af Noyon; derfra drager de til Seinen, brænder Klostret Jumièges og Byen Rouen samt plyndrer i hele Neustrien. Siden seiler de til Loire, slaar sig ned paa Øen ved Klostret St. Florent, brænder Nantes, plyndrer i Anjou og Poitou, ødelægger Angers, Poitiers, Tours og Orleans; derefter nævnes Plyndring af Paris, af Beauvais, af Nimwegen, i Auvergne, Saintonge, Angoulême, Perigeux, Limoges og Bourges. Disse Tog varer i omtrent 30 Aar (altsaa til c. 880!); derefter beslutter Hasting at gjøre sin Herre Bier til romersk Keiser og foretager Toget til Luna, som hos Dudo. Da de mærker, at Luna ikke er Rom, vil de drage mod denne By, men faar høre, at Romerne allerede er beredte til Forsvar, og drager derfor hjemad. Hasting drager til »Kong Karl« i Frankrige, bliver hans Mand og faar Grevskabet Chartres; mange Aar senere, efter at Kampen med Rollo var begyndt, fortæller Grev Tetbald Hasting, at Kongen (den samme Kong Karl, nemlig »den enfoldige«) efterstræber hans Liv, og faar ham derved til at forlade Landet. Hasting har efter Hjemreisen fra Luna skilt sig fra Bier, som lider Skibbrud paa Englands Kyst og med Nød kommer til Land; han drager siden til Frisland, hvor han der.

Man ser af dette Uddrag, at Vilhelm har bestræbt sig for at give den hele Række Vikingetog en mere sammenhængende, mere systematisk Karakter: man begynder ligesom hos Dudo nordenfra med Picardie, Vermandois, St. Quentin samt Noyon, men de øvrige Byer og Kirker inde i Landet udelader Vilhelm for at føre sine Helte først til Seinen, derpaa til Loire og saa endelig til Italien. Medens Dudo har givet Vilhelm de første Byer samt Toget til Luna, har han fra Adrevald af Fleury's Fortælling om St. Benedikts Mirakler[1] helt og holdent laant de to Kapitler (ordret) vedkommende Loire-Egnene og Sydfrankrige med samt Opgaven om Togets Varighed i 30 Aar. Adrevald skildrer som samtidig Loire-Normannernes Tog fornemmelig mellem Aarene 853 og 864; derfor finder vi ogsaa hos Vilhelm Begivenhederne ved Loire i den rigtige Tidsorden; men vel at mærke, Adrevald taler kun om »Normanni«, han nævner ikke et Ord om Hasting, hvis Navn endnu ikke var bleven berømt i disse Egne, heller ikke om Bier, og Vilhelm har altsaa uden Hjemmel overført Loire-Normannernes Bedrifter til sine to Helte. Dette udgaar saaledes, fordi det er Vilhelms eget Paafund, og hvad der saa staar tilbage af Vilhelms Fortælling er: 1) at Hasting oprindelig var Biers Fosterfader; 2) at Hasting efter Forliget med Kong Karl (den enfoldige!) blev Greve i Chartres, hvilket er

---

[1] Adrevaldi Miracula S. Benedicti, Acta SS. Martii III 312.

uhistorisk; 3) at Vikingerne i Seinen brændte Klostret Jumièges og Byen Rouen; 4) at Bier paa Hjemveien (fra Frankrige eller Italien?) strandede ved Englands Kyst og døde i Frisland. Jumièges og Rouen var brændte allerede i 841 af Aasgeir; naar nu en Munk i Jumièges alligevel beretter, at »Bier ferreæ costæ« var Høvding for dem, der ødelagde disse Steder, har altsaa Klostermændene fæstet denne Bedrift (urigtigt) til en Høvding, som noget senere optraadte i de samme Egne og udførte lignende Bedrifter. Der kan jo ikke være Tvivl om, at ved »Bier ferreæ costæ« menes den Bjørn, som virkelig i flere Aar var Seine-Normannernes Anfører i Tiden fra 855 af. Men Historien ved ikke af, at denne Bjørn stod under Hastings Formynderskab, og kan ikke engang erkjende Muligheden heraf: Bjørn er en af Seine-Flaadens Hovedanførere ved Aar 855 og maa da have været fuldt voxen og selvstændig, altsaa neppe født senere end c. 830; men Hasting, der omtales første Gang i 866 og endnu var en rørig Mand i 894, kan da ikke have været stort mere end 60 Aar gammel og har altsaa snarest været yngre end Bjørn; ialfald er det umuligt at tænke sig ham saa meget ældre end Bjørn, at han kan være dennes Fosterfader. Da den historiske Bjørns og den historiske Hastings Virksomhedsfelter er forskjellige — den ene ved Loire (866—82) og Somme (890f.), den anden ved Seinen (855ff.) — kan vi i deres Sammenkjedning kun se en Vilkaarlighed enten af Sagnet eller snarere af lærde Munke; deraf kommer det, at efterat de hos Vilhelm har i Fællesskab udført de Bedrifter, som Sagnet ellers tillægger hver for sig, lader han dem atter skilles ad, Hasting for at gaa i Karl den enfoldiges Tjeneste og Bjørn for at lide Skibbrud og dø. Som Resultat kan vi kun bruge den Efterretning, at Normannerne i Normandie endnu i Midten af 11te Aarhundrede bevarede Mindet om en dansk Vikinge-Høvding af Navnet Bjørn Jernside, som de kaldte Søn af Lodbrok, som herjede i Seine-Egnene kort efter 851, som paa Hjemveien strandede i England og døde i Frisland. Da dette Sagn her optræder alene, uden Forbindelse med den nordiske Sagnhistorie, maa det betragtes som egte Lokalsagn, laant fra Seine-Normannernes virkelige Høvding Bjørn; men naar denne

Bjørn stilles i Spidsen for alle normanniske Tog i Frankrige
og Italien, maa vi her hævde Prioriteten for Hasting og hen-
vise til Dudo som den, der fremstiller Sagnet renere.

Det er ogsaa kun Vilhelm af Jumièges og de af ham af-
hængige normanniske Rim-Krøniker, som stiller Bjørn øverst;
andensteds i Frankrige faar Hasting hvad ham tilkommer og
vel saa det. Munken Radulf Glaber, der levede i Cluny
og Dijon ved Midten af 11te Aarhundrede, finder endog For-
nøielse i at annektere ham som Franskmand. Hasting (Astin-
gus) er født i en liden Landsby nogle Mil ovenfor Troyes, af
fattige Bondeforældre, har af Ærgjerrighed flygtet til »det Nor-
manniske Folk« og hos dette svunget sig op til dets Konge
(terra marique princeps!), hvorefter han »med næsten hele sit
Folk« vender tilbage for at herje sit ulykkelige Fædreland;
de indre Dele af Gallien herjede han med Ild og Sværd,
brændte overalt Kirkerne og førte endelig sin Hær tilbage[1].
Radulf ved derimod intet hverken om Bjørn eller om Luna
eller nogen af Hastings specielle Bedrifter. Nye Bidrag til
Hastings Sagnhistorie faar vi derimod hos Hugo af Fleury
i hans »nyere franske Kongers Bedrifter«, forfattet mellem
1115 og 1120: her kan læses samme Plyndringer i Frank-
rige som hos Dudo (hvem Hugo har benyttet), men derpaa
fortælles, at Hasting sluttede Fred med Kong Karl (den skal-
dede) og først derefter drog til Italien, erobrede Byen Luna
og beherskede denne i mange Aar[2]. Denne Tidsorden
og dette Tillæg er naturligvis endnu mere uhistorisk, end hvad
Vilhelm beretter, thi selv om vi indrømmede, at Normannerne
plyndrede Luna i 860, er ialfald det sikkert nok, at de ikke
beholdt den. Aarsagen til Sagn-Rettelsen finder vi i den til-
føjede Bemærkning, at Hasting »kaldes almindeligt med for-
andret Navn Gurmundus«. Om denne Gurmundus, hvis Sagn-
historie vi skal forfølge i et Tillæg, fortalte nemlig franske
og engelske Sagn i 11te og 12te Aarhundrede, at han, ind-
kaldt af en misfornøiet Franskmand Isembard, landede med

[1] Pertz IX p. 57—58.
[2] Hugonis liber qui modernorum regum Francorum continet actus,
Pertz XI 378.

en Hær af Hedninger i Picardie og faldt i Slaget ved Saul-
court (881) mod den vestfrankiske Konge Ludvig, der døde
kort efter Slaget (882); og vi gjenkjender i denne Sagnhelt
den danske Søkonge Gorm »den engelske«, som vistnok
ikke selv drog til Frankrige i 880, men hvis Tropper dog
deltog i dette Tog. Naar Hugo af Fleury antog Hasting for
den samme som Gorm, maatte han omdanne Hastings Historie:
han kunde ikke lade Hasting (som hos Dudo) efter Toget til
Luna ende med at gaa i Karl den enfoldiges Tjeneste, han
maatte henføre denne Fredstraktat til en ældre Karl, lægge
Toget til Luna senere og for at opholde Hastings Liv indtil
881 lade ham »i mange Aar« beherske Luna. Denne Forbin-
delse mellem Hasting og Gurmund er derfor ikke i mindste
Maade mere legitim end den, som Vilhelm kjender mellem
Hasting og Bjørn Jernside; begge skabtes af Sagnets Tilbøie-
lighed til at knytte beslægtede Karakterer sammen, paa lig-
nende Maade som den franske Heltedigtning knytter alle Karl
den stores oprørske Vasaller sammen som Sønner eller Sønne-
sønner af Doon de Mayence.

Vi vender os derpaa til Adam fra Bremen, der (som vi før
omtalte) for 9de Aarhundrede arbeider efter skrevne Kilder.
Han nævner om Vikingetogene ganske korteligt, at samtidig
med Kongerne Sigfred og Halvdan (o: ved Aar 873) var der
»ogsaa andre danske eller norske Konger, som paa Sørøvertog
herjede Gallien (o: Frankernes Lande); de vigtigste af dem
var Horic, Orwig, Gotafrid, Rudolf og Inguar. Den grusomste
af alle var Inguar filius Lodparchi, som overalt dræbte de
Kristne med Pinsler. Det er skrevet i gesta Francorum«.
Horich (o: Rørek), Rodulv og Godfred omtales jo ofte i de
virkelige Fulda-Annaler, altsaa maa »gesta Francorum« være
disse i den udvidede Skikkelse, hvori de forelaa Adam, og da
en Scholie beretter, at Orwich var den, som brugte Paladset
(rettere: Slotskirken) i Aachen til Stald, og at dette stod øde
i 80 Aar — altsaa fra 881 til c. 960 —, har vi i hele Beret-
ningen at se et Uddrag fra 2den Halvdel af 10de Aarhun-
drede og fra tysk Kilde; herfra stammer da ogsaa Sagnet om
Inguar. Forvanskningen af Lothbroc til Lodparch har man
troet skyldtes Adam, men egentlig forudsætter Formen to

Udviklingstrin: først er Lothbroc paa høitysk rigtig gjengivet
med Lodproch, derpaa har Adam læst dette Ord urigtigt
som Lodparch; ogsaa dette Navn har saaledes staaet i Adams
tyske Kilde fra 10de Aarhundrede. En af Lodbroks Søn-
ner, Inguar, har altsaa gjort sig frygtet ogsaa paa
tyske Kyster, og Mindet om ham har bevaret sig et Aar-
hundrede i Tyskland, førend det optegnedes af Adams For-
gjænger. Man har tidligere antaget, at Adam fra Bremen har
laant Notitsen om Ingvar fra Legenden om St. Edmund, som
Brødrene Ingvar og Ubbe dræbte i 870; men denne Le-
gende, forfattet af Abbeden Abbo i Fleury c. 970 [1], omtaler
ikke disse Mænd som Lodbroks Sønner, ikke engang som
Brødre, og desuden kan ikke Adam sees at have kjendt den.
Først de senere engelske Sagn — fra 12te og 13de Aarhun-
drede — kjender Navnet Lodbrok. Dette nævnes for første
Gang i et Indskud i de saakaldte Assers Annaler; her for-
tælles i Anledning af Slaget ved Cynwitt (878), hvor Ubbe
faldt og Danerne tabte sin Hovedfane »Ravnen«, at denne
Fane var syet af »Ingvars og Ubbes Søstre, Lodebrochs tre
Døtre« [2]. Men først efterat det engelske Folk havde glemt,
at Angrebet paa Ostangeln i 870 udgik fra Northumberland,
kunde det Sagn om Aarsagen til Lodbrokssønnernes Angreb
opstaa, som først Matthæus af Westminster i 14de Aarhun-
drede meddeler: Lodbrok, en dansk Mand af fornem Byrd,
var i en aaben Baad af Vinden drevet over fra Danmark til
Ostangeln, bleven optaget ved Kong Eadmunds Hof, men der
myrdet af en Misunder, som blev dømt til at sættes ud i
samme aabne Baad og da (naturligvis) atter dreves tilbage til
Danmark; her beretter han til Lodbroks Sønner, at Kong
Eadmund har dræbt deres Fader, de ruster sig for at hevne
ham og kommer med 20,000 Mand til England, hvor de dræber
Kong Eadmund. Langt ældre og i historisk Henseende ialfald
mulige er de northumbriske Sagn om Aarsagen til Danernes
Ankomst til Northumberland: det ene beretter, at Landeværns-
manden Bjørn Buzekarl, hvis Hustru Kong Osbrht havde

---

[1] hos Surius, Sanctorum vitæ, 20 Nov.
[2] Monum. hist. Brit. p. 481.

voldtaget, for at hevne dette indkaldte Danerne; det andet kalder den fornærmede Ægtefælle Arnulf Sæfar og Kongen Ella. Begge findes optegnede allerede i 12te Aarhundrede[1] og viser sig ved Egennavne og Stedsnavne at være egte Lokalsagn; men ingen af dem kjender til Lodbrok eller til nogen Hevn, som Danerne skulde have taget for ham, thi Samtiden eller den nærmeste Eftertid vidste jo godt, at Danerne ikke behøvede nogen saadan Specialgrund for at lokkes til England.

Vi har ovenfor seet, at det franske Sagn knyttede den Lodbroks-Søn, det kjendte, til Frisland, og at de tyske Annaler synes at have fortalt om Ingvars Ophold paa tyske eller nederlandske Kyster; det er ogsaa før nævnt, at den Flaade, der under Brødrene Halvdan, Ingvar og Ubbe i 855—56 opholdt sig ved Themsen, bestod af »Daner og Friser«, og at Ubbe kaldes »Frisernes Jarl«; høist mærkeligt er det da, at der aldeles uafhængigt af disse Antydninger ogsaa i senere Kilder findes Træk, som henviser Lodbroks-Sønnerne til Nederlandene. En engelsk Forfatter fra c. 1100, Simeon af Durham, kalder dem ligetil Scaldingi, og dette Navn, hvori man har ment at se »Skjoldunger«, maa ligefrem forstaaes om Vikingerne fra Schelde (Scaldis). Endog i Norden har der holdt sig et forvirret Minde om Ubbes Magt i Frisland; blandt de danske Kjæmper i Slaget paa Braavoldene udmærkede sig »Ubbe den frisiske« (Ubbo Fresicus, Ubbi hinn friski), hvem den danske Konge Harald (Hildetand) træffer i Frisland som »Fresicæ gentis athleta« og som neppe er andet end en ny Udgave af Ubbe Lodbrokssøn, Frisernes Jarl. Alle disse Træk viser tilsammen, at disse Brødre, Lodbroks Sønner, maa have været stærkt knyttede til de som danske Hærkonger i Frisland, og at Frisland, navnlig Scheldemundingerne, maa have været Udgangspunktet ogsaa for deres Vikingetog.

---

[1] Mon. hist. Brit. I p. 795—800.
[2] Saxo p. 366. 378. 389.

IV. Navnet Loðbrók.

Vi har hidtil omtalt en historisk Viking af Navnet Ragnar og de ligesaa historiske Lodbroks-Sønner. Med de nordiske Sagaer for Øie vilde det nu være let af udgive disse for Fader og Sønner og forklare, saaledes som de fleste Forskere har gjort, at man udenlands glemte Faderens Navn (Ragnar) og da Tilnavnet Lodbrok senere dukkede op hos Sønnerne, antog det for deres Faders virkelige Navn. Men hermed kan vi ikke lade os nøie; man kan nemlig ogsaa i Norden paavise en Tid, da Lodbrok-Navnet var skilt fra Ragnar, ja der findes ialfald én Efterretning, som tydelig taler imod Personernes Identitet. Allerede de ældste danske Kronister har Antydninger i den Retning. Vi har ovenfor citeret Adams Ord om de nordiske Søkonger: »de danske eller norske Konger, som paa den Tid øvede Sørøveri paa Gallien, af hvilke de fornemste var Horich, Orvich, Gotafrid, Rudolf og Ingvar, den grusomste af alle var Ingvar Lodparch's Søn«. Dette gjengiver nu de Lundske Aarbøger, der som før nævnt laaner fra Adam, paa følgende Maade: »i hine Dage var de vildeste og grusomste Danernes Høvdinger Lothbroch's Sønner, som øvede Sørøveri paa Gallien: de fornemste af dem var Oryc, Orwic, Godæfrid, Ywar, Rothulf, Ingwar og Ubbi, de grusomste var Ywar og Ingwar, Lothbroch's Sønner«. Den Lundske Annalist har ikke alene i det barbariske »Lodparch« gjenkjendt det hjemlige Loðbrok, men han har i Opregningen betragtet alle Vikingehøvdingerne som Loðbroks Sønner og indskudt det danske Sagns mest bekjendte Lodbrokssønner Ivar og Ubbe. Endnu nærmere Hjemmets Tradition træder den roskildske Krønikeforfatter, idet han næsten ganske skyder de fremmede Navne ud og som Lodbroks (Lothpardi) Sønner nævner Ivar Benløs, Inguar, Ubbe, Byorn og Ulf. Men ingen af disse Kilder har endnu vidst noget om, at Lodbrokssønnerne var danske Konger; for den roskildske Historiker er Ivar kun en Søkonge, der samler til sit Tog »de grusomste af Nordmændene« og kalder til Hjelp »Danernes Konger« for at drage ud paa Tog mod det

frankiske Rige[1]. Og egentlig har ogsaa paa Island Benæv-
nelsen »Lodbroks Sønner« paa de berømte Vikinger holdt sig
usvækket til Trods for de mange Sagn om Ragnar Lodbrok.
I et gammelt Vers i Ragnars Saga, hvor deres Tog besynges,
nævnes

Suðr hjá salti
synir Loðbrókar[2].

En islandsk Forfatter fra 12te Aarhundrede, Abbed Nikolaus,
taler om Vivilsborg, som *Loðbrókar synir* brød[3]. Snorre
nævner dem med samme Navn paa det eneste Sted, hvor han
omtaler dem og deres Erobring af Northumberland: »Jórvik,
hvor man siger, at *Loðbrókar synir* før har siddet. Northum-
berland var mest bebygget af Nordmænd, siden *Loðbrókar synir*
havde vundet Landet«[4]. Og selv i Fortællingen om Ragnars
Sønner falder det hvert Øieblik Forfatteren eller Skriveren i
Pennen at skrive »Loðbrókar synir«, naar han taler om dem
som Vikinger[5], skjønt dette aldeles ikke passer, hvor Loðbrók
er Faderens Tilnavn; ja lang Tid efter at Loðbrók var for-
trængt for Ragnar, i en saa sen Fortælling som Nornagestsþáttr
(fra 14de Aarhundrede), omtales de bekjendte Vikinger stadig
som *Loðbrókar synir*, ikke som *Ragnars synir*.

Det følger heraf med Nødvendighed, at ligesom vi i
England, Frankrige og Tyskland fandt Vidnesbyrd om, at
Ivar, Bjørn og Ubbe var Sønner af Lothbroc, saaledes har
ogsaa den hjemlige Tradition kjendt »Loðbrókar synir«, før-
end der var Tale om »Ragnars synir«, altsaa at de virkelige
Lodbrokssønner var Sønner af en Lodbrok, ikke af Ragnar.

Men hvad Slags Navn er nu Lodbrok?

---

[1] Collectis rex crudelissimis Normannorum Yvar filius Lothpardi,
quem ferunt ossibus caruisse, cujus fratres Inguar et Ubbi et Byorn
et Ulf aquilonis gentibus prefuerunt, Reges etiam Danorum vocavit
in auxilium ad destruendum regnum Francorum. Langebek I 374.
[2] FaS I 299. [3] Werlauffs symbolæ p. 17. [4] Hskr. 85[10].
[5] Dette er ogsaa Tilfælde i et Brudstykke af et gammelt Haandskrift
af Ragnars Saga, som siden skal omtales; her ender Beretningen
om Ivars Kamp i England med: »lodbrokar synir foru vida med
hernadi um England vestr ok suo vida annars stadar«.

Det falder strax i Øinene, at skal dette Ord være Personnavn, ikke længer Tilnavn, maa det nødvendigvis være et Kvindenavn. I alle Sprog, hvori *brók* forekommer[1], er det feminint, men er *brók* af Hunkjøn, maa dette være Tilfældet ogsaa med dets Sammensætninger[2], hvad enten disse Ord bruges som Appellativer (línbrók f. Underbuxe, hábrók f. en Høg) eller som Tilnavne (langbrók, snúinbrók)[3]. At Loðbrók betragtedes som Hunkjønsord sees ogsaa af den nydannede danske Form Lodbroge, som har faaet maskulin Endelse for at benyttes som mandligt Tilnavn. Men er dette saa, da er det høist mærkværdigt, at vi har en gammel Runeindskrift, hvori netop Loðbrók omtales som de berømte Hærmænds Moder. Blandt de af Mr. Farrer opdagede Runeindskrifter fra Maeshowe paa Mainland (Orknøerne) findes to sammenhørende, hvoraf det os vedkommende maa læses: *Sia haugr var fyr laþin hælr loþbrokar. synir hænar þæir voro hvater. slet voro mæn sem þæir voro fyri ser. Iorsalafarer brutu Orkouh . . . . . . utnorþr er se folhit mikit þat er lá (e)ftir. her var se folhgit mikit ræist Simon Sihr . . . .*, hvilket maa oversættes: »Denne Haug blev før opreist end Lodbroks (Haug). Hendes Sønner, de var tapre; (saa) som de var for sig, var (de) fuldkommen Mænd (ɔ: Helte). Jorsalfarerne brød Orkhaugen. Mod Nordvest er meget Gods skjult, som blev liggende efter (ɔ: skjult). Her var meget Gods skjult. Simon Sigr(idssøn?) ristede (sc. Runerne)[4].

---

[1] oldn. *brók* ags. *bróc* ndt. *brook* lat. (gall.) *braca* it. *braca* sp. *braga* prov. *braya* fr. *braie* nygræsk βραχα.

[2] loðbrók betyder Skindbuxe, sammensat som loðdúkr (Sn E. II 494), lodkápa (Munchs Udg. af Odd Munk S. 14[18]), loðólpa Egilss. 77 og Personnavnene Loðhöttr, Loðmundr (Landn.). Det usammensatte *loði* betyder Pels (Gudrunarhvöt 19, Grimn. 1, Hamd. 17) og findes endog fra Svensk optaget i Russisk (Munch, Saml. Afh. II 260).

[3] Tilnavne for Hallgerd Høskuldsdatter, Njálssaga Cap. 9 og Landnáma p. 114.

[4] Munchs Sml. Afh. IV 523 ff. Munch læste urigtigt »hæalr« og gjettede da paa »hjallr« (seiðhjallr). Opfatningen af *hælr* som *hældr* skylder jeg Sophus Bugge; om *heldr* i den norske Betydning af *enn* efter Comparativ se Fritzner p. 257.

Denne Iudskrift kan dateres, da Jorsalfarerne opholdt sig Vintereu 1152—53 paa Orknøerne, hvor de efter Jarle-sagaen gjorde mange »úspektir«; blandt disse er da ogsaa, at de opbrød Orkhaugen, hvor ikke mindre end 10 Mand har indridset sine Navne og tilføiet nogle korte Bemærkninger. Den her forekommende Runerister Simon Sigr(idssøn) har været en Nordmand, da Indskriften har norske Dialektformer; hvad her siges om Lodbrok og hendes Sønner er altsaa et gammelt Vidnesbyrd om Lodbroks-Sagnenes Udbredelse i Norge og paa Orknøerne. Vi lærer deraf, at i Midten af 12te Aar-hundrede vidste Nordmændene at berette, at

1) Lodbrok var Navnet paa de berømte Vikingers — Lodbrokssønnernes — Moder.

2) Lodbrok var begravet paa Orknøerne og fulgte altsaa med sine Sønner paa deres Vikingetog.

Hvad Vægt kan der nu lægges paa dette Vidnesbyrd?

Det strider vistnok mod de senere Sagaer, der gjør Lod-brok til Faderens Tilnavn; det strider mod den normanniske Beretning, der gjør Lodbrok til Faderens Navn. Men det stemmer med de sproglige Betragtninger, efter hvilke vi maa anse Lodbrok for et kvindeligt Navn, og det stemmer med de talrige nordiske Kilder, som, skjønt de erklærer Lodbrok for Faderens Tilnavn, dog hyppigt og især i den ældre Tid be-tegner Sønnerne som Lodbroks-Sønner, ikke som Ragnars Søn-ner. Og nærmere beseet, lader det sig let forklare, hvorledes den franske Krønikeskriver, der hørte tale om »Lodbroks Sønner«, af Mangel paa Indsigt i nordiske Sprogforhold ganske naturligt opfattede Lodbrok som Navn paa disse Vikingers Fader, medens det norske Sagn bevarede Mindet om det op-rindelige Slægtskabs-Forhold bedre.

Det maa saaledes staa fuldt til troende, at Lodbrok var Navnet paa Bjørns, Ivars, Ubbes og Halvdans Moder. Vi staar da her foran den bekjendte nordiske Skik, at Sønnerne benævnes efter Moderen, naar denne er af fornemmere Stand end Fa-deren: saaledes benævnes Sven Estridssøn efter sin Moder, Kongedatteren Estrid, saaledes Haakon Sunnivasøn efter Jarle-datteren Sunniva, saaledes Nikolas Skjaldvarssøn efter sin Moder, der var Halvsøster af Kong Magnus Barfod o. s. v.

Naar vi nu mindes, at Lodbrokssønnerne hyppigt kaldes Jarler, at en af dem (Halvdan) fra c. 870 af kaldes Konge, at Ubbe var Jarl i Frisland og at de efter sit Hjem ved Schelde fører Navnet »Scaldingi«, kan vi ikke tvivle om, at de gjennem sin Moder har været knyttede til den danske Kongeæt i Frisland, saa at hun har været en nær Slægtning af Kongerne Harald og Rørek, kanske en Datter af en af dem. Derved vilde det forklares, baade at de er Jarler og at en af dem — rimeligvis den ældste — kunde føre Kongetitel. Mange har antaget, at den Kong Halvdan, som optræder i England i 870—71 og siden igjen i 875, er den samme som den danske Konge fra Aar 873, hvis Broder Sigfred ogsaa var dansk Konge; isaafald fik vi i Sigfred endnu én Lodbroks-Søn, og da de nordiske Sagn enstemmig tillægger Lodbrokssønnerne en Broder Sivard og nogle endog lader ham erobre Danmark, har man god Grund for denne Formodning. Ogsaa derved gjøres det tydeligt, at Lodbrokssønnerne ved sin Moder knyttes til den danske Konge-æt, thi Sigfred og Halvdan har (som vi ovenfor saa) fortrængt Godfreds Ætlinger fra Danmark. Om Lodbrokssønnernes Fa-der, der var af ringere Stand, maaske Jarl, maaske ikke en-gang det, forlyder paa dette Stadium endnu intet. Man kunde vistnok gjette paa, at den Vikingehøvding Ragnar, der i 845 plyndrede Paris, var Lodbrokssønnernes Fader, da det er sik-kert nok, at det senere danske Sagn har tænkt paa ham (hvorom nedenfor). Men herimod reiser sig den vægtige Ind-vending, at Lodbrok og hendes Sønner er knyttede til Haralds Æt, de landflygtige Konger i Frisland, og at de fordriver Haa-reks Ætlinger fra Danmark, medens Ragnar er en af Kong Haareks Jarler og udsendes af ham for at bekjæmpe Haralds Forbundsfæller, de frankiske Konger. Svogerskab mellem Rag-nar og Haralds Æt maa derfor ansees for usandsynligt og Ragnar skilles fra Lodbrokssønnerne. Hvis man turde anse det for sikkert, at Halvdan Lodbrokssøn er den samme som den Halvdan *mac Raghnall*, som dræbtes i Irland 877, fik man den Oplysning, at Lodbrokssønnernes Fader hed Ragn-vald, hvilket vilde forklare Sammenblandingen med Ragnar.

V. Den fælles-nordiske Sagn-Udvikling.

For at forstaa de danske Lodbrokssagns Udvikling maa
vi fastholde en Egenskab, som alle historiske National-Sagn
har tilfælles: deres Forvandlingsevne. En Begivenhed kan
kun faa Liv i Sagnet, naar den bæres frem af beslægtede
Stemninger i Samtiden, men denne kan kun bevare Sagnet,
naar dette uvilkaarligt under den poetiske Behandling omformer
sig efter de følgende Tiders Forestillinger[1]. Sagnene om Karl
den store, den mægtige Erobrer, kunde fæste Rod i et krigersk
og uroligt Folk som Frankerne, men de omdannede sig uvil·
kaarligt efter dette Folks senere Historie: da de franske Nor-
manner i 1066 erobrede England, omdigtede de Sagnene om
Karl derhen, at ogsaa han under St. Peters Fane havde erobret
England (Rolandssangen); da de lidt senere fordrev Saracenerne
(de afrikanske Maurer) fra Syditalien og Sicilien, maatte ogsaa
Karl være Franskmændenes Forgjænger her (Le roman d'As-
premont), og da Korstogene begyndte, blev Karl Fører for det
»første« Korstog: overalt var Sagnhelten Karl Franskmændenes
store Forbillede, hvis Bedrifter Samtiden aldrig kunde naa,
fordi de altid voxte med Samtidens Fremskridt. Og saaledes
gaar det overalt og til alle Tider: Sagnhistorien, ja om man
vil den begyndende Historieskrivning, skaber altid Fortiden i
Nutidens Billede, idet den forestiller sig Fortidens Begiven-
heder som en større og herligere Udgave af Nutiden og tæn-
ker sig Fortiden optaget af de samme Interesser, som fængsler
Nutiden; fra Samtiden laanes derfor det Kostume, hvori man
lader Fortiden optræde, ligesom paa de middelalderske Malerier
de hellige Mænd og Kvinder fra Jødeland altid bærer middel-
alderske Dragter. Paa den Maade kan Sagnhistorien gjennem-
leve en Række Forvandlinger, thi de vexlende Tider føier hver
nye Træk til Billedet. Og har først en saadan Helt faaet en
central Stilling i sit Folks Historie, er han bleven national
Type, bliver han ikke let at beherske: han gaar snart ud paa

---

[1] En ganske anden Sag er det, at Lokalsagn kan beholde sin histo-
riske Karakter og bevares næsten uforandrede gjennem mange Aar-
hundreder.

selvstændige Erobringer, han tilriver sig alle beslægtede Sagn og omdanner dem til at passe paa den opstillede Type: Keiser Karl tilegner sig alle Middelalderens Bedrifter, thi alt hvad stort der er udført i Middelalderen, troedes i Frankrige udført af Franskmænd, og følgelig maatte Karl den store have vist Veien, eller ialfald maatte disse Bedrifter være udførte allerede i hans Samtid eller af hans Mænd ɔ: gruppere sig om ham. Disse to Tendenser, den senere Histories og National-følelsens Indflydelse paa Sagnhistorien, maa derfor fastholdes overalt, hvor man skal studere Sagnets og den episke Digtnings Udvikling.

Ogsaa for Lodbroks-Sagnkredsen kan en saadan Udvikling paapeges, inden Sagnene optegnedes og redigeredes til Historie hos Saxo. Det danske Folk har siden den egentlige Vikingetid indtil Saxo gjennemlevet to Perioder af Erobringer paa fjerne Farvand, som maatte gjøre det Sagnene om Lodbrokssønnerne kjære og fremme deres Udvikling: Erobringen af England i 11te Aarhundrede og Togene mod Østersøens Sydkyster under Valdemar den store og hans Sønner i 2den Halvdel af 12te Aarhundrede. Det bliver da her vor Opgave først at paavise, hvorledes allerede den første Periode afspeiler sig i Sagnhistorien om Ragnar Lodbrok eller hans Sønner. Og er dette først givet, vil Nationalfølelsen og Sagndigtningen i Forbindelse med den senere Erobringsperiode strække til for at forklare Sagnenes raske Udvikling hos Saxo. Nu træffer det sig saa, at vi kan paavise, hvorledes Sagnets Kjærne, Lodbrokssønnernes Erobringer i England, ligefrem tjente som Forbillede for Knut den store. Skaldene, som kvad for Knut, har hyppigt gjort Hentydninger til Ivar og Ella og viser os allerede Sagndigtningen i Bevægelse, men dog endnu paa et tidligt Udviklingstrin. Skalden Hallvarðr háreksblesi kalder i en Knútsdrápa fra c. 1030 England »Ellu ættleifð« (Ellas Arveland); altsaa var Ella allerede i Sagnet bleven til det hele Englands Konge, da Danerne naturligvis c. 1030 ikke længer vidste noget om, at England forhen havde været delt i mange Riger. Den samme Opfatning gjenfinder man i Sigvats Olafsdrápa fra c. 1015, hvor Englænderne kaldes »Ellu kind«. Men er Ella bleven til hele Englands Konge, maatte hans Mod-

stander blive Danmarks Konge, thi alene derved kunde Ivar
betragtes som Knuts Forbillede. Og kun under en saadan
Antagelse kan vi forklare os, at Sigvat Skald i Kong Knuts
Arvedrápa fra c. 1036 besynger Ivars Bedrifter i England;
desværre er herom af Drápaen kun et Halvvers bevaret:

> »Ok Ellu bak
> at let hinn er sat
> Ívarr ara
> Jórvík skorit«[1].

Sigvats Arvedrápa om Kong Knut besynger dennes hele
Liv, vi har Brudstykker om Englands Erobring, om Romer-
toget og Krigen med Norges og Sveriges Konger[2]; det beva-
rede Halvvers om Ivar hører selvfølgelig til det (eller de) Stefja-
mál, som behandlede Englandstoget, og maa da sees i For-
bindelse med det andet bevarede Halvvers, der lader Knut
»dræbe eller forjage alle Adalráds Sønner«. Ivar og Knut, de
danske Konger, tyranniserer altsaa paa samme Maade de en-
gelske Konger, men den hedenske Ivar er grusommere end
den kristne Knut. Ivars Grusomhed er et ægte Træk, som
vi kjender fra Legenden om Edmund og fra Adam, men er af
det nordiske Sagn overført paa hans Forhold til Ella. At
»riste Ørn paa Ryggen« af fangne Krigere er et Motiv, som
ogsaa andre nordiske Sagn kjender[3], men som neppe nogen-
sinde kan bevises at være udført. Fra »historisk« Tid omtales
det kun to Gange, men intet af disse Tilfælde er historisk.
Det første er det her omtalte, som allerede Sigvat kjender;
det udmales i senere nordiske Kilder derhen, at Ella fan-
gedes i Slaget, og at Ivar bagefter udførte denne grusomme
Straf paa ham for at hevne sin af ham dræbte Fader;
men i Virkeligheden faldt Ella i Slaget ved York[4], og Lod-

---

[1] »Og Ivar, han som sad ved (i) Jorvik, lod riste Ørn paa Ellas Ryg«.
FaS. I 364.

[2] Heimskringla, Olafs-saga helga Cap. 24, 155, 157, 159 og Fagrskinna
Cap. 117.

[3] se Bugges Sæmundar-Edda p. 218 og Flat. I 531 (om Orm Storolvs-
søn, som rister Blodørn paa Ryggen af Jotnen Bruse).

[4] Angl. Chron. a. 867, Ethelwerds Chronicon a. 867. Ann. Lindes-

brokssønnerne var ikke dragne til Northumberland for at hevne sin der faldne Fader, da de selv var de første danske Vikinger, som kom til Northumberland. Det andet Tilfælde kjendes fra Jarlesagaen og Snorre, hvor Halvdan haaføta, Harald haarfagres Søn, som havde indebrændt Ragnvald Jarl og senere var fangen af Orknøjarlen Torveinar, Ragnvalds Søn, bliver dræbt af Einar paa samme grusomme Maade; men ogsaa mod dette Sagn findes der talende Vidnesbyrd, idet Einars egne Viser ligefrem erklærer, at Halvdan faldt i Kampen mod ham[1]. Det er ikke rimeligt, at Sigvat ved at omtale Ellas grusomme Død har sigtet paa Faderhevnen (som det senere Sagn), thi da man endnu c. 1150 paa Orknøerne vidste, at Lodbrok var Moderens Navn, kan man neppe tro andet, end at ogsaa Sigvat vidste dette og altsaa ikke havde noget specielt Kjendskab til den Sagnets Ragnar Lodbrok, der døde i Ellas Ormegaard. Men det er paatageligt, at var det først bekjendt, at Ivar lod riste Ørn paa Ellas Ryg, maatte dette Sagn afføde et andet Sagn om at Ivar gjorde dette for at hevne sin Faders Død, altsaa et Sagn om at Faderen var dræbt af Ella. Og kjendte Sagnet ikke Faderen af Navn, maatte det finde frem et Navn ad den Vei, Sagnet bruger, nemlig ved at knytte beslægtede Karakterer sammen genealogisk. Lodbrokssønnerne var Vikingehøvdinger, deres Fader maatte altsaa ogsaa have været dette, og saaledes frembød sig af sig selv Høvdingen Ragnar, der plyndrede Paris i 845.

Samme Aar som den danske Kong Haarek trængte opad Elben og plyndrede Hamburg, sendte han en af sine Jarler Ragnar (Reginheri, Ragnerus) med 120 Skibe til Gallien; han seilede uhindret op i Seinen, trængte ind i Paris og herjede her i flere Dage. Under Plyndringen af St. Germanus's Kirke fandt flere af Vikingerne Døden ved Ulykkestilfælde, ligeledes blev de angrebne af en voldsom Blodgang, som bortrev mange;

---

farnenses a. 868 (se ovenfor S. 69 Note 2). Three fragments p. 173, hvor der tilføies, at han faldt under Slaget »ved Forræderi og Svig af en ung Mand af hans eget Folk«.

[1] Flat. I 224, Hskr. 71 og Fagrsk. S. 143.

heri saa de en Straffedom fra St. Germanus. Franker-Kongen, som laa i St. Denis med sin Hær, vovede ikke at angribe Vikingerne og kjøbte dem bort ved at betale dem 7000 Pund Sølv. Paa Hjemveien led de meget af Sygdommen, deres Fører Ragnar blev selv pludseligt angrebet af den, netop som han stod foran Kong Haarek og pralede af sine Bedrifter, og skjønt han under Sygdommen sendte Germanus sit Billede i Guld og lovede at blive Kristen, døde han dog efter 3 Dages Forløb; Kong Haarek, som netop havde modtaget et Gesandtskab under Grev Kobbo fra Kong Ludvig, vendte sig for at blive Sygdommen kvit til de kristnes Gud, fastede i 14 Dage og sendte Fangerne hjem til Frankerne. Saaledes lyder Beretningen i de samtidige frankiske Kilder, af hvilke den nøiagtigste, Munken Aimoins Beretning om St. Germanus's Mirakler, støtter sig til Gesandten Grev Kobbos egen Fortælling[1]; vistnok er denne legendarisk, men det legendariske bestaar kun i Forklaringen af Aarsagerne, ikke i selve Begivenhederne, der ganske stemmer med de øvrige, mere kortfattede Annaler[2]; man bør ikke som Joh. Steenstrup lade Ragnar undgaa Døden, fordi Prudentius, der kun lader »faa undkomme«, ikke udtrykkelig omtaler. Føreren og saaledes heller ikke hans Død. Ogsaa i danske Kilder omtales dette Tog, men her er det kommet til os i en eiendommelig, af Digtningen omdannet Skikkelse[3]. Ragnar selv følte paa sin Dødsseng, at St. Germanus havde straffet ham, og søgte derfor skjønt forgjæves at forsone sig med ham. St. Germanus var altsaa efter Nordboernes Opfatning en af de frankiske »Landvætter«, som Ragnars Fiender havde paakaldt og som havde hjulpet Frankerne. Det danske Sagn maatte betegne ham som en fiendtlig Uvætte, der brugte Trolddom og Kogleri for at drive Danerne fra sit Land. Efter at de Danske var kristnede, maatte da de »fiendtlige« Vætter blive til »hedenske« Vætter, den fiendtlige Trolddom til »hedensk« Trolddom; men Trolddommens Hjem er i

---

[1] sml. Dümmler I 270—72. [2] Pertz II 228 (Xanten-Annalerne).

[3] Enheden mellem Sagnet og den historiske Begivenhed er for første Gang paavist af Joh. Steenstrup p. 97 ff.

Nord, hos Finner og Bjarmer. Saaledes blev Ragnars Tog mod de kristne Franker til et Tog mod de tryllekyndige Bjarmer: Sagnet lyder hos Saxo omtrent saa: Da »Bjarmerne« hørte om Ragnars Ankomst, frembragte de ved Trolddom frygtelige Regnskyl, der tvang Danerne til at ligge stille og fremkaldte Hungersnød; da Regnen stansede, begyndte ·stærk Hede, derpaa fulgte stærk Kulde; alt dette svækkede Danernes Kraft og fremkaldte Blodgang, de fleste bukkede under for Sygdommen, og Ragnar maatte trække sig tilbage fra Bjarmernes Land. Med Undtagelse af et patriotisk Tillæg, som vi senere skal omtale, stemmer altsaa Sagnet ganske godt med de virkelige Begivenheder, saaledes som de maatte opfattes i Danmark, og Navnet »Bjarmer« viser os, at Sagnet er blevet bevaret direkte fra hedensk Tid.

Denne Ragnar, der ligesom Lodbrokssønnerne gjorde Vikingetog paa fjerne Farvand, har Sagnet grebet og gjort til Lodbrokssønnernes Fader, idet det ansaa »Lodbrok« for hans Tilnavn. Denne Kombination kjendes først fra 12te Aarhundrede, og den synes da forholdsvis ny, idet den først efterhaanden trænger igjennem. Vi har seet, at blandt danske Kilder viser den sig først i »Historia brevior«, der indsætter Ragnar i den danske Kongerække; paa Island optræder den allerede med Are frode (c. 1130), men her nævnes ikke Ragnar udtrykkelig som Konge. Are siger i Islendingabok, at da Ivar, Søn af Ragnar Lodbrok, lod dræbe den hellige Kong Eadmund, regnedes· der 870 Aar efter Kristi Byrd ifølge Edmunds Saga (ɔ: Abbo's Historia S. Eadmundi regis Angliæ & martyris); det tør mærkes, at Abbo kalder Ingvar og Ubbe hverken Lodbrokssønner eller Ragnar Lodbroks Sønner. Og senere nævner Are »Sigurd Søn af Ragnar Lodbrok« blandt sine Stamfædre, hvilket viser, at Interessen for Ragnar og hans Sønner allerede var stærk nok til, at man gjorde sig Umage for at forskaffe sig et Stamtræ op til dem.

Ogsaa fra andre Dele af Norden findes vigtige Vidnesbyrd fra 1ste Halvdel af 12te Aarhundrede om Ragnar eller hans Sønner. Den roskildske Forfatter fra c. 1140 kjender rigtignok blandt Lodbrokssønnerne kun Ivar benløs, Bjørn, Ubbe og Ulv; men et samtidigt Vidnesbyrd fra Orknøerne, Ragnvald

Jarls Háttalykill, naar videre. De af Egilsson trykte Brud-
stykker af dette Digt[1] besynger blandt Oldtidens Krigshelte
foruden Ragnar rigtignok kun to af hans Sønner, Bjørn og
Sigurd, idet der i Haandskriftet er flere Lakuner; men af
de Excerpter, som »gamle Johan Bure« i sine Collectanea har
gjort fra det da endnu bevarede Haandskrift, fremgaar det, at
efter den bevarede 6te háttr om Ragnar har fulgt en 7de om
Erik, en 8de om Agnar, og efter de bevarede 9de og 10de
(om Bjørn og Sigurd) har fulgt en 11te om Hvitsærk[2].
altsaa hele Sønnekredsen, saadan som vi kjender den fra Sa-
gaerne. I disse 3 tilkomne Sønner ser vi et nyt Moment i
Sagnkredsen træde frem, som siden griber stærkt om sig, Vi-
kingetogene mod Øst. Erik og Agnar falder nemlig
paa et Tog mod Kong Eystein i Sverige og hevnes (efter
Sagaerne) af Brødrene og Moderen, som her bærer Navnet
Randalin (o: Skjoldmø); og Hvitsærk drager paa Tog til Rus-
land, hvor han falder og (ialfald efter Saxo) hevnes af sin
Fader. Om og hvorvidt Sagnene om Erik og Agnar er histo-
riske, savner vi Evne til at undersøge, da den ældre svenske
Historie er saa ukjendt; dog synes ialfald det Træk i Sagnet
at være ægte og gammelt, at Lodbrokssønnernes Moder følger
dem paa deres Tog, hvortil ogsaa den orknøske Runeindskrift
hentyder. Men Hvitsærk synes derimod at være senere knyt-
tet til Lodbrokssønnerne. Efter Saxo drager Ragnar Lodbrok
til »Hellesponten«, dræber Hellespontiernes Konge Dian, slaar
hans Sønner Dian og Daxon, som faar Hjelp fra Ruthener og
Skyther, og indsætter sin Søn Hvitsærk til Konge i »Scythia«.
Daxon forsøger siden at fordrive Hvitsærk fra Scythia[3], idet
han lader sine Folk forklædte som Kjøbmænd liste sig ind i
hans Hovedstad; de fanger Hvitsærk, som efter eget Ønske
brændes levende paa Baal med 12 Mænd. Ragnar hevner
naturligvis hans Død. Det fremgaar af Sammenhængen hos

---

[1] Egilssons Udgave af Snorra Edda p. 240.
[2] De herhen hørende Ord blandt Bures Excerpter er: Ragnar (= Vers
6), sialdan (= Vers 7), Agnar (= Vers 8), Biorn orn (= Vers 9),
Sigurd (= Vers 10), Hvitsærker (= Vers 11).
[3] Saxo har paa dette Sted (men ikke paa forrige) Svetia, hvilket Joh.
Steenstrup med rette forandrer til Scythia (p. 223).

Saxo, at disse Begivenheder foregaar i Rusland. Hellesponten
er hos Saxo et imaginært Stræde, som forbinder Østersøen med
det sorte Hav; det vil sige, man forestillede sig den østlige
Handelsvei fra Østersøen tilskibs over Düna og Dniepr til det
sorte Hav som en virkelig Søvei, hvilken da de lærde Klerke
ansaa for identisk med det klassiske »Hellespontus«. Helles-
pontierne kan derfor komme seilende over Østersøen til Dan-
mark, de er Naboer af Liverne[1], og deres Hovedstad er Duna,
Dünaburg i Semgallen[2]. Ved »Hellespontus« sigter altsaa
Saxo ligefrem paa Egnene om Floden Düna, Semgallers og
Letters Land; men han tænker sig dog neppe disse Folk som
forskjellige fra Slaverne, thi medens Dian gjenfindes i den
udvidede. Form Han-duvan el. An-duan, Hellespontiernes
Konge i Duna (ɔ: Lifland)[3], har vi samme Navn som Daxon
i den vendiske Dixin[4]; derfor kan Saxo kalde Daxon afvex-
lende Hellespontiernes og Ruthenernes Konge og hans Land
Hellespontus eller Russia. Ved Hellesponten maa man derfor
ikke, som Joh. Steenstrup vil, tænke paa Konstantinopel, da
dette hos Saxo altid hedder Byzantium. Derimod har samme
Forfatter overbevisende godtgjort, at Træk af Sagnet om Hvit-
særk gjenfindes i Nestors russiske Krønike, hvor denne for-
tæller om de varægiske Høvdinger Oskold (Hoskuld) og Dir
(Dyre), der havde stiftet et Rige i Kiew og blev fangne
ved den samme List af Russernes Konge Oleg (Helge)[5].
Men naar Steenstrup heraf drager den Slutning, at en virkelig
Søn af Ragnar Lodbrok har været i Oskolds og Dirs Følge
og deltaget i disses Tog, kan jeg ikke følge ham; thi Hvit-
særk spiller i det danske Sagn samme Rolle som Oskold og
Dir i det russiske. Jeg anser derfor Hvitsærk for den samme
som enten Hoskuld eller Dyre, thi Hvitsærk ·synes ikke at
være et virkeligt Navn[6]; snarere er det ligesom Beinlauss,

---

[1] Saxo p. 412.   [2] Saxo p. 41.   [3] Saxo p. 41. 67.   [4] Fnm. S.
X 23. Hskr. 142.   [5] Steenstrup p. 120—25.

[6] *Hvitserkr* betyder »hvidklædt« eller »iført hvid Kappe«, ligesom *ull-
serkr* (Tilnavn for Egil, Hskr. 99) betyder »med ulden Kappe«, eller
berserkr »klædt i Bjørneskind«, eller *farserkr* »reiseklædt«, eller
treserki »med Brynje af Træ« (K. Rygh, Norske og islandske Til-
navne).

Jarnsiða, Ormr-i-auga et Tilnavn for en af de varægiske Helte og har derpaa traadt i Stedet for Navnet[1]. Men Oskold og Dir var russiske Bojarer ɔ: svenske Jarler, snarest som andre russiske Høvdinger fra Upland, og den Omstændighed, at et dansk Sagn har knyttet dem genealogisk til en dansk Vikinge- og Konge-Familie, har for os intet bevisende; om en svensk Vise om Hvitsærks (Hoskolds eller Dyres) Bedrifter i Rusland og sørgelige Død var vandret til Danmark, maatte den der af sig selv knyttes til den ligeartede Sagnkreds om Lodbroks- sønnerne, og Hvitsærk maatte da naturligt blive deres Broder. I Ragnars Saga berettes kun korteligt om Hvitsærks sørgelige Død længe efter Ragnar, medens hos Saxo hans Historie er indflettet i Faderens. Man kan endnu skimte enkelte Trin i Sagnets Udvikling. Hos Nestor bliver Hoskuld og Dyre dræbte og lagte i Haug; de var altsaa forud efter russisk Skik brændte, men naturligvis først efter Døden. En dansk Visedigter har da misforstaaet et eller andet digterisk Udtryk herom derhen, at Hvitsærk brændes levende, hvilket da forøgedes dertil, at han lod sig brænde levende efter eget Ønske for at vise Selvbeherskelse. Den islandske Saga har saa videre udviklet dette: han bliver brændt paa et Baal af Mandehoveder, og man har paa Island digtet to Viser, som citeres til Vidnesbyrd om Sagnets Sandhed og lægges hans Moder »Randalin« i Munden.

En Særegenhed, som har havt Indflydelse paa Udviklingen af Ragnars og hans Sønners Sagnhistorie, er deres Tilnavne. Bjørns Tilnavn Jærnside var kjendt i Midten af 11te Aar- hundrede i Normandie; kort efter træffes det ogsaa i Dan- mark, idet en dansk Kongesøn Harald Kesja omtr. 1105—10 opkalder en af sine Sønner med denne Sagnhelts Navn[2]. Den normanniske Forfatter ved at forklare, at Bjørn fik sit Til- navn, fordi han var beskyttet i Kampen mod alle Vaaben ved Hjelp af en Trylledrik, hans Moder havde givet ham; det

---

[1] Tilnavnets Overgang til Navn kan illustreres ved, at det samme er skeet med Broderen Dunvattus (Saxo p. 44), der af Hauk Er- lendssøn kaldes Dagr dunvattr (Landnáma p. 325), hvilket vistnok er det oprindelige; dúnvöttr (Dun-Vante) betyder blødagtig (Egils- son p. 112). [2] Knytlingasaga Cap. 82.

danske Sagn hos Saxo har glemt den overnaturlige Forklaring og opfattet Tilnavnet som et Vidnesbyrd om Tapperhed og Haardførhed[1]. Ivars Tilnavn Beinlauss kan ikke være historisk, thi Ingvar optræder i samtidige Kilder som en meget virksom Kriger; det kjendes tidligst fra Danmark, nemlig allerede fra 1ste Halvdel af 12te Aarhundrede: den roskildske Skribent siger ligefrem, at Ivar skal have »manglet Ben«, og en Antydning af Sagnet findes ogsaa i de Lundske Annaler, hvor Ivar før et Slag indeslutter sig i et Telt og hvor han er sine Brødres Raadgiver[2]. I Danmark havde man allerede paa Saxos Tid glemt dette Sagntræk; men paa Island blev det grebet og bedre bevaret: Ivar, som ikke kunde deltage i Kampene, er sine Brødres kloge Raadgiver og leder altid deres Bevægelser, han lægger alle Planer, og kun hvor han er med, lykkes Kampen for disse (Ragnars Saga). — Med Sigurds Tilnavn Ormøie (ormr-i-auga, serpentini oculi cognomen) har Sagnene beskjæftiget sig endnu mere. Egentlig betegner Tilnavnet kun hans hvasse Øine, ligesom Rigsmál (V. 34) siger om »Jarlen«, at hans Øine er hvasse, onde »som Ormungens«. Men senere har man søgt andre Forklaringer: Saxo beretter, at Odin selv efter et Slag, hvori Sivard blev dødelig saaret, lægede hans Saar og gav hans Øine Ormeligheden, mod at han lovede ham alle de Mænd, han dræbte i Kamp — og dette Sagn indeholder vistnok et Minde om hedensk Digtning. Det er dog ikke naaet til Island, hvor man fandt en ny Aarsag til Tilnavnet, idet Idéassociationen førte til Sagnet om, hvorledes Sigurd Orm-i-Øie blev opkaldt efter sin Morfader Sigurd Ormens Bane (Fáfnisbani), hvilket udvikles i Ragnars Saga. En lignende Idéassociation tjente til at udstyre Ragnar Lodbrok med personlige Bedrifter; da loðbrók blev hans Tilnavn, fremkaldte det Sagnet om Ormekampen. At en Sagnhelt kjæmper mod en Orm eller et andet Uhyre, var jo et meget yndet Digtermotiv, som stammer fra de ældste religiøse Forestillinger; det store Forbillede i Norden er Sigurd Fovnesbane, men han har i Danmark fremkaldt flere Efterligninger. Saxo har allerede med Held benyttet Motivet flere Gange før Rag-

---

[1] Saxo p. 450.   [2] Ann. Lund. i Nordalb. Studien V 82.

nars Tid: en Fridlev, en Frode og en Alv udfører samme Bedrift, og alle disse optræder enten klædte i Oxehuder eller som Alv i et blodigt Skind. Tilnavnet loðbrók har da givet Sagnet den Variation, som behøvedes til at adskille Ragnars Ormekamp fra de andres: hans Klædedragt, Skindbuxen, som beskytter ham mod Ormen. Sagnet om Ragnars Ormekamp findes behandlet flere Gange, allesteds med særegne Tilsætninger. Kortest og egtest beretter þáttr af Ragnars sunum, at Jarlen i Gøtaland Herrød gav sin Datter Thora Borgarhjort en Ormunge, som voxte saa stærkt, at den snart laa udenfor hendes Skemme og dræbte hver, som kom den nær. Jarlen lovede sin Datter til den, der dræbte Ormen, og Ragnar iførte sig da raggede Klæder, Skindbuxer og Skindkappe, som han badede i Tjære og Sand, og gik saa ene med sit Spyd mod Ormen, som han dræbte[1]. I Sagaen om Ragnar har Sagnet faaet flere romantiske Tillæg: Ormen kaldes »lyngormr«, et Navn, som vistnok først fra Thidrekssagnene blev kjendt i den norrøne Litteratur. Thora lægger Ormen i sin Æske og Guld under den, og alt som Ormen voxer, voxer Guldet med, og dette Guld skal da Ormens Overvinder faa i »Heimanfylgja« o. s. v.[2] En videre romantisk Tilvæxt har Sagnet faaet i den fabelagtige »Herrauðs saga ok Bósa«, idet Lyngormen her stammer fra det »Gamms-Æg«, som Herraud og Bose førte hjem fra Bjarmeland[3]. Hos Saxo findes andre Udvidelser: Herrød er ikke Jarl i Gøtaland, men Konge i Sverige, og Ragnar vinder ved sit Giftermaal med hans Datter Arveret til Sverige for sine Sønner, — hvilken han naturligvis senere hævder. Et lignende dansk-patriotisk Træk er, at medens den danske Konge frygtløst gaar mod Ormen, ræddes den svenske Konge og hans Mænd og kryber i Skjul! Eiendommeligt for den danske Sagndigtnings Overdrivelser er, at hos Saxo Ragnar maa kjæmpe mod to Orme, ikke blot mod én[4]. Dette Praleri synes dog kun at tilhøre en Tidsstrøm-

---

[1] FaS. I 346.   [2] FaS. I 237—42.   [3] FaS. II 233.

[4] Saxo p. 448—44. Lignende Træk hos Saxo er bekjendte nok, f. Ex. at medens Jomsvikingerne efter Kongesagaerne fanger Svein Tjugeskjeg én Gang, efter Adam to Gange, gjentages hos Saxo denne Bedrift tre Gange.

ning ved de danske Sagn paa Saxos og Valdemarernes Tid; i den senere danske Folkevise berettes nemlig Begivenheden paa samme enklere Maade som paa Island. Folkevisen, der er optegnet i 16de Aarhundrede, men vistnok forfattet (eller omdigtet) i 14de eller 15de, fremstiller sig ellers i nyere Dragt: Pigens Fader er Hr. Helsing, en dansk Herremand paa »Lundegaard«, Ormens Banemand kaldes Hr. Peder Riboldssøn, og Sagnet har faaet det Tillæg, at en anden Frier, Hr. Sivord Ingvordssøn, først har forsøgt sig, falder i Kampen og begraves i »Grindeløv-Kloster«; men Visen staar nærmere det oprindelige Sagn end Saxo derved, at den kun omtaler én Orm og ikke véd noget om Hr. Helsings Rædsel ved at se Kampen[1].

Om Ragnars Kamp med et Fabel-Uhyre for at vinde sin Hustru har der aabenbart gaaet flere Sange; det er da ikke underligt, at en af disse har afstreifet Sagnet Mindet om Tilnavnet og forsøgt at gjøre den hele Begivenhed mere menneskelig, mindre eventyrlig. Hos Saxo finder vi en saadan Variation af samme Emne: den norske Skjoldmø Lathgertha vækker Ragnars Beundring ved sin Tapperhed og Skjønhed; han beslutter at vinde hende og seiler til Norge. Paa Veien til hende efterlader han sine Mænd i Gølerdal (Guldalen, altsaa paa Veien til Nidaros) og gaar alene til hendes Bolig, som vogtes af en Hund og en Bjørn; først ved at dræbe dem vinder han Lathgertha. Navnet Lathgertha (hlað-Gerðr) er ikke Egennavn, men kun en poetisk Betegnelse for Kvinde, ligesom hlað-Grund i et Vers af Hjaltlændingen Odde den lille Aar 1153[2], hlað-Norn i et Vers af Islendingen Olav Leggssøn c. 1250[3]. Allerede dette antyder, at vi har for os prosaiske Levninger af en Vise, og denne Vise har ikke indeholdt andet, end hvad der ellers fortælles om Thora, Træk for Træk, men i formindsket Maalestok. At Sagnet er senere, viser sig ogsaa deraf, at Begivenheden henlægges til Nidaros, Norges Hovedstad i det 11te og 12te Aarhundrede; det har da heller ikke kunnet vinde Udbredelse udenfor Danmark (Saxo).

---

[1] Sv. Grundtvigs DgF. I 347.
[2] Flat. II 479.
[3] Sn. Edda II 499.

Førend de dansk-norsk-islandske Sagn om Ragnar og hans Sønner skilte sig for at vandre hver sin Vei, havde der udviklet sig endnu et Sagn om dem: om Ragnars Dødsmaade og den Hevn, hans Sønner tog. Vi har seet, at allerede Sigvat Skald vidste, at Ivar dræbte Ella paa en grusom Maade, som maatte foranledige Sagn om, at han hevnede sin Faders Død; det Sagn maatte altsaa opstaa, at Ragnar var dræbt i England efter Ellas Bud. Det var da naturligt nok, at Vikingen Ragnar kom i Ellas Vold paa et Vikingetog til England, og selv om den historiske Ragnar aldrig har betraadt Englands Grund, maatte saaledes Sagnhelten gjøre et Tog did, som endte med hans Død. Hvorfra har man saa laant hans Dødsmaade, Døden i Ormegaarden? At denne ikke er historisk, behøver ingen Paavisning, thi hverken i England eller andensteds fandtes virkelige »Ormegaarde«. Det er da mærkeligt nok, at ligesom Ragnars Ormekamp er digtet efter Forbillede af Sigurd Fovnesbane, saaledes findes Forbilledet for hans Død ogsaa igjen i Volsungesagnene; thi den eneste Helt, som foruden Ragnar har fundet sin Død i Ormegaard, er Gjukungen Gunnar. Dog er Digtningen om Ragnars Død iøvrigt ganske selvstændigt behandlet og med de givne Sagnmomenter for Øie. Ragnar dør i fuld Fortrøstning paa, at Sønnerne skal hevne ham: »gnyðja mundu grisir ef galtar hag vissi«, eller som Saxo med større Ordrigdom udtrykker det: »si suculæ verris supplicium scirent, haud dubio, irruptis haris, afflictum absolvere properarent«. Og det er samme Digter, som har skildret i levende Træk, hvorledes Sønnerne modtog Ellas Budskab om Faderens Død og hvorledes de ved Ivars List og Brødrenes Tapperhed vandt Seir over Ella, begge omtrent enslydende bevarede baade hos Saxo og i Ragnars Saga. Denne Digtnings Alder kan temmelig nøiagtig dateres, thi ogsaa den har laant Træk andenstedsfra. Den List, hvorved Ivar vihder Indpas i England, er jo den bekjendte klassiske, som vi kjender fra Dido: Ivar faar Løfte om et Landstykke saa stort som en Oxehud og skjærer derefter Huden i saa tynde Strimler, at den kan rumme en By eller Borg. Men det danske Sagn er ikke laant direkte fra Syden, det er kommet fra England ved Midten af 12te Aarhundrede. Galfrid

7*

af Monmouth fortæller i sin »Historia Britonum« (fra omtr.
Aar 1135) om, hvorledes Saxeren Hengist kom over Havet
til England og af den engelske Konge ved Overtalelse fik
overladt saa stort Stykke Land, som en Oxehud rak, hvorledes han derpaa byggede sig en By (Thancastre eller Dancastre), indkaldte sine Landsmænd til England og
efterhaanden gjorde sig til Herre der[1]. Man finder
her Sagnet igjen Træk for Træk, anvendt paa England og
paa en Erobring ved Vikinger fra Øst; man kan da ikke godt
benegte, at den danske Digter har (naturligvis paa· anden
Haand) laant Sagnet fra Galfrid til sin Digtning om Ivar:
kun Motivet til Toget, Faderhevnen, hørte oprindelig til Lodbroksdigtningen. Hos Saxo har Sagnet undergaaet en ganske
ubetydelig Forandring: Oxehuden er blevet, til Hestehud;
Aarsagen hertil er let at gjætte, Sagnet har i Danmark ligesom paa Island[2] været knyttet til den By, Ivar besad: York,
men York (Eboracum, eng. Eoforvík) hed paa Dansk eller
Nordisk Jórvík, der kunde opfattes som »Hestebyen«. Senere
har dog Mindet herom tabt sig, og den romantiske Saga om
Ragnar lader Ivar anlægge selve London(!) paa det erhvervede
Stykke Land.

Omtrent ved Midten af 12te Aarhundrede tænker vi os
saaledes, at denne Sagncyklus om Ragnar og hans Sønner har
naaet til følgende Udvikling: Ragnar og hans Sønner har vundet sin Berømmelse som tapre Vikinger paa Englands og
Frankriges Kyster, de var Krigerhøvdinger og blev derfor
ansete for danske Konger, deres Bedrifter fik snart et eventyrligt Skjær, der laante Billeder fra ældre Sagnhelte; men
Hovedtrækkene blev dog endnu Ragnars Ormekamp, hans
ulykkelige Død i Ormegaarden og Sønnernes Hevntog
til England, som erobredes. I denne Skikkelse var allerede

---

[1] Dette Sagn har vistnok ogsaa staaet at læse hos Galfrids Forgjænger og Kilde, Walter af Oxford, som oprindelig (omkr. 1120—30)
har bearbeidet disse lærde Sagn for Englands Historie; men paa
tilsvarende Sted i »Brut Tysylio« er nu en længere Lakune. Sml.
Sancte Martes Gottfried v. Monmouth, Historia Regum Britanniæ
p. 86. 313. 529.

[2] FaS I 353.

Sagnene naaet til Norge og Island; men inden de optegnedes
her og i Danmark, havde de undergaaet endnu en Forvand-
ling, hvis Aarsager vi maa undersøge.

VI. Saxo og det danske Erobringsrige i 9de Aarhundrede.

Efter vor Betragtningsmaade er det meget karakteristisk,
at medens de Danske omtrent ganske glemte sine Forfædres
Tog til Nederlandene og Gallien, kunde Minderne om Eng-
landstogene holde sig friske, ja endog voxe og strække sig ud
over en lang Fortid i det danske Folks Liv; og vi finder en
naturlig Forklaringsgrund hertil i det danske •Folks senere
Oplevelser, da de engelske Erobringer gjentog sig endog i større
Skala i 1ste Halvdel af 11te Aarhundrede og da Englandstog
udførtes endnu under Sven Estridssøn og hans Sønner. En
stærk Parallel hertil vil man finde ved at se Danmarks For-
hold i 11te og 12te Aarhundrede mod dets sydlige og østlige
Naboer (Tysker, Vender, Letter) i Forbindelse med de sagn-
historiske Fortællinger om disse Forhold i ældre Tider. Efter
Kraftanstrængelserne paa Svein Tjugeskjegs og Knuts Tid led
Danmark af en kortvarig Svaghed, hvorunder det maatte først
underkaste sig en fremmed Konge (Magnus den gode) og siden
i en Menneskealder finde sig i fremmede (norsk-vendiske) Ind-
fald; skjønt Folket snart hævede sig igjen, var Danmarks Mod-
standskraft saa ringe, at naar ikke udmærkede Konger stod
for Styret (Knut og Erik), var Riget i den følgende Tid ud-
sat for Indfald fra Venderne eller for Angreb paa Rigets Selv-
stændighed fra de tyske Keisere, eller, hvad der var endnu
værre, Riget splittedes i Tvedragt mellem de østlige og vest-
lige Landsdele (Jyderne paa den ene Side, Skaaningerne og
Sjælændingerne paa den anden), hver støttede til sine Kron-

prætendenter. Ud af alle disse Trængsler førte først Valdemars-
tiden Danmark: Folket samledes atter til en Enhed efter
Borgerkrigen (1157), derefter vandt man atter Herredømmet
over Havet tilbage, Venderne paa Rygen underkastedes (1168),
den nedværdigende Afhængighed af det tyske Rige hævedes
efterhaanden ganske (1182), den danske Konge blev Lensherre
over Venderne i Mecklenburg og Pommern (1184), ja efter-
haanden lagdes Saxerne i Holsten ganske under den danske
Krone (1202), medens større Herjetog begyndte at rettes mod
Letter og Finner. Hele denne Udvikling, som syntes raskt
og sikkert at være i stadig Fremgang og stadig pegte høiere
frem, oplevede Saxo og hans Samtid, og den afspeiler sig
fuldstændigt i hans Fremstilling af Fortiden: man ser ikke
alene Danernes Følelser mod de Folk, som omgav dem, men
ogsaa deres Forhaabninger om fremtidige »retmæssige« Erob-
ringer. Dette vil fremgaa ved at betragte Saxos Forhold til
sine danske Forgjængere.

Den danske Krønikeskrivning før Saxo støttede sig for
9de Aarhundrede (som ovenfor vist) til Adam fra Bremen eller
rettere indeholdt forvanskede Uddrag af hans Værk. Man
har i nyere Tid villet hævde, at Saxo ikke har benyttet
skriftlige Kilder, at han »maa næsten have følt Sky for den
skrevne Historiebog.« Deri gjør man ham dog visselig Uret;
vistnok citerer han kun paa et Sted Beda og paa et andet
Dudo og Paulus Diaconus (af hvem han dog kun har kjendt
Uddrag), men det er dog af mange Antydninger aabenbart, at
han har studeret et af de korte Kompendier i Verdenshisto-
rien eller »Keiserhistorien«, som var saa udbredte i Middel-
alderen. Og af danske Kilder er det bevisligt, at han kjendte
flere; han citerer dem jo ligetil f. Ex. p. 467, hvor han pole-
miserer mod dem (ei quidam parum annalium periti me-
dium in fastis locum tribuunt). Og at Saxo sigter paa Ud-
drag fra Adam af samme Art som Anonymus Roskildensis,
som historia brevior, som Annales Lundenses eller Aflæggere
af disse, kan ansees for sikkert, da vi i Saxos Fremstilling
af 9de Aarhundredes Historie finder netop de samme For-
vanskninger igjen, hvis Udvikling vi har fulgt: ogsaa hos Saxo
er Sigfred og Anulo blevne til Godfreds »nepotes«, Anulo for-

vandlet til »Ring«, Harald til Ragnars Rival, Haarek God-
fredssøn til »Erik Haralds Broder«, Erik den yngre beskrives
først som Kristendomsforfølger, derpaa som Kristen, den svenske
»Chnob« er bleven til den danske Ennignupus o. s. v. Vi er
ganske enige med dem, der hævder, at Sagnet »ikke lytter efter
fremmede Kilder«, men vi maa her som saa ofte distingvere
mellem Sagnet og Sagnberetterne, thi disse var i Regelen lærde
Klerke, der udpyntede Sagnene efter sine historiske Theorier.
Man erindre, hvorledes hos Saxo Kong Frode, der i endnu høiere
Grad end Ragnar Lodbrok var de Danskes Ideal af en Erobrings-
konge, undertvinger den halve Verden, men dog smukt paa alle
Punkter standser lige ved det romerske Riges Grænser; hvorle-
des er sligt muligt, uden at Sagnfortælleren anvender Kritik paa
Sagnets Fremstilling? Er man først gaaet ind paa denne Tanke,
at Saxo ligesom sine Forgjængere har benyttet de Adam'ske Ud-
drag, vil det springe i Øinene, hvorledes det 9de Aarhundredes
Konge-Historie maatte forme sig for Saxo og hans Samtid.

    Saxos Beretninger om Godfred falder fra hinanden i to
Dele, som vi skal betragte særskilt: det danske Sagn om
Gøtrik og de fra Udlandet laante Beretninger om Karl den
stores Modstander. Den sidste Del indledes med at Gøtrik
ogsaa kaldtes »Godefridus«, hvor Saxo ved den fremmede
(frankisk-latinske) Navneform ligesom med Vilje tilkjendegiver,
at han arbeider efter fremmed Mønster. Den samme Kilde,
der gav ham Navnet, har ogsaa benyttet Adams Ord i Cap.
16: »Gotafridus, som allerede før havde skatlagt Friser, lige-
ledes Nordalbinger og andre slaviske Folk, truede Karl selv
med Krig«. Desuden har Saxo faaet at vide, at Keiser Karl
engang (800) drog til Rom for at hjelpe Pave Leo, at han en
anden Gang (796) sendte sin Søn Pipin i sit Sted for at føre
en større Krig (nl. mod Avarerne i Ungarn), og endelig at
Godfred efter Toget i Frisland, netop som han vilde drage mod
Karl, blev myrdet af en af sine egne (810); det sidste stammer
fra Einhards Vita Caroli, og naar man har draget i Tvivl Mu-
ligheden af at Saxo kunde hente Sagnet fra Einhard[1], har
man overseet, at Saxo kan have faaet Beretningen paa anden

---

[1] Dr. Jessen, Undersøgelser p. 30.

Haand gjennem en »historia Romana« eller kanske snarere gjennem en af de kortfattede verdenshistoriske Annaler, der var saa udbredte i Middelalderen og hvoraf en Udgave vitterligt fandtes i Danmark (og ved Erkesædet) allerede fra 1130 —40[1]. At Saxos Beretning er afhængig af Adam, sees af den Maade, hvorpaa han benytter Adams »Nordalbingi«: herved mente Adam de holstenske Slaver, men Saxo eller de danske Sagnfortællere har forstaaet det om de holstenske Saxer eller rettere om Saxerne overhovedet og kombineret det med Karl den stores Saxerkrige og Krigen mod Godfred til en Fremstilling, der laaner sit Skjær fra 12te Aarhundrede, ikke fra 9de: Gøtrik lagde Saxerne i Skat og bestemte, at hvergang der skede Kongeskifte i Danmark, skulde Saxernes Hertug sende den danske Konge 100 hvide Heste, og det samme skulde den saxiske Hertug gjøre ved sin Regjeringstiltrædelse »for at bekjende vort Folks Herredømme og aflægge et høitideligt Vidnesbyrd om sin Underkastelse«. Det danske Sagn har saaledes her villet hevne de Krænkelser, Kong Valdemar led ved Hertug Henrik Løve's Overmod, idet det viste, hvilken Stilling der egentlig tilkom den danske Konge. At dette skulde være et Sagn fra 9de Aarhundrede, forbyder sig selv at tro, thi dengang existerede endnu ikke saxiske Hertuger. Medens derefter Gøtrik var ude paa et Tog til Sverige, tvang den franske Konge Karl »Germanien« til at modtage Kristendommen og underkaste sig ham. Gøtrik vilde nu vinde Saxen tilbage, som »foretrak de romerske Vaaben for de danske«. Karl havde netop trukket sine Tropper tilbage over Rhin, og da han netop blev kaldt bort af Pave Leo for at beskytte Rom, sendte han sin Søn Pipin mod Gøtrik. Denne havde imidlertid vundet en herlig Seier over Saxerne og vilde nu erobre »hele Germanien«; først angreb han med sin Flaade Frisia og paalagde en vanærende Skat, som Saxo rigtig fryder sig ved at udmale; da Gøtrik nu havde rykket gjennem Frisia og vilde kaste sig over Germaniens »øvrige Provinser«, led han Døden for en

---

[1] Sml. A. D. Jørgensens Bidrag til Nordens Historie i Middelalderen S. 200 ff.

af sine Mænds Haand. Den Skat, som paalægges Friserne, er ligesaa uhistorisk som Saxernes, vi ved fra Einhard, at Friserne i Virkeligheden kun betalte 100 Pund Sølv; ogsaa her har vi altsaa et Eventyr, opfundet til Hæder for den danske erobrende Nation! Iøvrigt er Karls Skikkelse saadan, som man kan vente det i 12te Aarhundrede, han kunde gjerne være laant fra en fransk *chanson de geste*: han er den franske Konge, der erobrer og kristner hele »Germanien« (Tyskland), han trækker sine Tropper tilbage over Rhin (Saxens Vestgrænse), og han kaldes til Rom for at hjelpe Paven (naturligvis mod Kristenhedens Fiender!). At alligevel den danske Konge kjæmper for den retfærdige Sag, er naturligt: derfor fremstilles han som den, der oprindelig var Herre i Saxen, førend Karl den store kom til. Man ser, hvorledes Gøtriks Bedrifter, som allerede Adam havde forstørret, voxte under taknemmelige Landsmænds Betragtning!

Den anden Del af Godfreds Historie, det indenlandske Sagn om Gøtrik den gavmilde, har ogsaa modtaget sin Del af denne Væxt. Vi har ovenfor seet, at allerede »historia brevior« har indført »Gøtrik den gavmilde« for Godfred, saa at Saxo kun havde at optegne Sagnet om ham. Dette Sagn er nu et Eventyr i gammel Stil om en listig Hirdmand og en gavmild Konge; de handlende Personer er Hirdmændene Ulv, Bjørn og Ræv (af hvilke de to sidste kaldes Thylenses o: Islændinger!) samt Kongerne Gøte og Gøtrik, altsammen appellativiske Benævnelser; men ogsaa dette Sagn ender til den danske Nations Forherligelse, idet Gøtrik for at hevne Ræv gjør et Tog til Sverige, som han paalægger en haard »Rævgjeld«. Sagnet om Gøtrik er forresten ikke alene et Eventyr, men endog Danmark uvedkommende; først den, der oversatte Godefrid med »Gøtricus«, har kunnet overføre det paa en dansk Konge. Vi drager deraf den Slutning, at dette først kunde ske, naar den virkelige Godfreds Navn og Bedrifter holdt paa at svinde, og tror, at dette Resultat ganske stemmer med den ovenfor paapegede Omstændighed, at hvad Saxo fortæller om Godfreds udenlandske Forhold er fri Komposition paa Grundlag af de faa Levninger af udenlandske Beretninger, ikke indenlandske, endnu levende Sagn.

Ifølge Saxo fulgte efter Gøtrik hans Søn Olav, som hevnede sin Faders Død og blev begravet i en bekjendt Haug nær Hovedstaden (Lethra). Dette er vistnok uhistorisk, thi Godfreds Sønner blev først Konger i 813, men dog et Minde om de virkelige Forhold, da ifølge Ynglingatal Gudrød virkelig havde en Søn Olav, som blev begravet i en Haug nær sin (norske) Hovedstad (Skiringssal). Sagnet om Olav har kunnet mindes, fordi det er bleven knyttet til lokale Forhold, i Norge til Geirstad, i Danmark til Ledre. For dem, der ikke vil tro, at Godfred er den vestfoldske Konge Gudrød, bliver da her en større Vanskelighed: hvis det norske Sagn har annekteret den berømte danske Kong Godfred (rigtignok uden at omtale hans Bedrifter), hvad Grund skulde det da have til ogsaa at annektere hans Søn Olav, om hvem ingen Bedrifter kjendtes? eller hvorfor tog det da ikke heller hans berømte og mægtige Broder Haarek?

I Beretningen om Heming viser Saxo paa det klareste, at han følger skriftlige Kilder, men tillige at han ikke følte nogen stærk Forpligtelse til at følge dem samvittighedsfuldt. Hans Kilde har berettet (som Adam eller de Lundske Annaler), at Heming sluttede Fred med Keiseren og fik Floden Eideren til Grænse[1]. Det sidste udelod Saxo af nationale Grunde, fordi det jo lød som enslags Underkastelse under Keiseren, hvad jo altfor meget maatte minde om Kong Valdemars tvungne Lensforhold til Keiser Fredrik I; og i »Keiseren« saa Saxo Karls Eftérfølger og indsatte derfor paa egen Haand »Ludovico«, uagtet han atter senere omtaler Karl! Men noget dansk Sagn om Heming kjender Saxo ikke, han érklærer udtrykkelig, at han ikke vidste mere om ham[2].

Beretningen om de følgende Konger Sivard Ring og Ring er vidtløftigere og tilsyneladende mere hjemlig; men vi har allerede seet, at baade deres Navne og deres Slægttavle stammer fra Adams Forvanskninger. Indholdet af det øvrige er: Sivard bliver valgt i Skaane og Sjæland, Ring i Jylland; den jydske Konge vil erobre hele Riget og drager mod Sjæland,

---

[1] qui mox pacem cum imperatore faciens, Egdoram fluvium accepit regni terminum (Adam I 16, Nord. Stud. V 28).   [2] p. 489.

medens hans Modstander er ude paa Tog; men denne kommer dog itide tilstede og overvinder sin Fiende. Naar undtages at begge Konger omkom, som de efter ældre Kilder skulde, og at Sivards halvvoxne Søn Ragnar holder en længere (af Saxo komponeret) Tale, har vi i Beretningen om Sivard og Ring i et og alt en Gjentagelse af hvad der skede i Danmark Aar 1147: Efter den danske Konges (Erik Lams) Død valgte Sjællændinger og Skaaninger Kong Sven, men Jyderne Kong Knut; den jydske Konge drager til Sjæland for at erobre denne, medens Sven var over i Skaane for at dæmpe Erkebiskopens Oprør, men Sven kom dog tilstede i rette Tid for at overvinde Jydekongen ved Slangerup. Kan man her tvivle om, at Saxo (eller Sagnet før ham) har ved den kortfattede Beretning om Krigen mellem Sivard og Ring (Sigfred og Anulo) maattet forestille sig Begivenhederne saaledes, som man kjendte dem fra en senere Borgerkrig, og uvilkaarligt tildigtet dem efter dette Forbillede? Ogsaa denne Beretning maa vi derfor frakjende Egenskaben at indeholde gamle, ægte Sagn; ogsaa her ser vi Indflydelse fra det 12te Aarhundredes Historie.

Disse Bemærkninger maatte forudskikkes, for at det skulde træde klart frem, hvorledes de danske Sagnfortællere fra Sluten af 12te Aarhundrede kunde omforme de ældre Sagn om Ragnar Lodbrok med digterisk Frihed til at blive et Billede af Nutiden og et Forbillede for Fremtiden. Det er ovenfor vist, hvorledes de oprindelige Sagn om Ragnar og hans Sønner som vidtstreifende Søkonger tillige fik et Islæt af Romantik ved Digtningen om Ormekampen og om hans ulykkelige Død; vi har ligeledes seet, at han af de ældre Krønikeforfattere blev indført i den danske Kongerække istedetfor den uheldige Reginfrid. Hvorledes dennes Forhold til Harald og Godfredssønnerne maatte efterhaanden omformes, vil fremgaa ved en Sammenligning mellem Saxo og hans nærmeste Forgjængere. De lundske Annaler, som idethele staar Saxo nærmest, beretter, at Reginfrid og Harald kjæmpede mod hinanden, at efter 9 Aar Harald fordrev Reginfrid, som slog sig paa Søroveri, medens Harald sluttede Forbund med Keiseren. 6 Aar senere fordrives atter Harald af Godfreds Sønner, kommer til Keiser Ludvig i Mainz

og lader sig døbe; siden vender Harald tilbage og opgiver
Kristendommen; men strax derefter fortælles, at Ansgar
kom til Danmark, omvendte Kongen (Harald, hos Adam I 21
Horicus) og byggede Kirken i Slesvig. De enkelte Træk gjen-
findes hos Saxo, men omformede og forstørrede til Fordel for
Ragnar: Jyder og Skaaninger gjør Oprør mod Ragnar, der
naturligvis er deres retmæssige Konge, og vælger Harald, som
dog bliver slagen af Ragnar; flere Aar efter forsøger Harald
atter sin Lykke, men maa nu flygte til »Germania«, og da
Ragnar anser Keiseren (Karl!) for hans egentlige Støtte, gjør
han Indfald i Tyskland og slaar Keiseren. Mange Aar senere
gjør Harald sig atter under Ragnars Fravær til Konge, men
maa atter flygte til Keiser Ludvig, bliver døbt i Mainz
og vender hjem med saxiske Tropper; derpaa bygger han en
Kirke i Slesvig, men fordrives atter af Ragnar og opgiver
nu Kristendommen. Den egentlige Forskjel mellem Saxo
og hans Forgjænger ligger i, at Saxo's Ragnar er indtraadt
baade for Reginfrid og for Godfreds Sønner, hvilken Foran-
dring Saxo var nødt til at gjøre, baade fordi Sagnhelten Rag-
nar allerede havde overskygget disse og fordi Ragnar som
Dattersønssøn af Godfred ikke længer kunde være samtidig
med og kjæmpe mod sin Farmoders Brødre. Men dermed er
den Omvæltning given, at Ragnar bliver Seierherren, Harald
den fordrevne, som kun naar Ragnar er fraværende kan opnaa
et midlertidigt Held; og naar denne Sagnbearbeidelse knyttes
sammen med de ældre Sagn om Ragnar og hans Sønner, kom
Sagnet til at fremstille Ragnar i det Lys, hans Landsmænd helst
vilde se ham, som den seirrige Helt. Dette fik Indflydelse
paa hele den ældre Sagndigtning. Ragnar blev, som hver
dansk Konge burde være, en Erobrer i stor Stil, for hvem
alle fremmede Folk maatte beie sig; han ikke alene deltog i
de Bedrifter, som de ældre Sagn tillagde hans Sønner, men
han var den egentlige Leder og han gjenoprettede de midler-
tidige Nederlag, disse kunde have lidt. Under dette Syns-
punkt omformedes de ældre Sagn og skabtes nye. Vi skal
betragte flere af disse Bedrifter hver for sig.

a. Toget mod Bjarmerne. Den oprindelige Beret-
ning om, at den frankiske Helgen Germanus havde slaaet

Ragnar og de Danske med sin Trolddom, var som før nævnt
blevet til et Sagn om at Bjarmerne med sin Trolddom
drev Ragnar ud af sit Land. Dette kjender Saxo, som
lader Ragnar efter Nederlaget trække sig tilbage til »Kurernes
og Sembernes Land«; men hans Helt kan ikke i Længden
finde sig i slig Behandling: han vender tilbage til Bjarmeland,
og skjønt Bjarmekongen faar Hjelp af »Matullus Finmarchiæ
dux« (= den norske Sagnfigur Möttull Finnakonungr), hvis
Bueskytter gjør Ragnar megen Skade, holder denne sig Vin-
teren over i Landet, og et natligt Overfald, som efter Saxos
dunkle Ord (nocturna fallacia) maa have været forbundet med
Svig, bragte ham endelig Seieren: Bjarmekongen falder, Finne-
kongen flygter, og Ragnar rister Runer og reiser Bautastene
til et »evigt Mindesmærke om sin Seier«.

b. Toget i Rusland. Kjærnen heri har været, at Rag-
nars Søn Hvitsærk vandt sig et Rige i det indre Rusland,
men blev overvundet af Russerkongen Oleg (Daxon) og (efter
Døden) brændt paa Baal; og omtrent saaledes findes Sagnet i
den islandske Saga. Men efter Saxo har Ragnar selv paa sit
Tog i Østerleden (det samme, hvorpaa han overvandt Bjarmerne)
seiret over Hellespontens Konge Dian og over hans to Sønner
Dian og Daxon, som understøttedes af Russer og Skyther;
Ragnar indsætter sin Søn Hvitsærk til Konge i Skythien, men
da denne senere fanges og brændes levende af Daxon, maa
Ragnar hevne Sønnens Død: han drager over Havet til Rus-
land og fanger Daxon, som han sender i Lænker til »Utgarthia«;
siden tilgiver Ragnar ham ganske og giver ham hans Land
tilbage, mod at han engang hvert Aar barfodet møder op for
Ragnar, ledsaget af 12 barføddede »Fædre«, for ydmygt at
betale ham Skat, — altsaa ogsaa dette Sagn ender til Hæder
for det danske Navn. Hevnen for Hvitsærks Død er, som
sees af Historien og af den islandske Saga, et senere Tillæg;
dog kan vi ogsaa i dette Tillæg spore to Trin i Udviklingen.
Saxo's »apud Utgarthiam relegavit« synes nemlig at svare til
et digterisk Udtryk: *færði hann við* (el. *um*) *útgarða*, men
dette betyder: lod ham dræbe, rydde af Veien [1]; Sagnets ældre

---

[1] Fritzner S. 710.

Udgave har altsaa været, at Ragnar hevnede sin Søns Død ved at dræbe hans Banemand. Men senere er Udtrykket opfattet, som om Ragnar forviste ham »til Utgard«, og da maatte denne Ædelmodighed senere krones med en endnu større, den fuldstændige Tilgivelse, hvortil passende kunde knyttes en Betingelse, som blev den russiske Nation til Skam, den danske Nation til Ære.

c. Englandstogene. Det fælles-nordiske Sagn har om Ragnar i England kun bevaret det Træk, at han faldt der og hevnedes af sine Sønner; Saxo kan supplere denne Fattigdom. Først vender Ragnar sig mod England og dræber i et Slag dets Konge Hama, Hellas Fader[1]. Senere overdrager han England til sin Søn Ivar[2], men denne fordrives af »Galli«, som indsætter Hella til Konge. Ivar kalder sin Fader til Hjelp, de sætter sig fast ved Jorvik[3], overvinder her Hella og hans galliske Tropper (Hellam Gallicana virtute subnixum) og hersker et Aar i England; medens saa Ragnar ligger udenlands, kommer Hella atter tilbage til Northumberland[4], og paa Toget mod ham fanges tilslut Ragnar. Fortællingens Maal er aabenbart at vise, at Ragnar var den retmæssige Konge i England, Hella en Usurpator; selvfølgelig er alle disse Tog fuldstændig opdigtede, uden at vi kan følge Digtningens Udvikling. Det mest særegne ved Beretningen er ellers, at Hellas Mænd kaldes »Galli«, hvilket Ord har stødt alle Fortolkere, medens det efter vor Opfatning er let forstaaeligt og kan tjene til at bestemme Digtningens Ælde. Munch forklarede Galli som Walisere, Joh. Steenstrup tænker paa Indbyggerne af Galloway i Skotland, Saxos Udgivere paa »fran-

---

[1] Hama og Hella (Ama og Ella) har vistnok længe før Saxos Tid hørt sammen i Digtningen (mærk Stavrimet), thi ogsaa i Sögubrot omtales Kong Adalbrikt i Northumberland paa Sigurd Rings Tid med hans Sønner Áma og Ella (FaS I 388), ja endog i Kjæmperækken paa Braavoldene forekommer *Ambar* og *Elli* (Saxo p. 377).

[2] »Ivar ergo regni tutelam deferens« p. 457 maa nemlig rettes til regni Anglici (el. lign.), da det af p. 458 fremgaar, at Ivars »regnum« var England, ikke Danmark.

[3] Joh. Steenstrups sindrige Rettelse for Textens Norvic p. 459.

[4] ikke, som Saxos Text har, Hibernia, se Joh. Steenstrup p. 105.

kiske Hjelpetropper« sendte af Keiseren[1]. Galli og Gallia betegner hos Saxo altid Franskmænd og Frankrige, saaledes ogsaa her: det danske Sagn er blevet til i Løbet af 12te Aarhundrede, og dengang bestod de engelske Kongers, Henrik d. 1stes og Henrik d. 2dens, Hære hovedsagelig af Franskmænd (franske Normanner). Sagndigtningen, som ikke spørger efter fremmede Nationers Fortid, maatte derfor uvilkaarligt tro, at Ragnar og hans Sønner havde Franskmænd at kjæmpe mod i England. En saadan Anakronisme kan ikke forbause hos en Sagnfortæller som Saxo, naar en saa nøgtern Kronist som Tjodrek Munk for at forklare, hvorledes Harald haardraades Landgang i England ikke hindredes af den engelske Konge, kan tilføie som noget, der næsten faldt af sig selv for en Forfatter fra c. 1180, at den engelske Konge var fraværende i — Normandie. Der turde i Saxos Beretning ogsaa ligge et historisk Minde, thi den sidste Gang Danerne kjæmpede i England og ved York, havde de virkelig til Modstandere Franskmænd (Normanner). I 1069 sendte nemlig Kong Sven sine to unge Sønner med en Flaade til England for at understøtte Anglerne mod Kong Vilhelm; Danerne landede ved Humberen, erobrede York, nedsablede her i en Kamp 3000 Normanner og holdt sig her Vinteren over (1069—70). Om man ombytter de senere danske Kongesønner med de ældre, Lodbrokssønnerne (eller, da Faderen optoges, Ragnar og hans Sønner), og istedetfor Kong Ella sætter Kong Vilhelm, vil man indse, at Toget 1069—70 kunde tjene Ragnars-Sagnet til Forbillede; ialfald bliver det da ganske klart, hvorfra Saxos »Galli« er laant og hvor ung denne Digtning er.

    d. Skotland, Irland og Norge. Over disse Landes Erobringer faar vi kun korte summariske Fortegnelser, ikke fyldige Sagn; det synes næsten, som om de kun tages med for den geografiske Fuldstændigheds Skyld, for at Ragnar kunde herske over hele Nordeuropa. Paa det første Tog til England (det, hvorpaa Ragnar dræber Hama) dræber han ogsaa Skot-

---

[1] ifølge en Antydning i det gamle Udtog af Saxo fra 14de Aarhundrede, der ligefrem indsætter »ab imperatoris missi«.

lands, Petlands og Sudrøernes Høvdinger (duces) og
overdrager disse Lande til sine Sønner Sivard og Radbard;
Norge, hvis Konge ogsaa var falden, samt Orknøerne over-
lader han til Sønnen Fridlev. Senere gjør Nordmænd og
Skotter Oprør og tager egne Konger, medens Sivard og Frid-
lev opholder sig hos Faderen; men Ragnar fordriver Oprørerne,
indsætter nu Bjørn til Konge i Norge, herjer derefter Orkn-
øerne, plyndrer Skotland og dræber Skotternes Konge Murial;
efter det føromtalte Tog til England vender han sig derefter
til Irland, dræber den irske Konge »Melbricus«, erobrer
Dublin og opholder sig her et helt Aar. Hvad Ragnar i
disse faa Felttog udfører, var det samme, som sysselsatte Nord-
mændene i Løbet af 9de til. 12te Aarhundrede. Melbricus og
Murial er begge irske Navne (Maolbridge, Muircertach)[1]; paa
det ene Sted bruges altsaa, som i Tyskland i Middelalderen,
Skotter for Irer. Men da er det altfor mærkeligt, at ligesom
det danske Tog til England 1069—70 er blevet Forbillede for
Ragnars Bedrifter her, saaledes er den norske Kong Magnus
Barfods Krige i Vesterleden blevet Forbillede for Ragnars
Bedrifter der. Man erindre, hvorledes den norske Magnus i
1098—99 erobrede Orknøerne, Sudrøerne og Stykker af selve
Skotland (Cantire), hvorledes han satte sin Søn Sigurd (= Si-
vard) til Konge over disse Lande, hvorledes han kjæmpede med
Irekongen Muircertach (= rex Scotorum Murial), hvorledes
han indtog Dublin (1102) og hvorledes han opholdt sig et
Aar (1102—3) paa Irland. Er ogsaa disse Sammentræf til-
fældige? eller ser vi ikke her atter, hvorledes Digtningen
laaner Træk fra den nyere Tids Historie for at udstyre sin
Sagnhelt, hvorledes Magnus Barfod med alle hans Riger —
Norge, hans skotske og irske Erobringer — overlades til Rag-
nar[2]? At den irske Kong Muircertach († 1119) flyttes tilbage

---

[1] Muircertach (nu Murdoch) gjengives af Islændinger Myrkjartan, i
en norsk Saga (Ágrip) Muriartac, paa Veien til Danmark er det
da videre afslebet til Murial; i Krákumal er det blevet videre for-
vansket til Marstein el. Marstan.

[2] Navnet Melbricus kunde, som man har paapeget, indeholde et vir-
keligt Minde fra 9de Aarhundrede, thi Aar 831 blev en irsk Smaa-
konge Melbridge fanget (ikke dræbt) af Nordmændene. Isaafald

til 9de Aarhundrede, er ikke mere vilkaarligt, end at Kong
Cerbhal i Ossory († 887) af Saxo flyttes tilbage til Kristi
Tider og bliver samtidig med Erobreren Frode, eller at Kong
Henrik af Saxen (ɔ: Henrik I † 936) optræder endnu nogle
Aarhundreder før samme Frode, eller at Hamlets skotske Dron-
ning i omtrent 4de Aarhundrede bærer det angelsaxiske
Navn Hermuthrude, eller at Islændinger forekommer i Slaget
paa Braavoldene, hos Kong Gøtrik og hos hans Fader Gorm
længe før Islands Opdagelse osv. osv.[1]; den virkelige Folke-
digtning viser altid den mest suveræne Foragt for saa upoetiske
Ting som Kronologi eller Historieforskning.

e. Sverige. Med Sveriges Konger har vor Sagnhelt
havt adskilligt at skaffe, dog kan nu kun Brudstykker af ved-
kommende Sagn skimtes. Først fordriver Ragnar den svenske
Kong Frø[2] fra Norge, hvor denne har gjort Indfald; siden
vinder han ved Ormekampen den svenske Kong Herods Datter,
og da Herod dør, kræver Ragnar Riget for sine Sønner, men
maa for at vinde det bestaa en Kamp med en svensk Kjæmpe,
hvis Navn i Udgaven skrives Scarchdhus[3]. Han giver Sve-
rige til Bjørn, men overlader ham senere Norge, medens Erik
Vedrhat faar Sverige; efter Ragnars Død dræbes denne af en
vis »Ostenus«, som derefter ogsaa beseirer Broderen Agnar.
Endelig nævnes blandt de Slag, Ragnar vandt, Campus laneus
ɔ: Ullarakr (i Upland), men Saxo har henført dette Navn til

---

skulde altsaa ogsaa dette Træk være annekteret fra den norske Hi-
storie til den danske. Dog kunde Navnet ogsaa være frit digtet,
ligesom Saxo allerede paa Kong Frodes Tid kjender en »Melbricus
Scotiæ regionis præfectus« (p. 75).

[1] Saxo p. 254. 33. 157. 383. 420. 438.

[2] De svenske Konger kaldes hos Saxo »filii Frö« (p. 278), fornemme
Svensker kaldes »Frö dei necessarii« (p. 384); dennegang er da Frø
selv bleven svensk Konge; ogsaa i Krákumál forekommer en Kong
Freyr, men der er han fra Flæmingaland (Flandern).

[3] Mon vi ikke i denne Forvanskning maa se en Gjenganger af Star-
kad (her skrevet Starkadhus) og i Navneformen uden det sædvan-
lige -r (Starcatherus) se et Vidnesbyrd om Sagnets Nyhed? Det
Gheysmerske Udtog kalder ham ellers Starkus, og mærkeligt nok
bærer Starkad ogsaa paa et Sted hos Saxo (p. 288) Navnet Star-
cherus.

Skaane. En Sammenligning med den islandske Saga viser os,
at den Skikkelse, disse Sagn har hos Saxo, er senere: Herod
kaldtes Jarl i Gøtaland, førend han ophøiedes til svensk Konge,
og Slaget ved Ullarakr kjæmpedes mod den svenske Kong
Eystein; Bjørn Jærnside blev ogsaa i det islandske Sagn
svensk Konge, men hans Forflyttelse til Norge og hans svenske
Efterfølger Erik Vedrhat kjendtes ikke der. Overhovedet har
Saxos Ragnar ogsaa i Sverige efterhaanden vundet Plads paa
Sønnernes Bekostning, medens disse træder mere i Skygge
indtil Faderens Død.

De tre Hoveddele, hvoraf Saxo skulde sammensætte Rag-
nars Historie, hans Frierhistorier, hans Kampe med Oprør
hjemme og hans Krigstog udenlands, var saa uensartede, at
man vil forstaa det umulige i deraf at danne et helstøbt Bil-
lede, selv om Saxo havde havt større Evne til Karakterskil-
dring og Komposition, end han besad. Han har gjort hvad
han kunde, han betoner Vexelvirkningen mellem Forholdene
ude og hjemme: naar Ragnar er ude paa Tog, sker der strax
Oprør hjemme, og disse kalder ham til Danmark; men neppe
har han forladt det undertvungne Land og bragt Tingene i
Orden hjemme, før han strax faar Bud om, at et eller andet
Folk gjør Oprør eller dræber hans Underkonger, saa at Ragnar
atter er nødt til at gjøre Erobringer; hans forskjellige Ophold
hjemme udfyldes da med Kjærlighedshistorier. Man maa læse
efter hos Saxo for rigtigt at vurdere, hvor sindrig han har
sat det hele sammen; men samtidig kan man nok indrømme,
at hele dette Kriger- og Elskovs-Liv er overmaade usand-
synligt. Det er saaledes et stærkt Vidnesbyrd om, hvorledes
Saxo har stillet nye og gamle Sagn broderligt sammen, at af
alle de Sønner, som Ragnars Historie har fremmanet og givet
Kongeriger, forsvinder allerede nogle strax igjen, de fleste ial-
fald ved Faderens Død, og om Ragnars Erobringsriger er der
— undtagen England — ikke et Øieblik længere Tale. Det
er tydeligt nok, at Saxo til Hjelp ved Redaktionen af Rag-
nars Historie har havt ikke alene Sagn, men ogsaa et læn-
gere Digt, som har opregnet de fleste af Ragnars Kampe og

Seire[1]; da dette forlod ham med Ragnars Død, har Saxo klo-
gelig undladt at oplyse, hvorledes det gik Ragnars Underkonger
(hans Sønner), og hvorledes disses mange Riger atter faldt fra
Danmark.

VII. Den norske og islandske Sagnkreds.

Ogsaa Norge har givet sit Bidrag til Digtningen om Rag-
nar og Lodbrokssønnerne, ja hvis man skal tro Munch og Jessen,
har man de »norske Hofskalde« at takke for Opdagelsen af
Slægtskabet mellem Ragnar og Sigurd Fovnesbane, af Slægt-
skabet mellem Ragnar og de norske Konger samt af Slægt-
skabet mellem Ragnar og Sagnkongen Harald Hildetand. »De
norske Konger«, siger Munch, »der indtil St. Olafs Hellighed
efter Kristendommens Indførelse egentlig manglede den Legi-
timitet, som efter de Tiders Tænkemaade fandtes hos Ragnars
Efterkommere, lod sig det være magtpaaliggende baade at ud-
lede sin Herkomst fra Ragnar og Aslaug og at forhøie Glansen
ved at udgive hende for Sigurd Fafnesbanes Datter«, og disse
Genealogier antager Munch digtede allerede i 9de og 10de
Aarhundrede. Men ved disse Tider var (som vi har seet)
ikke engang Ragnarsættens egen Legitimitet anerkjendt, saa
det vilde være urimeligt at benytte den til deraf at bygge en
Legitimitet for de norske Konger; endvidere — man vil ikke
hos nogen hverken norsk eller islandsk »Hofskald«
finde et eneste Ord om den norske Kongeæts Slægt-
skab med Ragnar Lodbrok, selv om man søger lige fra
9de til 12te Aarhundrede; heller ikke i de norske Krøniker
vil man finde Spor af dette Slægtskab. Genealogierne er (som
siden skal vises) alle fra 12te og 13de Aarhundrede og op-
fundne paa Island og i islandske Øiemed, og først fra Island
naaede de efterhaanden til Anerkjendelse i Norge, efterat den

---

[1] Saxo citerer et saadant Digt p. 460.

8*

norske Kongeæts Legitimitet forlængst var anerkjendt[1]. Alligevel har Norge ydet sit Bidrag til denne Sagnkreds, idet Norge har givet de islandske Genealoger Sagnet om **Aslaug eller Kráka**.

Ragnarssagas Fortælling om, hvorledes Ragnar landede paa Spangereid ved Lindesnæs, hvorledes han der fik Øie paa Bondepigen Kráka, som han siden gjorde til sin Dronning, og hvorledes hun siden aabenbarede sig at være Datter af Sigurd Svein og Brynhild Budlesdatter, er bekjendt nok; ligeledes er det oftere paavist, at dette Sagn er nyere og aldeles strider mod alle hedenske Heltedigte. Allerede Torfæus har anet, at vi i Aslaug-Sagnet havde et Lokalsagn fra Lindesnæs, og ved nærmere at spørge efter paa Stederne fik han Beretning om, hvorledes man endda paa hans Tid ved Lindesnæs fortalte om, at nær Spangereid var engang i Fortiden en Harpe dreven iland med en liden Pige indeni; at hun blev fostret der og kaldtes Kraka, medens hun vogtede Fæ, men siden blev hun dansk Dronning og bar da Navnet »Aadlow«; Stedsnavnene Guldvigen og Krakubekken mindede endnu om hende[2]. Kvindenavnet »Aadlow« bruges endnu i Lister og Mandals Amt; det udtales (som man kunde vente efter Torfæus's Skrivemaade) Oddlau og svarer saaledes ikke til Aslaug, men til oldn. Oddlaug. Endvidere gjengiver Jonas Ramus Torfæus's Fortælling og tilføier, at der »endnu siunges en Viise i Norge om samme Guldharpe og en Konges Daatter, som af sin Stifmoder blef udkastet i Søen«[3]. Disse Beretninger viser ikke alene, at Sagnet havde fæstet sig til Spangereid, men ogsaa at det er bleven poetisk behandlet. Forsaavidt er der intet iveien for, at en norsk Vise om Bondepigen, som blev dansk Dronning, allerede tidligt, f. Ex. i 12te Aarhundrede, er naaet til Island; det vilde kun stemme med, at Visen ogsaa naaede til Danmark, der vandt stor Popularitet og endog omdigtedes. Der findes nemlig nu to danske Viser optegnede om denne

---

[1] se nedenfor Side 121. [2] Torfæus, Hist. Norv. I 490.

[3] Ramus, Norriges Kongers Historie (Kbh. 1719) p. 62; dog retter han Aadlow til »Aatløg« for at nærme det mere til den anden Form, han bruger, Aasløg.

Begivenhed[1], og den første af disse i to meget afvigende Skik-
kelser. Den ene Rødaktion af No. 22, trykt første Gang hos
Peder Syv, synes ved sin Overensstemmelse med Sagaen at
være den ægteste: den kjender Krakas Fader »Kong Sigurd«,
og hendes Beiler har ialfald et med Ragnar beslægtet Navn,
Regnfred; men netop deri træder denne Redaktions Uægthed
tydeligt frem, thi »Sigurd« er ikke alene en udansk Form,
men heller ikke brugelig i nyere norske Viser,[1] idet den er
oldnorsk, og altsaa har Peder Syv, som kjendte Ragnars Saga,
indsat Navnet Sigurd i Visen, ligesom han ogsaa andensteds
har indsat i Viser Navne efter sine historiske Theorier f. Ex.
Dronning Helvig istedenfor Sofie i Visen om Valdemar og
Tove[2]. Aabenbart er da ogsaa Navnet Regnfred uægte; det
Navn kan heller ikke paavises i Danmark senere end 9de
Aarhundrede. Den anden Redaktion af samme Vise (fra 16de
Aarhundrede) kalder Bondepigens Fader »Rosenkongen«, hen-
des Frelser er »Vyllemor Kongens Søn«, Søn af »Molmer-
kongen«. »Vyllemor« er aabenbart samme Navn som »Val-
demar«, der andensteds i samme Haandskrift kaldes »Wolle-
muor« eller endog »Ollemuor«, og i »Molmerkongen« kan jeg
heller ikke se andet end »Volmer-Kongen« (frembragt ved
tilbagevirkende Assimilation), saa at »Vyllemor«, Søn af »Mol-
merkongen«, ikke bliver nogen anden end den danske Konge
Valdemar Valdemarssøn. Den nyere berømteste Dane-Konge
(Valdemar II) er altsaa i hin Vise traadt i en ældres (Rag-
nar Lodbroks?) Sted, ligesom i en anden dansk Vise om Kong
Valdemars Fangenskab (Grundtvigs No. 141) denne Konge er
traadt i Ragnars Sted som Hersker over 7 Kongeriger. Den
anden Vise (No. 23) om »Karl og Kragelil« har i enkelte
Punkter bevaret endnu andre Ligheder med det norske Sagn:
den har beholdt hendes Navn Kráka i Formen »Kragelil«, og
endog hendes senere Dronning-Navn Adelrun, Aaddellronn
eller Adelrom stammer, som Prof. Sophus Bugge rigtig har
seet, fra hendes listerske Navn Aadlow eller Oddlaug og vid-
ner om, at ogsaa den danske Vise har sin Herkomst fra

---

[1] Danmarks gl. Folkeviser No. 22 og 23.   [2] se Danm. gl. Folkev.
No. 121 D.

Egnen om Lindesnæs[1]. Endog hendes Moders Navn »Bryn-
ild« er bevaret i denne Vise (om end i den ene Redaktion
forvansket til »Kremolt«), og dette Navn vidner for, at Sagnet
allerede fra først af (ikke først paa Island) var knyttet til
Sigurd Svein og Brynhild. Iøvrigt har Visen Nr. 23 iklædt
sig nyere Skikkelse, idet baade Ragnar og Sigurd Svein er
forvandlede til danske Herremænd: Hr. Karl, Krakas Fader,
bliver fangen i en Bondeopstand, og Bønderne kaster ham i
Ormegaard, Brynild bliver »af Landet ført« og Datteren op-
født af Bønder og sat til at vogte deres Fæ; hendes Frelser,
Hr. Karl, er en »rigen Ridder«, hvis Svende finder hende og
fører hende til Ridderen »i Høienloft«.

Alle disse Sagn og Viser fører os saaledes tilbage til den
Grundform, at Sigurd Sveins og Brynhilds Datter opfostres
paa Spangereid i ringe Kaar, at hendes Skjønhed fortryller
den »danske Konge«, som ægter hende og først bagefter faar
hendes høie Herkomst at vide. Om Sagnet allerede i Norge
er knyttet til Ragnar, eller om det først skede paa Island, er
vel umuligt at afgjøre, men ogsaa ligegyldigt, forsaavidt som
det er tydeligt, at var først Sagnet om Kráka og hendes Æt
uddannet, maatte det snarest muligt fæste sig ved en berømt
Sagnkonge, og hvem var da nærmere end Ragnar Lodbrok?
Mellem Sagnet paa Island og i Norge er der den Forskjel, at
Dronningen i Norge kaldes Oddlaug, paa Island Áslaug; men
ogsaa dette Navn har rimeligvis fæstet sig ved hende allerede
i Norge, da Aslaug langt ned i Middelalderen var et brugeligt
Navn i Norge, og specielt i de sydligste Fylker[2], medens vi
ikke kjender det fra Island; det forekommer hverken i Land-
námabogen eller i det islandske Diplomatarium.

Den eneste Frugt, Lodbroks-Sagnene satte i Norge, synes
at have været Aslaugs Historie; paa Island derimod var Hø-
sten rigere, thi Islændingerne havde ikke alene en romantisk
Interesse for disse Sagn, men ogsaa en genealogisk. En stærk

---

[1] Danm. gl. Folkev. IV 759.
[2] i Thelemarken f. Ex. Dipl. I 226 (a. 1337), 270 (a. 1341), VIII 149
(a. 1342), III 616 (a. 1360); i Sætersdal I 576 (a. 1401); i Vestfold
II 536 (a. 1393); i Sandsverv III 601 (a. 1411).

genealogisk Sans har som bekjendt altid hersket paa Island,
den næredes af Folkets aristokratiske Institutioner og tog efter-
haanden stærkere Væxt ved Saga-Litteraturen. og det over-
haandtagende Oligarchi i 12te og 13de Aarhundrede. Alle
høibaarne Høvdinger paa Island regnede sin Æt tilbage til
Norge, til norske Herrer, Jarler eller Konger: de vesten-
fjeldske Fylkes-Konger figurerede i mange Stamtavler, fra de
norske Konger i Dublin stammede mange Slægter paa Vest-
landet (Breidfirdinger, Laxdøler o. s. v.), og flere regnede sig
i Slægt med norske Kvinder, der var indgiftede i Harald
haarfagres Æt. Der kunde altsaa tidligt blive Spørgsmaal om
Forrangen i Herkomst; og naar nu hertil kom, at disse Ætter
skiftedes til at blive de mest formaaende i Island, kunde de
ogsaa trænge genealogisk Støtte til at holde sin Anseelse oppe:
dertil kunde nu Sagnene om Ragnar Lodbrok tjene, især i
deres nyeste Skikkelse, efterat de danske Sagn havde omskabt
Vikingehelten Ragnar til en Erobringskonge og det norsk-
islandske Sagn havde knyttet ham til Volsungesætten; man vil
derfor se, at den ene Æt efter den anden gjør Fordring paa
at nedstamme fra ham eller være i Slægt med ham. De, der
greb ham først, synes at have været de vestfjordske Ætter,
med Are frode. Man regnede, at disses Stamfædre, de norske
Konger i Dublin, var en Sidegren af Ynglingesætten; kunde
man nu knytte deres Æt sammen med de danske Konger, var
det jo en anselig Tilvæxt: det skede ved, at en Datter af
»Sigurd, Ragnar Lodbroks Søn« giftes med en Yngling, Helge
den hvasse, Farfader af Kong Olav hvite i Dublin († c. 872).
Saaledes beretter allerede Are frode, der dog ikke synes at
have nævnt Datterens Navn, thi de senere Kilder er uenige
derom: medens Eyrbyggjasaga (Cap. 1) og Njálssaga (Cap. 1)
kalder hende Thora, og Kongesagaerne Áslaug, fører hun
i Sturlungasaga (II 9) Navnet Aaluv. Denne Genealogi er
paa et eller flere Punkter urigtig: Olav hvite er efter irske
Kilder[1] ikke Sønnesøn af Helge, og denne kan af kronologiske

---

[1] »Three fragments« giver Slægtrækken: de dublinske Konger Olav
og Ivar var Sønner af Kong Godfred, Søn af Ragnvald, Søn af
Godfred Godfredssøn.

Grunde ikke være Svigersøn af Sigurd Ormøie. Den er altsaa kunstigt istandbragt, naturligvis af dem, der havde Interesse af den: Breidfirdingerne. Den kunde altsaa ogsaa kun tilfredsstille dem, der førte sin Æt op til hin Sidegren af Ynglingeætten, medens de andre islandske Høvdinger, der regnede sig i Slægt med Hovedgrenen, de norske Konger (f. Ex. Oddeverjerne), blev stillede i Skyggen. Derfor tager disse Ætter snart sin Mon igjen; i den Periode, da Oddeverjerne og de med dem nær forbundne Sturlunger har Overmagten paa Island, i Tiden om 1200, knyttes ogsaa den norske Kongeæt genealogisk sammen med Ragnar Lodbrok. Og man kan tydeligt mærke, at to Forsøg er gjort paa forskjellige Steder og uafhængig af hinanden. Det ligefremste, maaske ogsaa det ældste, er det, der i Lighed med Are frode lader en Datter af Sigurd Ormøie giftes ind i Kongeætten; ligesom Helge den hvasses Hustru er ogsaa Halvdan svartes Dronning, Harald haarfagres Moder Ragnhild, Datter af Sigurd Ormøie; dette Forhold kjendes fra »Noregs konungatal« (ældste Redaktion fra c. 1220) og har holdt sig endnu i Ragnar Lodbroks Saga, hvor Udgavens Text rigtignok er forvansket[1]. Men dette Slægtregister kunde ikke staa sig mod det andet, som kunde støtte sig til Autoriteter som Snorre Sturlassøn og Hauk Erlendssøn; det havde ogsaa den Fordel, at det knyttede sig naturligere til det af Are frode hævdede: Helge hvasses Ægteskab med Sigurd Ormøies Datter; hvad man ikke indsaa var, at Slægttavlen ligesom hos Are blev kronologisk umulig. Sigurds Datter faar her efter sin Farmoder Navnet Áslaug; hendes Søn er Sigurd Hjort, Konge paa Ringerike, der igjen bliver Fader til Harald haarfagres Moder Ragnhild. Dette Slægtregister er ældre end Snorre, thi det forudsættes i Egilssaga Cap. 26, hvor Sigurd Hjorts Søn Guthorm siges at have Sønnerne Sigurd og Ragnar samt Døtrene Ragnhild og Áslaug, Navne, der ligefrem er laante fra Slægtregistret. Men

---

[1] i Membranen staar kun: hans dóttir hèt Ragnhildr móðir Haralds ens hárfagra (FaS. I 293, Note 12 og 13), medens Udgiverne optager efter Afskrifter fra 17de Aarhundrede den senere godkjendte Slægtrække: Sigurd, Aslaug, Sigurd Hjort, Ragnhild.

Snorre er den, der har skabt dets Anseelse: fra hans Værk
trængte det ind i alle de senere Kongesagaer, i Landnams-
bøgerne og i Hauk Erlendssøns Uddrag af Ragnars Saga (þáttr
af Ragnars sunum). Denne Stamtavle gjenfindes ogsaa i Norge,
men røber her sin islandske Herkomst; den findes i en Krønike
om danske Konger, som jeg har søgt at vise er forfattet i
Norge c. 1270—80 efter islandske og danske Kilder, og langt
senere i en Kongerække fra 15de Aarhundrede paa en norsk
Altertavle[1].

Det varede dog ikke lang Tid, at de islandske Høvdinger
nøiede sig med disse glimrende Ættetavler; snart var man
ikke tilfreds med at laane sin Glands fra de norske Konger,
man foretrak at skaffe sig Stamtavler direkte til de danske
Storkonger, idet man førte Ætterne op til Bjørn Jærnside eller
til en Datter af Ragnar Lodbrok, gift i England. Disse Ætte-
tavler kan man se trænge ind i 13de Aarhundrede og vinde
Anseelse gjennem Sturla's og Hauk's Landnamsbøger. Talrige
Ætter over hele Island stammede fra den islandske Landnams-
mand Hovde-Thord (þórðr á Höfða), navnlig gjennem en kvin-
delig Ætlings Giftermaal med Gudmund den rike, f. Ex. Od-
deverjer, Sturlunger, Hvamverjer, Fljotamænd[2]. Hovde-Thords
Herkomst omtales ikke i de ældre Sagaer, selv hvor der kunde
være Anledning dertil, f. Ex. Ljotvetningasaga Cap. 13, Viga-
glumssaga Cap. 10, Erik rødes Saga Cap. 5. Men Sturla
Thordssøn, der selv stammede fra Hovde-Thord[3], ved at for-
tælle ogsaa om Thords Forfædre: hans Fader Björn byrðu-
smjör var Søn af Hróaldr hryggr, hvis Fader igjen var
Bjørn Jærnside, Ragnar Lodbroks Søn; og Hauk Erlends-
søn, der ligeledes regnede sig til Thords Ætlinger, anerkjender
Slægttavlen, men indskyder Leddet Ásleikr mellem Bjørn
Jærnside og Roald Rygg[4]. Disse Slægtrækker synes ikke at
være paalideligere end de, der stansede med Sigurd Ormøie;
man fristes til at antage, at Navnet Bjørn paa Thords Fader

---

[1] se Kristiania Videnskabsselskabs Forh. for 1878. Langebek VI 875.
[2] Njálssaga Cap. 113.   [3] Stamtavlen Tab. I i Isl. Sögur I (1848).
[4] Landnámabók p. 198 og Thorfinn Karlsevnes Saga Cap. 5 (Grøn.
hist. Mind. I 400).

har for en dristig Genealog været Grund nok til at finde frem en anden »Bjørn« til at bruges som Farfader, og Valget er da naturligt falden paa Bjørn Jærnside. Ialfald skal ikke det styrke Troværdigheden, at Bjørn Jærnsides Søn (eller Sønne- søn) kaldes Roald Rygg; thi dette var efter Snorre Navnet paa en af de thelemarkske Høvdinger, der i Havrsfjord kjæm- pede mod Harald haarfagre, og Hovde-Thord-ser ligere ud til at stamme fra en thelemarksk Herse end fra en dansk Konge- søn eller svensk Konge. Denne Stamtavle synes hævdet i 2den Halvdel af 13de Aarhundrede; dens Led opregnes ogsaa' i Njålssaga, og Ragnar Lodbroks Saga sees at kjende den; med Hauk Erlendssøn er den trængt ind i Thorfinn Karlsevnes Saga, dog har han ikke optaget den i Hervarar-Saga[1].

Blandt de islandske Høvdingeætter fandtes der to, der regnede sig beslægtede med to norske Konger og tillige i Norge var erkjendte som saadanne: Ætlingerne af Audul Skø- kul i Videdal og Mosfellingerne (senere Haukadalsætten) paa Sydlandet. St. Olavs Moder Aasta Gudbrandsdatter stammede nemlig fra Audun Skøkul, og ved Dalla, Biskop Isleivs Hustru, blev han Stamfader ogsaa for Haukdølerne, Biskop Gissurs og Jarlen Gissurs Æt. Om Audun Skøkuls Forfædre vidste Sturla Thordssøn at berette, at hans Fader, Bjørn, var Søn af Ragnar Lodbroks Datter Aaluv med Hunde-Steinar, Jarl i England, Personer, som den tidligere Saga-Litte- ratur ikke kjender eller benytter. Allerede herved var det store Fremskridt gjort, at Haukadalsætten, der virkelig var af »gammel Adel«, kom paa lige Trin med de nye Ætter, som ved Sturlungernes genealogiske Kunster havde faaet Rang som Ætlinger af Ragnar Lodbrok. Men Forandringen stansede ikke hermed: en dristigere Genealog bragte ogsaa Haukdølernes Stamfædre Mosfellingerne, navnlig Gissur hvite, i direkte Be- rørelse med Ragnar, ligesom det samme var skeet med Hovde- Thord. Det var nemlig bekjendt nok, at allerede Gissur hvite var i Slægt med Olav Trygvessøns Moder Astrid, idet begge

---

[1] se Bugges Udgave Side 293. Slægtregistret i Udgaven i FaS. (I 511) er taget fra det »fyldigste« (!) Papirhaandskrift fra Aaret 1694.

stammede i 3die Led fra Hersen Vikingekaare[1]. Uagtet nu Traditionen kjendte en Fader og Farfader for Vikinge-kaare[2], kunde man ikke afholde sig fra at knytte ogsaa ham som Sønnesøn til »Hunde-Steinar og Aaluv, Ragnar Lodbroks Datter«. Saaledes kom Haukdølerne til at være beslægtede baade med Olav Trygvessøn og med Olav den hellige og til-lige til at nedstamme direkte og ad to Veie fra Ragnar Lodbrok; denne Slægttavle blev gjennemført af Hauk Erlends-søn[3] og blev herskende i det 14de Aarhundrede.

Paa den Maade er det gaaet til, at de fleste politiske og litterære Stormænd paa Island i 13de og 14de Aarhundrede kom til at nedstamme fra Ragnar Lodbrok; derved fik de is-landske Historikere en personlig Interesse af at udvikle videre Sagnene om Ragnar og hans Æt. Det vil altsaa ikke undre nogen, at ligesom en Genealog havde sørget for at skaffe hans Hustru berømte Forfædre, saaledes har en anden paataget sig at forbedre hans egen Æt. Om Ragnars Fader Sigurd Ring eller Ring vidste de danske Sagn lidet at melde, han kjendtes kun fra den omarbeidede Kongerække; derpaa har en Islæn-ding bødet ved uden videre at antage ham for identisk med Sagnhelten Ring, om hvis Seir paa Braavoldene over Harald Hildetand en Starkads-Vise fortalte. Denne Antagelse, som strax blev godkjendt, gav Sagndannelsen ny Flugt: oprindeligt fortalte Braavalla-Visen kun om en Kamp mellem den svenske Kong Ring og den danske Konge Harald Hildetand, der havde havt mange udenlandske Krigere i sin Tjeneste fra alle de Lande, Nordboerne kjendte[4]. Men under Indflydelse af Lod-brokssagnkredsen kom Sagnet nu til at lyde: allerede Harald Hildetand havde gjort Erobringer udenlands, i England, i Syd-landene og i Østerveg, havde indsat Underkonger og vundet Krigsmænd fra disse Lande; men de nye Undersaatter rev sig løs, hvergang Riget fik en ny Konge, og Haralds Eftermænd. Sigurd Ring og Ragnar, var fuldt optagne med at vinde Lan-

---

[1] Leddene nævnes af Snorre p. 192 efter Kristnisaga Cap. 10.
[2] se Vigaglums Saga Cap. 5: Víkingakári var son Eymundar aska-spillis þóris sonar.
[3] se Landnáma p. 325. [4] om denne Vises Forfattelsestid se Till. III.

dene tilbage, ikke erobre dem fra nyt af. Saaledes lærte de
islandske Historikere at kjende det »nordiske Erobringsrige«,
som allerede under Kongerne Harald Hildetand og Sigurd
Ring skulde foruden Danmark og Sverige have bestaaet af
det østlige Norge, »en stor Del af Saxland«, hele »Austr-
riki« (Vendland og Rusland) og »en Femtedel af England«.
Denne historiske Theori var allerede optaget i Skjoldungasaga
fra c. 1200—1220, den anerkjendtes af Snorre (Hskr. p. 36,
cfr. p. 58) og findes gjennemført i Hauk Erlendssøns Uddrag.
I den egentlige »Ragnar Lodbroks Saga« ser det ud, som om
Sagndigtningen ikke er naaet saa langt, thi der er Sigurd
Ring og Ragnar danske Konger, Harald Hildetand og Eystein
bele svenske Konger; men at dette dog er senere Ændringer
i Saga-Haandskrifterne sees af de nyligt fremdragne Brud-
stykker af en ældre Ragnarssaga[1]; thi her siges, at Ivar Lod-
brokssøn efter Ellas Død kun tilegnede sig i England hvad
hans Forfædre havde havt før ham: Epter þerssu orrostu ge-
rizt Ivar konungr yfir þann hluta landz (ɔ: Englands) er adr
haufdu aatt hans ættmenn.

Dette Erobringsrige, som med Afbrydelser havde bestaaet
gjennem tre Generationer, fik sin naturlige Afslutning gjennem
Ragnars Sønner, der delte Rigerne mellem sig; de fjernere
Riger — i England og Rusland — kjendte man ikke til efter
Ivars og Hvitsærks Død, men de danske og svenske Riger,
som laa nærmere, maatte ogsaa i senere Tid knyttes til Rag-
nars Ætlinger. Ogsaa dette paatog islandske Genealoger sig:
der foreligger i Hauk Erlendssøns Hervararsaga en kort Slægt-
række over svenske Konger indtil 12te Aarhundrede, som dog
kun fra Erik Seirsæls Tid er historisk; de ældre Dele er sam-
mensat af de faa bevarede Kongenavne (Bjørn, Anund), og
dertil er føiet endel Navne, som maa ansees for uægte, baade
fordi de strider mod Rimberts og Adams Lister, og fordi de

---

[1] Om disse Brudstykker af en ældre Bearbeidelse har Prof. Bugge
velvilligt laant mig sine Optegnelser; det fremgaar af Brudstyk-
kerne, at denne Redaktion har bibeholdt mere af det oprindelige og
derfor staar Hauks Uddrag nærmere; som hos Hauk citeres Sigvats
Knútsdrápa, berettes, at Ivar dræbte Jætmund den hellige (dog tales
ikke om Yngvar og Husto) o. s. v.

ligesom de øvrige af disse kunstig istandbragte Stamtavler
gjør Vold paa Kronologien; ialfald delvis synes ellers allerede
Snorre at have kjendt den samme svenske Kongerække. Bedre
kan vi følge den tilsvarende danske Kongerækkes Tilblivelse.
Ligesom vi saa »Sigfrid, Godfreds nepos« i danske Krøniker
blive til Sigurd Ring, fandt vi ogsaa, at paa samme Tid blev
Hardeknut (el. Hardegon Sveinssøn) gjort til Søn af Sivard
·Regnerssøn eller Sigurd Ormøie, hvorved Hardeknuts Søn
Gorm den gamle blev Sivards Sønnesøn. Denne nye Slægt-
række naaede ogsaa til Island og blev optaget allerede af
Snorre (Hskr. p. 130), saa at den rimeligvis allerede har staaet
i hans Kilde, Skjoldungesagaen. Alligevel trængte den aldrig
ganske igjennem, thi Jomsvikingasaga kjendte en anden Konge-
række: Gorm den barnløse paa Karl den stores Tid, hans
Adoptivsøn Knut »den fundne« og dennes Søn Gorm den
gamle (el. heimske), alle Konger i Danmark, hvorved altsaa
Slægtskab mellem Gorm gamle og Ragnar Lodbrok benægtes
og Gorms Fader Knut (Hardeknut) betegnes som staaende
udenfor den danske Kongeæt, — et tydeligt Tegn til, at
Slægtskabet med Ragnar Lodbrok først senere er istandbragt.
Alle egentlige Haandskrifter og Bearbeidelser af Jómsvíkinga-
saga er enige om denne Stamtavle; først efterat denne Saga
blev indlemmet i »den store Olav Trygvessøns saga« fra 14de
Aarhundrede, blev den ældre Kongerække knyttet sammen
med Lodbroks-Ætten og ved Hjelp af Theorien om Sigurd
Rings og Ragnars Erobringer kom en ny Række istand: 1)
Gorm den heimske, 2) hans Adoptivsøn Knut den fundne eller
Træleknut (som her viser sig at være Søn af Arnfinn Jarl
i Holsten(!) og dennes Søster), 3) Knuts Søn Gorm, alle
Underkonger i Jylland. Denne Gorm fostrer 4) Hardeknut,
Søn af den danske Konge Sigurd Ormøie, og Harde-
knuts Søn var 5) Gorm den gamle[1]. Istedetfor at indse, at
Jomsvikingesagaens Knut den fundne (med Sønnen Gorm den

---

[1] se A. Gjessings Forord (p. III) til Udg. af Arngrim Jonssons Joms-
vikingasaga. Først i den større Olav Trygvessøns Saga forklares
Navnet *Hörðaknútr* af hans Oprindelse fra *Hörð á Jótlandi* (Fnm. S.
I 114).

gamle) var den samme som Kongesagaernes Hardeknut (med
Sønnen Gorm den gamle), har man stillet dem ovenpaa hin-
anden og knyttet Forbindelsen ved at gjentage det Sagnmotiv,
som allerede Jomsvikingesagaen benytter. Denne Forbindelse
mellem de »jydske Underkonger« og Lodbroksætten var for-
resten istandbragt før 1300, thi den omtales i Hauk Erlends-
søns Uddrag. For at forøge Troværdigheden har man senere
forud for den fordoblede Kongerække stillet en anden (Olav,
Grim, Audulv), der fører endnu tre Slægtrækker længer til-
bage til den Tid, da Sigurd Ring gjenoprettede Riget efter
Harald Hildetand, og oppudset disse Kongers Historie ved
Hjelp af en engelsk Slægtrække, der er taget lige ud af angel-
saxiske Kilder[1].

Der forelaa saaledes paa Island allerede i 13de Aarhun-
drede en ganske mægtig Sagnmasse, der paa forskjellig Maade
grupperede sig om Ragnar Lodbrok; hvis man vilde skrive en
Saga om ham og hans Æt, kunde man saaledes tage sit Ud-
gangspunkt enten fra Lodbrokssønnernes mødrene Frænder,
Volsungerne, eller fra deres fædrene, Skjoldungerne: den be-
kjendte Saga om Volsungerne og Ragnar Lodbrok (der blot
i Udgaverne er skilt ad og egentlig danner en Enhed) har
valgt den første Vei, Skjoldungesagaen (hvoraf kun Brud-
stykker i senere Bearbeidelse fra c. 1300 er bevarede) den
sidste; begge stammer fra den Tid, da de islandske Litterater
havde gjort Bekjendtskab med den udenlandske Romanlitte-
ratur, og er derfor ikke ren-nordisk Digtning; »historiske«
gjør de vistnok ikke engang selv Fordring paa at være. Ved
de enkelte Træk i disse Romaner skal vi ikke her dvæle; kun
skal vi undersøge nogle af Ragnarssagas Beretninger om Lod-
brokssønnerne, fordi disse her forekommer i en ny Skikkelse.
Ragnars Saga beretter nemlig, at hans Sønner i Spidsen for
en mægtig Hær drog ud for at herje i »Sudrriki« (ɔ: det tysk-
romerske Rige i Tyskland og Italien); de beleirer, vinder og
nedbryder hver eneste Borg, de træffer paa sin Vei, navnlig
en »stor, folkerig og stærk« Borg af Navnet Vivilsborg;
derefter drager de sydover til Italien og indtager Luna, hvor-

---

[1] Fnm. S. I 110. Sml. Dr. Jessens Undersøgelser p. 28.

fra de agter sig til Rom, men vender alligevel om, fordi en
reisende Mand fortæller dem om Roms fjerne Beliggenhed.
Særegent er det, at disse Tog efter Sagaen foregaar overland,
saa at Lodbrokssønnerne fra Søkonger er forvandlede til Hær-
konger, deres Søtog til Beleiringer og Indtagelse af befæstede
Byer. Grunden, hvorfor denne Forvandling foregik, kan paa-
peges; den forklares af Sagnets geografiske Navne, der forud-
sætter Tog overland: Vivilsborg i Schweiz, Luna i Toskana.
— Wiflisburg (Avenches) ligger lidt østenfor Neufchateller-
Søen, ikke langt fra Murten (nu i Canton Vaud); den var i
den romerske Tid under Navnet Aventicum Helvetérnes Hoved-
stad og fra 75 e. Chr. romersk Koloni (Pia Flavia Constans
Emerita Helvetiorum), en blomstrende Provinsby og Militær-
station, befæstet med en stærk Ringmur, 20 Fod høi med
Taarne, af hvilke et endnu er til; den havde Amfitheater, et
Capitolium med Tempel for Dea Aventia og Victoria samt en
Række andre monumentale Bygninger, hvis Ruiner i nyere
Tid er underkastet grundige Undersøgelser [1]. Aventicum blev
næsten ødelagt af Alemannerne i 3die Aarhundrede, maaske
paa deres Tog Aar 264 [2], allerede Ammianus omtaler dens
»halvbegravede Ruiner«; derefter sank Byen efterhaanden ned
til en Ubetydelighed (Biskopen flyttede c. 580 til Lausanne),
saa at da senere en Alemannisk Borg reiste sig, fik den det
tyske Navn »Wiflisburg«; ifølge en Efterretning hos Fredegar
(7de Aarh.) har Byen faaet sit nye Navn efter en Wibil, der
var Alemannernes Høvding, da de indtog Avenches [3]. Byen
blev i Middelalderen en Station for Pilegrimene paa Veien
fra Tyskland til Rom, og dens smukke Ruiner gav Anledning
til mange Gjetninger: almindeligvis mente man, at Hunnerne
under Attila havde ødelagt Byen, og nyere schweiziske Histo-
rikere har endog kunnet opgive Aaret, naar dette skede (447!).
Den romerske Mur kaldtes endnu i forrige Aarhundrede »die

---

[1] Mitth. der Antiq. Gesellschaft zu Zürich XVI, p. 1—24.
[2] Mommsen Insc. Conf. Helvet. Lat. p. 26 (Mitth. der Antiq. Ges.
zu Zürich X).
[3] G. Monod, Etudes critiques sur les sources de l'histoire Merovin-
gienne p. 149.

Saracenenmauer«[1], og Historikerne formodede, at den var byg-
get i 10de Aarhundrede for at beskytte mod de Saracener-
sværme, som fra sit Røverrede Fraxinet i Provence havde
.besat Alpeovergangene og i en Menneskealder gjorde farlige
Plyndretog nord i Alpedalene, engang lige op til St. Gallen.
Sagnet har altsaa kun fastholdt, at Hedninger har styrtet
Wiflisburg fra dets gamle Høide. Intet Under derfor, at nor-
diske Pilegrime ved at se Ruinerne er bragt til at tænke paa
sine egne hedenske Forfædre og da selvfølgelig paa de mest
vidfarende, Lodbrokssønnerne; virkelig fortæller den troværdige
islandske Abbed Nikolaus fra c. 1155 i sit Itinerarium: Vif-
ilsborg, hon var mikil adr Lodbrokar synir brutu
hana, en nu er hon litil[2]. Denne Opfatning, der for en
nordisk Betragter frembyder sig naturligt af de topografiske
Forhold i Avenches, og som selvfølgelig ikke indeholder det
mindste Gran Historie, har da Abbeden bragt til Island, og
fra hans Optegnelser er den trængt ind i Ragnars Saga (Cap.
12). Fortællingen er her spundet ud til en ganske anselig
Længde, men dens Indhold sees at være nyere; den benytter
samme Krigslist, som de norske Korsfarere (efter Jarlasaga)
benyttede ved Beleiringen af en Borg i Galicien i Januar 1154,
og synes ligefrem at være digtet efter denne; ogsaa i Sa-
gaen er Vivil Høvding i Vivilsborg, da Borgen indtages, men
da Sagaforfatteren ikke forstod at udfinde mere om denne
Vivil end hans Navn, har han forsigtigvis ladet Vivil være
fraværende under Beleiringen[3]. — Heller ikke Beretningen
om Luna er en ægte Overlevering fra Vikingetiden og kan
ikke benyttes som et nordisk Vidnesbyrd for Hastings eller
Bjørn Jærnsides historiske Bedrifter; den findes foruden i
Ragnars Saga ogsaa i den eventyrlige þáttr af Nornagesti, der
har fulgt en fuldstændigere Bearbeidelse af Sagaen: her har
vi ligesom i den normanniske Beretning fra 11te Aarhundrede
(Vilhelm af Jumièges) Bjørn Jærnside som Togets egentlige
Høvding, men desuden kaldes den gamle Mand, som raader
Vikingerne fra at drage mod Rom, *Sones;* og dette Navn

---

[1] Joh. Müller, Gesch. v. Schweiz I 251. [2] Symbolæ ad geographiam
medii ævi p. 17. [3] FaS. I 273.

viser, som ogsaa Sophus Bugge har paapeget, at Sagnet er af
fremmed (romansk) Oprindelse[1] og altsaa ad en eller anden
Vei stammer fra Normandie; at den islandske Gjenfortæller
afstreifede fra Sagnet alt vedkommende Hasting og Byens
Indtagelse ved den forstilte Begravelse, var naturligt nok, da
Forfatteren selvfølgelig vidste eller troede at vide, at denne
Begivenhed var foregaaet med Harald Haardraade paa Sicilien.
Disse Hærtog tillands maa saaledes betragtes som senere Ud-
væxter paa Lodbrokssønnernes Historie; disses egentlige Be-
drift i Historie som i Sagn var Søtoget til England.

---

[1] Sophus Bugges Udgave af þáttr af Nornagesti i »Norrøne Sagaer af
sagnhistorisk·Indhold« p. 79.

3die Bog.

Gange-Rolv og Nordboernes Nedsættelse i Normandie.

———

Lige siden det 16de Aarhundrede har der været ført en varm Diskussion mellem nordiske Lærde om, hvorvidt Normandies Bebyggelse skyldes Danske eller Nordmænd, idet danske Historikere udledede den fra Danmark, norske fra Norge. Da den nationale Historieskrivning vaagnede til Liv i Norge med Absalon Pedersøn og Peder Claussøn, behøvede disse kun at gaa til Kongesagaerne for at faa en nøgtern, historisk Beretning om, hvorledes Gange-Rolv og hans Nordmænd erobrede Normandie; og de samtidige danske Historikere kjendte allerede fra udenlandske Krøniker Beretningen om at »Rollo« var udgaaet fra »Dacia«. Venusinus, Pontanus og Lyschander kunde med saa meget bedre Grund hævde sit nationale Standpunkt, som de intet forstod af Oldsproget; den Foragt, hvormed Venusinus udtaler sig om »Skaldernes eller Bardernes Genealogier«, falder derfor tilbage paa ham selv. Torfæus bragte den islandske Tradition i Veiret, og fra hans Tid af har det i Regelen været hævdet, at Normandie var bebygget af Nordmænd. Efterat allerede Estrup havde udtalt sin Tvivl herom og søgt sin Støtte i Dudo og senere franske Krøniker, har nu i nyere Tid Worsaae og Joh. Steenstrup villet hæve til historisk Sandhed Dudos Beretning om at Rollo stammede fra Danmark og deraf udledet, at Normandie var en dansk Erobring eller Koloniland, at dets Institutioner, Sprog og Folkekarakter stammer fra Danmark.

Den Skarpsindighed, som har været anvendt paa at hævde Oprindelsen fra Danmark, har dog ikke overbevist os, og vi skal i en Undersøgelse af den normanniske Sagnhistories genetiske Udvikling søge at forklare, hvorledes Beretningerne er opstaaede ved Sammensmeltning af uensartede Sagn. Men forinden vil vi fremhæve, at det ikke er vor Mening med denne Undersøgelse at hævde Normandie som et (udelukkende) norsk Koloniland, selv om vi viser, at Sagnet om Gange-Rolv er historisk; Anførerens Nationalitet beviser nemlig ikke, at hans Hær bestod udelukkende eller endog blot væsentlig af hans Landsmænd. Den Hær af 93 Skibe, som under den norske Kongesøn Olav Trygvessøn i Aarene 993—94 herjede i England, kaldes i engelske Kilder Daner og har vistnok hovedsagelig bestaaet af Daner; ialfald stemmer det med de norrøne Kilder, at Olav, da han fra England kom til Norge, kun havde 5 Skibe med. Og i den danske Hær, som med Kong Knut erobrede England, udgjorde Nordmændene under Erik Jarl en væsentlig Del, hvilket allerede viser sig deraf, at hele Northumberland blev overladt til Erik; ligeledes er det sikkert nok, at ogsaa svenske Tropper fulgte med. Hertil svarer det, at Vikingerne paa en enkelt fransk Station allerede i Midten af 9de Aarhundrede kaldes afvexlende Daner eller Vestfoldinger eller Normanner. Af hvilken nordisk Nationalitet de med Rollo indvandrende Normanner var, derom har vi ingen sikre Vidnesbyrd. Det er muligt, at en strengere Kritik af de nordiske Sproglevninger i Normandie kan oplyse noget; hvad enkelte danske Historikere som Estrup og Worsaae har leveret, savner altfor meget sprogvidenskabelig Holdning til at kunne bruges. De Stedsnavne, som Worsaae betegner som »gammeldanske«, er saaledes for største Delen fælles-nordiske og kunde akkurat ligesaa godt være norske, f. Ex. Navne paa -lund, -toft, -torp, -tveit, -nes, -bec, -dal, -by[1]; andre er aabenbart unordiske, som »les écoves«, der, hvis det var nordisk, maatte være ny-dansk (= Skov, i 10de Aarhundrede skógr), eller »boöl«, hvis fuldstændigere Form er bodellum (Deminutiv af bodium = tysk Boden), eller Fiskepladsene »gorts«, der er

---

[1] sml. Registret til Munchs hist.-geogr. Beskrivelse over Kgr. Norge.

lat. gurgites, eller Navnene paa -fleur, der kommer af lat.
»fluctus« (Barfleur = Barbefluctus; Barbeflot) o. s. v. Omtrent
ligesaa usikre er de paaviste »gammeldanske« Sædvaner i
Seinefloden; Deling af Jorden ved den danske »Rebning« har
aldrig existeret, og Efterretningen herom er fremkommen ved en
Misforstaaelse[1]; at man i Normandie nutildags bygger Huse af
Bindingsværk, burde ikke stilles sammen med nyere Bygnings-
skikke i Danmark eller Sjælland, førend det kunde bevises, at
denne mellem-europæiske Bygningsmaade var gammel paa
begge Steder; af nordiske Retsudtryk i Normandie har man
pegt paa Ordet namium som dansk (= nám); men dette Ord
er rimeligvis først i de engelsk-normanniske Kongers Tid ind-
ført i Normandie fra England, hvor det findes brugt allerede
i Kong Knuts engelske Love[2]. Og naar det fremhæves, at
man blandt Normannerne hyppigt finder Tilnavnet Danus (»le
Danois«), skulde man ikke glemme, at ligesaa hyppigt forekom-
mer Normannus baade som Navn og som Tilnavn (le Norman),
altsaa lige stærke Vidnesbyrd for danske og norske Kontin-
genter til den normanniske Befolkning. Vi tør i samme Ret-
ning betone Efterretninger hos Saxeren Widukind, der skrev
55 Aar efter Normannernes Nedsættelse i Frankrige. Som
Saxer kjender han Daner og Nordmænd som to forskjellige
nordiske Folk, og han tror, at begge Folk har herjet i Gallien
i det 9de Aarhundrede; han beretter nemlig udtrykkelig, at
fra den Tid af, da St. Vitus flyttede til Saxen (Aar 836), pla-
gede Daner og Nordmænd Frankrige[3]. For ham er derfor
Indbyggerne i Normandie baade Daner og Nordmænd: først
fortæller han, at den franske Kong Ludvig blev fangen af Nord-
mændene og at Nordmændene førte hans Søn Karlomann
med sig til Rouen[4]; derefter lader han Kong Otto drage til
Danernes By Rouen[5]. Kan saaledes Widukind afvexlende

---

[1] se Joh. Steenstrups Indledning p. 298 ff.   [2] Schmid, Gesetze der
Angelsachsen p. 280.   [3] Widukind I Kap. 33.

[4] Hluthowicus rex a ducibus suis circumventus et a Northmannis
captus, consilio Hugonis Lugdunum missus custodiæ publicæ tra-
ditur. Filium autem ejus natu majorem Karlomannum Northmanni
secum duxerunt Rothun. Widukind II, Kap. 39.

[5] Rothun Danorum urbem adiit. Widukind III, Kap. 4.

kalde Rouen Danernes og Nordmændenes Stad, maa det be-
tyde, at begge Folk boede i den og altsaa i Landet omkring.

I. De samtidige Annalberetninger.

Normannernes endelige Nedsættelse i Seine-Landskabet
betragtes almindeligt og med rette som Resultatet af det store
Krigstog, der fra 879 af var rettet mod Nederlandene og
Frankrige. »Erhvervelsen af Normandie, siger Munch, frem-
stiller sig som Frugten af en og samme, men dog i Tidens
Løb ved stadig Tilvæxt sig stedse fornyende Hærs 36aarige
Kamp, ved hvis Begyndelse de danske Kongesønner Sigfred
og Godfred, maaske ogsaa Haastein (?), og ved hvis Slutning
den norske Jarlesøn Rolf førte Overbefalingen« [1]. Vi har alle-
rede ovenfor nævnt [2], at Aar 879 samlede sig i Themsen en
stor Hær, som, da der udbredte sig Rygter om Krige mellem
de frankiske Riger efter Kong Ludvigs Død, samme Aar drog
over Havet mod Frankerne; den anførtes af Kongerne Sigfred
og Godfred samt Jarlerne (principes) Orm og Hals. Hæren
landede om Høsten 879 ved Schelde og tog sit faste Ophold
i Flandern ,for Aarene 879—81; den kjæmpede i 880 ved
Sambre mod den østfrankiske Kong Ludvig, hvis Søn faldt,
og ved Schelde mod Abbed Gauzlin, som led et stort Neder-
lag; men den blev i 881 fuldstændigt slagen i Picardie ved
Saulcourt af den vestfrankiske Konge Ludvig. Fra Vest-
franken og Flandern drog Hæren om Høsten 881 til Frisland,
som blev underkastet, seilede derpaa opad Maas og overvin-
trede ved Haslou; her beleirede i det følgende Aar den øst-
frankiske Karl Vikingerne, men sluttede dog Fred med dem
og overlod Kong Godfred det frisiske Rige, idet han samtidig
betalte Sigfred en stor Pengesum, mod at han skulde forlade
hans Lande (Juli 882). Sigfred og hans Hær forlod nu ogsaa

---

[1] Norske Folks Historie 1 669. [2] Side 72.

ganske rigtig Østfranken for at vende sig mod det vestfran-
kiske Rige, hvor deres farligste Fiende Kong Ludvig netop
var død; Hæren drog opad Schelde og tog Vinterkvarter (882
—83) i Condatum (Condé-sur-l'Escaut), medens de dog sam-
tidig plyndrede i Flandern, Picardie og Champagne. Næste
Sommer drog de opad Somme og holdt sig Vinteren over og
den følgende Sommer i og om Amiens; i Okt. 884 løskjøbte
Karlomann sit Rige fra deres Plyndringer med en Sum af
12000 Mark, til hvis Inddrivelse han maatte opbyde alle Ri-
gets Kræfter, selv Geistligheden. Hæren forlod efter Aftale
Vestfranken og slog sig ned for Vinteren i Løwen; men da
kort efter Karlomann døde (Dec. 884), betragtede Vikingerne
sig som løste fra alle Forpligtelser og faldt atter ind i Vest-
tranken, der nu tilhørte Keiser Karl. De trængte om Som-
meren 885 overland frem til Seine-Egnene og satte sig fast i
Rouen (25 Juli 885); den Hær, som Grev Ragnald af Maine
førte mod dem, blev slagen, og Greven selv faldt, de tiltvang
sig Passage opad Seine ved at indtage Pontoise og leirede sig
Nov. 885 foran Paris. Ved Skildringen af denne mindevær-
dige Beleiring skal vi ikke opholde os; det er bekjendt nok,
at Kong Sigfred i April 886 lod sig bevæge til at drage bort
tilhavs, medens den øvrige Hær fortsatte Beleiringen; Keiser
Karl kom Staden tilhjelp, men udrettede intet, og da Sigfred
atter kom tilbage (Okt. 886), dreves Keiseren til at kjøbe Fred:
Normannerne skulde til Vaaren faa 700 Pund Sølv for at
drage bort og imidlertid have Ret til at drage opad Seinen
for at slaa sig ned i Burgund. Rigtignok hindrede Abbed
Ebolus deres Forsøg paa at seile op forbi Paris, men de drog
nu sine Skibe overland forbi Byen, seilede videre opad Sei-
nen og hjemsøgte Sens (ved Yonne), som maatte løskjøbe sig,
hvorpaa de herjede hele Burgund. Sommeren 887 kom de
tilbage til Paris og fik sine Penge, men holdt sig dog længe
bagefter i de øvre Seine-Egne, og den nye vestfrankiske Konge
Odo maatte tvinge dem til at forlade Omegnen om Paris (889).
Herfra drog de til Bretagne, indtog St. Lo i Cotentin, men
led et Nederlag mod Bretagnerne og forlod atter Landet for
at vende tilbage til Seinen (890). Efter et Vinterophold i
Oise ved Noyon (890—91) drog de østover til Maas og satte

sig fast ved Løwen, hvor de led det bekjendte Nederlag mod den østfrankiske Konge Arnulf (1 Sept. 891). Dog formaaede ikke Arnulf at drive dem ud af Landet, og i 892 gjorde de atter et Tog østover, hvorved Klostret Prüm plyndredes; derfra vendte de sig vestover til Boulogne, og da det vestfrankiske Rige plagedes af Hungersnød, satte de over til England, der i de følgende Aar 893—96 led meget. ved deres Plyndringer. Hvem der i disse Aar var Vikingernes Høvding eller Høvdinger siges ikke; Godfred havde forladt Hæren i 882 og var dræbt i 885, Sigfred havde i 887 skilt sig fra den øvrige Hær i Seinen og var dragen til Frisland, hvor han faldt; de to Konger af samme Navne, som den bayerske Fortsættelse af Fulda-Annalerne lader falde ved Løwen 891, synes uhistoriske; og Hasting, som i England optraadte i Forbund med den »store Hær«, hørte ikke med til den; den »Hunedeus«, som i 896 kom til Seinen og der lod sig døbe af Kong Karl, var kun en mindre Høvding, hvis Hærmagt bestod af 5 Skibe. I 897 kom Hovedhæren tilbage til Gallien, som nu var svækket ved Borgerkrigen mellem Odo og den unge Karl og derfor var et let Bytte. Vikingerne tog fast Ophold i Seinen, hvorfra de herjede hele Neustrien, trængte opad Oise og kom overland saa langt mod Øst som til Maas (897); i 898 søgte de endog at tage fast Vinterkvarter i Burgund, men Grev Richard tvang dem dog til at vende tilbage til Seinen. Herfra kunde Kong Karl ikke fordrive dem, og den sidste Efterretning, som Vaast-Annalerne giver, er at Karl i Aaret 900 drøftede med sine Høvdinger, Greverne Robert, Richard og Heribert, »hvad man skulde gjøre med Normannerne«. De følgende Aars Begivenheder er os fuldstændig ukjendte; vi ser af flere Antydninger, at Seine-Normannerne herjede vidt og bredt i Nordfrankrige; kun om de afsluttende Kampe er os bevaret et Par Notitser. Flodoard siger, at »efter den Krig, som Grev Robert førte mod Normannerne ved Chartres, antog de Kristi Tro og fik sig nogle Kystherreder overladte tilligemed Byen Rouen, som de næsten havde ødelagt, og andre, som laa under den«[1], og i den samtidige St. Columbas Krønike heder det[2]: »Aar 911,

---

[1] Flodoardi historia Rem. (Bouquet VIII, 163). [2] Pertz I 104.

Lørdagen 20 Juli, da Normannerne beleirede Chartres og allerede var nær ved at indtage Staden, kom Greverne Richard og Robert, og, styrkede ved Guds Hjelp og den hellige Marias Beskyttelse, anrettede de et stort Nederlag blandt Hedningerne; af de faa Tiloversblevne tog de Gisler«. Disse to Notitser belyser hinanden gjensidig; af Flodoard fremgaar, at Normannerne allerede forud besad Rouen og andre Nabobyer, og at de fra disse faste Pladser ved Seine-Mundingen endog havde trængt ind i Landet helt til Chartres, som de beleirede; Efterretningen i Sens-Krøniken viser sig overdreven, Nederlaget kan ikke have været stort, thi til de »faa tiloversblevne« har den franske Konge ikke overladt sine skjønneste Provinser. Men Tidspunktet i Sens-Krøniken er aabenbart det rigtige, det støtter sig jo til Erindringen om Chartres's underbare Frelse fra Hedningerne. Resultatet er altsaa, at efter Kampen ved Chartres 911 lod Normannerne sig døbe og fik overladt Egnen om Seinemundingen med Rouen som Hovedstad. Grænserne for det nye Land fremgaar af senere Efterretninger: Østgrænsen var nordenfor Seinen Floderne Bresle og Epte, søndenfor Eure og dens lille Biflod Arve; den nye Normanniske Provins bestod omtrent af Dept. Seine-inferieure og Eure. Hvorledes den efterhaanden udvidede sig mod Vest, fremgaar tydeligt af den samtidige Flodoard, efter hvem Bessin samt Maine blev Aar 924 overladt til Seine-Normannerne[1], og at Aar 933 disse udvidede sit Herredømme ogsaa til Bretagne; hvorledes denne Udvidelse skede, maa vi her belyse. Baade i Bretagne og ved Loire husede i denne Tid Normanner. Aar 903 (30 Juni) kom en Flaade, anført af Baard og Erik (Baretus et Hericus) opad Loire til Tours, hvor de brændte St. Martins Kirke og Byens Forstæder, men den befæstede By forsvarede sig tappert med sin Helgen Martins Bistand[2]. Den ene Høvding Baretus er vel den samme som den Baard Ottarssøn, som i 914 faldt ved Anglesey i Kamp mod den norsk-dublinske Kongesøn Ragnvald[3]. Den Flaade, som i 903 angreb Tours,

[1] Flodoard a. 924, Pertz V. 374 [2] E. Mabille, Les Normands dans la Loire, Bibl. de l'école des chartes 1869 p. 149—194.   [3] Ulster-Annalerne a. 913 hos O'Connor IV 247.

synes i mange Aar at have havt fast Station ved Loire, maaske fra 897 af. En af dens vigtigste Anførere var Jarlen Ottar, der nævnes oftere i irske og engelske Annaler; han var en Søn af den norske Hærkonge, som i 851 blev dræbt af Danerne i Irland og kaldes Eirone, Jargna e. lign. [1], og havde i 883 i Irland dræbt en Brodersøn af Olav hvite, Søn af hans Broder Audgisl (Auisle)[2]; i 910 maa han være dragen fra sin Station ved Loire til England, thi i dette Aar heder det i den wælske Krønike, at Ottar kom til Britannien[3], og i den engelske, at en stor Skibshær kom søndenfra Lidwikkerne og herjede haardt ved Severn, men der blev de fleste dræbte[4]. Senere er Ottar igjen vendt tilbage til Loire, thi i 918 heder det atter, at en Hær kom under Jarlerne Ottar og Hroald »søndenfra Lidwikkerne« til England, at den herjede ved Severn, hvor Hroald faldt, at den derfra drog til Irland, hvor Ottar indtog Waterford, og at han derpaa sammen med den dublinske Kongesøn Ragnvald gjorde et Tog til Skotland, hvor Ottar faldt. Paa Toget til England siges den egentlige Hovedanfører at have været Sigtryg, Sønnesøn af Ivar — altsaa ogsaa af den dublinske Kongefamilie —, men han var syg og døde under Felttoget i England, saa at Ottar her var den egentlige Leder; det heder udtrykkeligt i det irske Annalfragment, at disse Vikinger var »sorte Fremmede og hvide Fremmede« o: Daner og Nordmænd[5]. Med Ottars og Hroalds Fald var ellers ikke Faren forsvundet fra det vestlige Gallien: i 919 plyndrede Normanner atter i Bretagne i Provinsen Cornouaille, idet de bortførte, solgte eller forjagede Bretonerne. Disse Normanner var atter Loire-Normannerne (»Lidwikkerne«), det ser man af Begivenhederne i 921, da Grev Robert efter i 5 Maaneder at have forgjæves beleiret Loire-Normannerne modtog Gisler af dem og overlod dem Bretagne, »som de havde herjet« (nemlig Aar 919), samt Herredet om Nantes. Dette sidste synes de dog ikke at være kommen i Besiddelse

---

[1] Three fragments p. 119. [2] Chron. Scotorum p. 169. [3] Monum. hist. Brit. p. 847. [4] Sax. Chron. (D) a. 910. [5] Sax. Chron. (A) a. 918. Three fragments p. 281. 245—47. War of the Gaedhil p. 81.

af, thi dette Land overlades dem atter 927. I Aarene 923—
25 nævnes som Loire-Normannernes Høvding en Ragnvald
(Raginoldus), rimeligvis den samme, som var med Jarlen Ottar
i Skotland i 918. Ham kaldte Kong Karl til Hjelp, da hans
franske Modstandere vilde stille op en ny Modkonge i Rodulf af
Burgund; Ragnvald forenede sig da med Seine-Normannerne
og herjede i Frankrige hinsides Isere, saa at Kong Rodulf til
Gjengjæld gjorde Indfald over Epte i Seine-Normannernes
Land. Efter gjensidige Herjetog tilbød Normannerne Fred,
hvis Kong Rodulf overlod dem mere Land, end de havde søn-
denfor Seinen. Franskmændene indgik herom midlertidig
Stilstand, idet de tilfredsstillede Normannerne med en større
Pengesum, som udskreves i Januar 924, og ved Fredsslut-
ningen overlodes Normannerne hele Bessin og Maine;
det følger heraf med Nødvendighed, at ikke dette Land —
altsaa heiler ikke Bayeux — forud var i Normannernes Be-
siddelse. Ragnvald, Loire-Normannernes Anfører, havde ikke
faaet noget Udbytte af denne Krig, som blot kom Seine-Nor-
mannerne tilgode; han herjede derfor Hugos Land mellem
Loire og Seinen og trængte i 925 ind i Burgund, hvorfra han
dog maatte flygte, da Kongen selv mødte ham og var nær
ved at omringe hans Leir. I 927 drog Greverne Hugo og
Heribert mod Normannerne i Loire, men efter en Uges Be-
leiring sluttede Greverne Fred med Normannerne, modtog
Gisler af dem og overlod dem Nantes-Herredet. Ved denne
Leilighed nævnes ikke mere Ragnvald, der efter et senere
Sagn døde i Rouen, straffet af St. Benedikt[1]. Hans Efter-
følger kaldes Incon (Inge), der i 931 straffede Briterne i
Cornouaille for deres Opførsel mod sine normanniske Herrer,
som de havde dræbt ($^{29}/_9$ 931); med Loire-Normannerne trængte
han ind i Bretagne, overvandt og nedsablede Briterne og be-
mægtigede sig sine Landsmænds forrige Land. Ved kløgtig
Benyttelse af Omstændighederne erhvervede imidlertid snart
Seine-Normannerne ogsaa Bretagne. Da i 927 Grev Heribert
brød med Kong Rodulf og drog Kong Karl frem af hans
Fængsel, søgte han Forbindelse med Seine-Normannerne. Der

---

[1] Aimoin, de miraculis S. Benedicti, Duchesne p. 31.

blev holdt et Møde paa Grænsen ved Eu, og her hyldede
»Rollos Søn« Kong Karl og sluttede Forbund med den mægtige
Heribert, som stillede sin Søn til Gissel; derved havde altsaa
den retmæssige Konge maattet erkjende Seine-Landet som
arveligt Len i Rollos Æt. Og selv efter Karls Død indtog
Normannerne en saa uafhængig Stilling ligeoverfor den illegi-
time Konge, at denne maatte kjøbe Anerkjendelse ved Af-
staaelse af Bretagne: Vilhelm, Normannernes Høvding, hylder
i 933 Kong Rodulf, men denne overlader ham »Briternes
Kystland« (ɔ: Cornouaille). Dette var første Gang, at Seine-
Normannerne fik noget at sige i Bretagne; men dog kunde
de ikke længe holde sig der, thi de Bretaguere, som havde
flygtet til England, kom i 936 tilbage med engelsk Hjelp, og
fra den Tid var Kampen mellem Normanner staaende. Nor-
mannernes Overhøihed over Bretagne blev kun en Fordring,
som aldrig opfyldtes.

Dette er Grundtrækkene i det nye Riges Historie: efter
mange Aars Plyndringer i Seine-Egnene lykkedes det Nor-
mannerne mellem 900 og 911 at sætte sig fast i Byerne, saa
at selv det Nederlag, som de led ved Chartres, kun viste, at
de ikke længer kunde fordrives. De døbes 911 og overtager
at forsvare Landet ved Seinens Mundinger, som overlades dem
og deres Høvding Rollo. I 924 udvides dette ogsaa til Bessin
og Maine, i 927 faar deres Høvding Rollo sin Søn erkjendt
som legitim Efterfølger, i 933 vinder denne første Gang Land
i Bretagne, hvorom Normannerne dog længe maa føre en haard-
nakket Kamp med de Indfødte.

Om Rollo selv, Grundlæggeren af det normanniske Rige,
er den samtidige Historieskrivning meget forbeholden. Ved
Overdragelsen i 911 nævnes han ikke, Landet overlades »til
Normannerne«; heller ikke i Kong Karls Brev af 918 træder
han mere tydeligt frem, idet Landet her siges overladt til
»Seine-Normannerne, nemlig Rollo og hans Mænd« (comites);
ikke engang hans Dødsaar er bekjendt (han levede i 928, men
maa være død kort før 933), og hans Familieforbindelser om-
taler den samtidige Annalist aldeles ikke. Det træffer sig da
heldigt, at der ganske nylig er fremdraget et Dokument, der
giver direkte Oplysninger herom. I et Haandskrift fra omkr.

Aar 1000 har Gaston Paris opdaget et Digt fra 10de Aarhundrede, som han har kaldt »Planctus super mortem Wilelmi«, og som skildrer den myrdede Greves Liv og Bedrifter indtil hans Død[1]. Efter en poetisk Indledning begynder Digtet i to Vers, som senere skal citeres, (2—3) med at fortælle om Vilhelms Forældre, nævner, at efter hans Faders Død skede et Oprør mod Vilhelm, som denne betvang (3), at han var fredelskende, de fattiges Trøst og Enkers Forsvar (4), at han hjalp Kong Ludvig paa Thronen og gik i Forbund med ham (5), at den forræderske Arnulf af Flandern sluttede Venskabspagt med ham (6), lokkede ham til et Møde i en Flod (7) og der svigagtigt dræbte ham (8), at Vilhelm i Erkjendelse af Treenighedslæren grundlagde St. Peters-Klostret. Digtet har Omkvæd ved hvert Vers: »Græder alle over Vilhelm, den uskyldigt dræbte« (Cuncti flete pro Willelmo innocente interfecto), og ender med et Ønske om Lykke for »Greven af Rouen, Richard, og hans Faders Mænd og Høvdinger« (Salve, comes Rothomensis, o Ricarde, comitesque proceresque patris, salve). Digtet har, som man vil se, alle indre Tegn paa Ægthed, det er aabenbart digtet strax efter Vilhelms Død (17 Dec. 942) af en Geistlig, der har staaet den afdøde nær og vil opmuntre Sønnens Formyndere til at støtte ham. De to Vers, som først og fremst vedkommer os, lyder i Texten bogstavret saaledes:

> Hic in orbe transmarino natus patre
> in errore paganorum permanente
> matre quoque consignata alma fide
> sacra fuit lotus unda.
> Moriente infidele suo patre
> sui rexerunt contra eum belliquosæ
> quo confisus Deo valde sibi ipse
> subiugavit dextra forte.

Her maa »sui rexerunt« som Feil mod Metret rettes til surrexerunt, «belliquosæ» (krigerske Kvinder!) rettes til bellicosi (krigerske Mænd) og «quo» til quos (Objekt for subiugavit);

---

[1] Bibl. de l'école des chartes 1870 p. 389—406.

Meningen af begge Vers er da: »Han var født hinsides Havet, Søn af en hedensk Fader og en kristen Moder, og blev døbt som ung; efter hans hedenske Faders Død reiste Krigerne sig imod ham, men han betvang dem med sin stærke Høire, stolende paa Gud«. Dette Vidnesbyrd af en samtidig og nærstaaende Forfatter kan ikke godt forkastes. Vilhelm var altsaa født hinsides Havet. Da Vilhelm i 927 præsenteredes for Kong Karl, antages han ialmindelighed for netop myndig, han skulde altsaa være født c. 906; dog kunde han godt være ældre, sikkert er kun, at han var født før 911. Men saa mange Aar ældre kan han heller ikke have været, da hans eneste Søn Richard neppe er født tidligere end c. 930. Ved Udtrykket »orbis transmarinus« (Landet hinsides Havet) menes i Almindelighed i franske Skrifter i 9de og 10de Aarhundrede de britiske Øer: da Kong Ludvig kommer i 936 fra England, siges han at komme fra »transmarinæ regiones« eller fra »transmarinæ partes«, og de britiske (engelske og irske) Rom-Pilegrime kaldes »Transmarini«. Etsteds paa de britiske Øer har altsaa Vilhelms Fader Rollo opholdt sig før Nedsættelsen i Frankrige, i Tiden kort før eller omkring 900. Det siges videre, at hans Fader var hedensk, men Moderen kristen (consignata alma fide); Rollo har altsaa enten under sit Ophold paa de britiske Øer giftet sig med en kristen Kvinde eller paa et Vikingetog bortført en kristen Kvinde hinsides Havet og der faaet Børn med hende. Vi skal siden se, hvorledes dette stemmer med nordiske Sagn, medens det ligefrem strider mod Dudo, der lader Rollo under Paris's Beleiring (885—87) erobre Bayeux og bortføre derfra en fornem Kvinde Popa, med hvem han i Rouen faar Sønnen Vilhelm[1].

Endnu en Efterretning om Rollo kan vi hente fra Klagen. Den siger, at Rollo ikke blot under sit Ophold hinsides Havet var »vantro«, men ogsaa vedblev at være vantro indtil

---

[1] Klagens Udgiver Lair har derfor meget sindrigt rettet »Hic in orbe« til »Hac in urbe«, hvorved Klagens fra Dudo afvigende Vidnesbyrd netop bliver en Støtte for denne; jeg behøver ikke at paapege, hvor kritisk utilladelig en saadan Fremgangsmaade er.

sin Død (moriente infidele suo patre)[1]. Dette kunde jo ved
første Øiekast synes at stride mod det Faktum, at Norman-
nerne og saaledes ogsaa deres Høvding blev døbte i 912; men
i den geistlige Digters Mund menes dermed sikkerligt, at
Rollo til Trods for Daaben vedblev at tro paa — maaske
endog at dyrke — Afguderne, og (som vi siden skal omtale)
har der ogsaa senere i Frankrige holdt sig en Tradition om,
at Rollo endog efter Daaben ofrede til sine Guder. En saa-
dan Overgangstilstand mellem Hedenskab og Kristendom er
jo helt naturlig og stemmende med Efterretninger andensteds-
fra; om Rollos Samtidige Helge magre heder det, at han
dyrkede baade Kristus og Thor.

Dette franske Digt giver altsaa et uforkasteligt Vidnes-
byrd om, at Rollo ikke saa mange Aar før 911 endnu
opholdt sig »hinsides Havet«, at han der med en kri-
sten Kvinde fik en Søn (Vilhelm) og at han selv efter
Daaben lige indtil sin Død vedblev i Sind at være
Hedning.

II. Franske Krøniker fra 10de og 11te Aarhundrede.

Fra de samtidige Kilder, som mere udmærker sig ved
Troværdighed end ved Talrighed eller Fuldstændighed, vender
vi os til den optegnede Tradition om Nordboernes Nedsættelse
i Frankrige; de, vi først og fremst har at gjøre med, er Richer
fra Reims, Ademar af Chabannais, Dudo af St. Quentin samt
de to normanniske Krøniker fra Klostrene Fontenelle og Ju-
mièges.

Richer af St. Remy, der skrev sit historiske Værk i
Aarene 995—98, var en Discipel af den berømte Gerbert og
havde under ham studeret Klassikerne og Filosofi, Medicin

---

[1] Ogsaa her har Udgiveren Lair rettet infidele til infideles (Subj. for
surrexerunt) for at undgaa Afvigelse fra Dudo.

og Mathematik; skjønt saaledes en lærd Mand manglede han alligevel det væsentlige for at blive en paalidelig Krønike- skriver — Sans for det faktiske. Han vil glimre ved sin Form og stilistiske Evne, han skildrer med stor Færdighed men med trættende Vidtløftighed Slag og Beleiringer, hyp- pig som Mediciner ogsaa Sygdomme; hvor man har hans Kil- der, er det let at se, at han som oftest kun har ladet sig lede af sin Fantasi. Hans Excerpter fra Flodoard er flygtige og unøiagtige, han forvansker ofte ligefrem Sammenhængen og overdriver næsten til det utrolige; hertil kommer en National- forfængelighed, som bringer ham til at fremstille Franskmæn- dene som Seirherrer i alle Kampe (f. Ex. med Normanner) og Tyskerne (Henrik I) som Franskmændenes Undergivne. Det var hans Plan at fortsætte Hinkmars Annaler fra det Punkt, hvor de hørte op (882); fra 919 lægger han Flodoard til Grund saalangt han gaar (966), derefter skildrer han sin egen Tid; men for Tidsrummet 882—919 følger Richer kun mundtlige Sagn og viser her, hvor mærkelig hurtigt Traditionen har tabt i Sikkerhed i Løbet af det 10de Aarhundrede. Richer ved ikke engang, at Karl den Enfoldige var Søn af Kong Ludvig og født efter Faderens Død 879; han fortæller, at Karl var Søn af Karlomann († 884) og kun 2 Aar gammel ved dennes Død. Han skildrer dernæst, hvorledes under Karls Barndom Rigets Høvdinger laa i indbyrdes Strid, Kongens Opdragelse forsømtes og Riget splittedes, Røverier og Plyndringer blev ustraffede, Sørøverne, som beboede Provinsen om Rouen (Ro- domensis provincia), opmuntredes til uhørt Frækhed. Disse Sørøvere var nemlig længe før komne til denne Del af Gal- lien og havde ført Krige her med afvexlende Held, indtil Rigets Fornemste havde besluttet at overlade dem denne Pro- vins, dog paa Betingelse at de blev kristne og gjorde Krigs- tjeneste for den franske Konge; de Byer, de havde, var for- uden Rouen Bayeux, Avrenches, Evreux, Seez, Coutances, Lisieux (alle søndenfor Seinen). Men nu lagde de paa Grund af sin »fædrene Vildhed« Planer mod de uenige Høvdinger; de overfaldt Bretagne, trængte ind i Neustrien mellem Seine og Loire og vilde underlægge sig Galliens indre Dele under sin Høvding Catillus (Ketil). Da valgte de franske Høvdinger endelig i Aaret 888 Odo til Konge istedenfor den treaarige(!) Karl; Odo slog i Løbet af 5 Aar Sørøverne syv Gange og drev dem paa Flugt 9 Gange. Men medens Kongen nu var i Aquitanien, angriber Sørøverne først Bretagne, derefter Anjou og Aquitanien; Odo samler en Hær paa 16000 Mand mod dem, møder dem ved Montpensier i Auvergne og nedsabler dem fuldstændig; Catillus fanges og faar Valget mellem at dø eller døbes, vælger det sidste, men gjennembores af Fanebæreren Ingo; i Margen staar her Aarstallet 892 (Cap. 1 —11). Under den følgende Fortælling hører vi intet til Normannerne, indtil der efter Begivenheder i Aar 921 fortælles, at imidlertid havde Sørøverne under Catillus's Søn Rollo brudt ind i Neustrien med 50000 Mand, gjort Landgang ved Loire og bemægtiget sig dens Omegn; mod dem drager Grev Robert sammen med Aquitanernes Høvding Dalmatius(!), slaar dem og tvinger dem til at overgive sig; de tapreste tog han tilfange, førte dem til Paris, og da de viste sig at være hedenske, lod han Presten Martin undervise dem i den kristelige Religion; de, som havde faat Lov at vende tilbage til sine Skibe, var dels kristne, dels Hedninger, men ogsaa disse blev omvendte. De skulde døbes af Witto, Erkebiskop i Rouen, men han henvender sig med Bøn om Oplysninger til Heriveus i Reims (Cap. 28—32). I Cap. 49—50 fortælles om Rollos og hans Mænds Undergang ved Beleiringen af Eu. — Jeg har gjengivet Hovedindholdet af Richers Fortælling, for at det skal sees, hvad Værd man kan lægge paa den Oplysning, at Rollo var Søn af Catillus. Richer, som uden videre gjør Karl den enfoldige til Søn af hans Broder og Forgjænger, han skulde kunne paaberaabes som Autoritet om Rollo! Man se engang, hvorledes han forvansker de Begivenheder, han kjendte fra Flodoard: ved Eu var Rollo ikke tilstede, kun 1000 af hans Mænd; og den storartede Seir, som Robert vinder over Rollo, er den samme, som Flodoard omtaler Aar 921; heller ikke der var Rollo med, og Seiren er snarere et Nederlag for Frankerne, thi Robert overlader Loire-Normannerne efter 5 Maaneders Kamp Bretagne, som de havde ødelagt, og Nantes-Herredet, mod at de lader sig døbe.

Og ligesaa forvanskede bliver da de Begivenheder, som Richer kun kjendte fra Sagnet. Sørøverne er bosatte i Normandie længe før Karls Tid (»ex antiquo«!) og besidder hele det Land søndenfor Seinen, som Richers Kilde Flodoard oplyser blev givet dem i 924! Og hvorledes er ikke Odos Bedrifter forstørrede; nogen egentlig Seir over Normannerne vandt han ikke i hele sin Regjeringstid. Det er ganske rigtigt, at han engang, medens han var i Aquitanien (889), maatte skynde sig tilbage for at møde Normannerne, og forsaavidt indeholder Richers Beretning et dunkelt Minde om virkelige Begivenheder; dog mødte Odo dem ikke ved Montpensier, men ved Paris og maatte her kjøbe dem til at forlade Egnen. Da Richer ikke vidste andet end at de Normanner, der paa hans Tid boede i Normandie, allerede fra gammel Tid boede der, maatte han gjøre deres Høvding Katillus til Hertug i Normandie og i det følgende antage Rollo for hans Søn, ligesom Vilhelm var Rollos Søn. Richers hele Beretning kan saaledes godt lægges til Siden som ubrugelig, undtagen forsaavidt som den viser os, hvor hurtigt Sagnene om Normannerne undergik Forvanskninger og hvor forsigtig man maa være ligeoverfor den rhetoriserende Krønikeskrivning.

Ademar fra Chabannais (f. c. 988 † c. 1030), der levede sin meste Tid som Munk i Limoge og som Præst i Angoulême, har skrevet sin Frankriges Historie (til 1028) dels efter skriftlige Kilder som Annales Laurissenses og Flodoard, dels efter aquitaniske Sagn; de første følger han i Regelen ordret, hvor han ikke forkorter. Hans Forsøg paa at kombinere Sagnene med de skriftlige Kilder gjør ofte hans Fremstilling ubrugelig, dog er han i det hele sandhedskjærlig og nøgtern. Hans Tidsregning er selvfølgelig meget usikker: hele Rollos Historie og de fleste Normannertog henfører han til Odos Tid, som han synes at have behandlet med Forkjærlighed. Han beretter, at Odo var Hertug i Aquitanien, og at Franskmændene fordrev den unge Karl for at gjøre Odo til Konge; medens Odo var i »Francia«, opstillede efter hans Opfordring Kong Rudolf i Burgund sig ved Limoges for at kjæmpe mod Normannerne, hvem han ogsaa efter et blodigt Slag fordrev fra Aquitanien. En anden Skare Normanner satte sig fast i Rodomum og i Nabobyerne, dens Høvdinger valgte Rosus til Konge, som tog sit Sæde i Rodomum. »Efter at være kristnet af franske Prester lod han kort før sin Død i Galskab 100 kristne Fanger ofre til Ære for de Guder, han før havde dyrket, og 100 Pund Guld fordelte han blandt de kristne Kirker til Ære for den sande Gud, i hvis Navn han havde modtaget Daaben.« Efter Rosus's Død kom hans Søn Willelm, døbt fra Barnsbeen; i hans Tid blev Mængden af Normannerne i Frankrige kristne, aflagde det hedenske Sprog og vænnede sig til den latinske Tale (c. 27). Naar undtages, at alle Rollos Bedrifter udføres paa Kong Odos Tid, istedetfor at kun det Angreb, som ledede til Nedsættelsen, begyndte da (897), kan Ademars Beretning ansees for en troværdig Gjengivelse i Uddrag af de virkelige Begivenheder. Han er et Vidne for

at Normannerne i Odos Tid besatte Rouen og Nabobyerne,

at deres Høvdinger valgte Rollo (Rosus) til Chef,

at han lod sig døbe, men dog i Hjertet vedblev at være Hedning,

at den virkelige Overgang til kristne og franske Sæder skede under hans Søn Vilhelm.

Alt dette stemmer jo i alt væsentligt med de samtidige Kilder og specielt med den nys opdagede Klage over Vilhelms Død. Denne ægte Tradition vil give os den rigtige Nøgle til Forstaaelsen og Bedømmelsen af Dudos Værk over de »første normanniske Hertuger«. [1]

Dudo af St. Quentin (født c. 960), der skrev sin Historie om de første normanniske Hertuger omkring 1010—20, hører som Historiker til samme Skole som Richer. Som denne er han en Rhetor, for hvem en elegant Stil er Hovedsagen, til Richers Partiskhed for sit Folk svarer Dudos Partiskhed for sine normanniske Herrer, og som Richer gjengiver

---

[1] Den Titel, som Udgiveren Duchesne gav hans Værk, »De moribus et actis primorum Normanniæ ducum« er urigtig; thi Dudo kalder ikke Normandie Normannia, og desuden har ingen normannisk Greve eller Hertug kaldt sig »Dux Normanniæ«. Den egte Titel er vel »Historia Normannorum«, som nogle af Haandskrifterne har.

Dudo hovedsagelig den levende Tradition og er som Sagn-
fortæller uvidende i den almindelige Historie. Det har længe
været erkjendt, at Dudos Hovedstræben gaar ud paa en glim-
rende, fyldig Fremstilling, hvor Indholdet synker ned til en
Biting; ligeledes, at hans Stilling til sine Beskyttere i Rouen
drev ham til at ophøie og forherlige Grevernes Forfædre,
Grundlæggerne af det normanniske Rige, til at fremstille dem
alle som Mønstre paa tapre, berømte, ædle og kristelige Helte
og til at fortie alt, der ikke passede til denne Opfatning.
Derimod synes det mig, at man ikke hidtil har betonet
stærkt nok Dudos Ubekjendtskab til den almindelige Historie,
der efter min Mening forklarer en Række Særegenheder hos
ham. I det 10de Aarhundrede, da Frankrige holdt paa at op-
løse sig i mange smaa Fyrstendømmer og Centralmagten om-
trent forsvandt, er det forstaaeligt nok, at den nationale
Historieskrivning aldeles tabte Interessen, da de nationale
Synspunkter svigtede. Dudo synes ikke engang at have kjendt
den ældre franske eller frankiske Historie; han ved ikke,
hvilken Konge eller hvilke Konger der herskede over Fran-
kerne, da Hasting optraadte med sine Røverskarer; den æld-
ste franske Konge, han kjender, er Karl den enfoldige
(898—929), og han optræder som Rollos Samtidige ligefra 876
og til Rollos Død; Dudo ved saaledes ikke, at den Kong
Karl, som var samtidig med Paris's Beleiring, var forskjellig
fra den yngre Karl og herskede over alle de frankiske Riger.
Naar Dudo altsaa ved 876 omtaler en Kong Alstemus i Eng-
land og denne atter forekommer efter Rollos Død, saa har
Dudo i ham seet den samme Mand, Kong Ædelstan (925—
940); da Dudo vidste, at samtidig med Rollo var Franco
Erkebiskop i Rouen (c. 915—939), har han udstrakt hans
Virksomhed tilbage i Tiden til 876; og naar Dudo i Aarene
938—945 omtaler den tyske Konge (rex transrhenanus), kal-
der han ham Henrik, skjønt denne var død 936. Dudo
kjender eller forstaar nemlig ikke Kronologi; i hele hans Bog
findes 4 Aarstal, Ankomsten til Seinen i 876, Daaben i 912,
Vilhelms Død 17 Dec. 943 (istedenfor 42) og Richards Død i

996. Disse Aarstal, som jo i det væsentlige er rigtige[1], har han aabenbart fundet optegnet i en Annalsamling eller et kirkeligt Arbeide; men han har lidet forstaaet at gruppere sin Skildring om dem, thi Aarstallet 876 passer ikke til Sagnene om Rollo, hvis Bedrifter i Tiden 876—912 jo kun udfylder nogle faa Aars Tid, og i Richards Historie er der store aabne Huller. Men dette er forklarligt nok, da Dudo kun optegnede de historiske Sagn, og disse knyttede sig selvfølgelig kun til Krigsbedrifterne; de lange Fredsperioder har han maattet lade ligge.

Dudos 1ste Bog — om Aarsagen til Dacernes Udvandring under Hasting — har jeg i en anden Forbindelse behandlet[2] og søgt at vise, at dette Vandringssagn er ligesaa upaalideligt som de fleste andre, skabt af lærde Reminiscenser og en derpaa grundet Hypothese, og at Hasting er Repræsentant for alle de tidligere normanniske Hærjetog, paa hvem Sagnet har dynget alle andre Vikingehøvdingers Røverier og Kirkeplyndringer. Det gjælder da her at undersøge, hvormeget historisk Stof Dudos 2den Bog — om Rollo — har optaget, idet vi sammenligner den med, hvad Normannerne virkelig udførte i Aarene 880—912, og foreløbig gaar forbi Rollos Ungdomshistorie.

Dudo II, 5—8. Rollo lander i England og vil opholde sig der i Fred, Anglerne føre imod ham en stor Hær, som han slaar i to Slag, han nedsabler Tusinder af dem og fører de Fangne til Skibene. Rollo har en Drøm, som viser ham til Francia og spaar hans Daab; han sender da Gesandter til Anglernes kristelige og fromme Konge Alstemus og beder om Fredland indtil næste Vaar, da han vil drage til Francia. Kongen tillader dette og indbyder Rollo til sig. Rollo kommer, indgaar Forbund med den engelske Konge, og mange Angler slutter sig til ham. Om Vaaren drager de ud paa Havet, men overfaldes af en voldsom Storm; da beder Rollo til de Kristnes Gud, Stormen ophører, og Rollo lander ved Walcheren.

I den Hær, som under Rollo opholder sig i England, før den gaar til Flandern, har man med Rette gjenkjendt den

---

[1] i 876 trængte Normannerne virkelig opad Seinen og maatte i 877 kjøbes bort, se Hincmars Annaler, Pertz I, 501—3.   [2] se Side 73 f.

Hær, som i 879 samlede sig ved Fulham ovenfor Themsen og samme Aar drog over til Schelde. Denne Hær var dog ikke anført af Rollo, men (som før nævnt) af Kongerne Sigfred og Godfred samt Jarlerne Orm og Hals. Den stod heller ikke i Forbund med den engelske Konge; hvad enten man istedetfor Dudos uhistoriske Konge Alstemus indsætter den virkelige engelske Konge Alfred (871—901) eller forklarer Alstemus om den danske Hærkonge Gorm, hvis Døbenavn var Ædelstan, passer Beretningen lige lidet. Vikingehæren, som havde slaaet sig ned ved Fulham i det vestlige Essex, stod ikke i nogen Forbindelse med Gorm, der ved den Tid opholdt sig med sin Hær i de vestlige Egne, ved Cirenchester (i sydl. Mercia) og Cippenham (i Wiltshire), og først i 880 kom til det østlige England, da den nye Vikingehær forlængst var borte. Endnu mindre tænkeligt er det, at Kong Alfred, som sit hele Liv kjæmpede imod Danerne, skulde have sluttet Fred og Forbund med denne Vikingehær. Sagnet har altsaa paa egen Haand her indført en engelsk Konge i Beretningen istedenfor Englænderne; disse har maaske først gjort et Forsøg paa at kjæmpe mod den nye Hær, der samlede sig hos dem, men efter et mislykket Forsøg givet den Fredland, ja mange af dem har rimeligvis sluttet sig til Hæren, da den drog over Havet. Hvad der drev Vikingerne over til Francia, er heller ikke Rollos Drøm, men (som det udtrykkelig berettes i de paalidelige Vaast-Annaler) Urolighederne i Vestfranken efter Kong Ludvigs Død, da den østfrankiske Konge Ludvig forsøgte at drive hans unge Sønner fra Riget, hvilket gav Vikingerne Lyst til at benytte sig af Omstændighederne. Hele Begivenheden er altsaa hos Dudo sagnmæssigt udstyret og omskabt: Bedrifterne er tillagte Rollo istedenfor andre Høvdinger, de Omstændigheder, hvorunder Hæren optraadte i England, er iklædte en uhistorisk Form; og Aarsagen til den forandrede Retning er legendarisk.

Dudo II, 9—10. Rollo og hans Hær lander ved Walcheren. Indbyggerne angriber ham, men nedsables eller fanges; medens Rollo herjer Walcheren, sender Kong Alstemus ham 12 Skibe med Proviant og Mandskab tilhjelp. Walcherens Indbyggere kalder Raginer Langhals, Hertug i Hennegau, og Radbod, Greve i Frisland, tilhjelp; men Rollo slaar disse, trænger ind i Frisland og efter et seirrigt Slag ved Floden Almera underkaster han sig Friserne, som maa betále ham Skat og adlyde ham i alt. Derefter forlader han tilskibs Frisland, seiler opad Schelde, herjer paa begge Sider af Floden Raginers Land og slaar sig ned i Klosteret Condatum. Raginer kjæmper uheldigt med Rollo i flere Slag og bliver fangen, saa hans Hustru maa udløse ham med alt det Guld og Sølv, som man kunde finde i Landet, endog Kirkeskattene. Derpaa seiler Rollo bort fra Schelde.

Ogsaa her kan man finde igjen en sagnmæssig Fremstilling af den Hærs Bedrifter, som under Sigfred og Godfred drog til Flandern 879. Sagnet har fastholdt de enkelte Hovedtræk (Opholdet i Flandern 879—81, Erobringen af Frisland 882, Herjetogene ved Schelde og Opholdet i Condé 882—83, Skatlægningen af Karlmanns Rige 884)[1], men det har glemt de Nederlag, Normannerne i disse Aar led (f. Ex. ved Thuin 880, ved Saulcourt 881), og det har tabt Navnene paa deres virkelige Modstandere, Kongerne Ludvig og Karlmann i Vestfranken og Ludvig og Karl i Østfranken, og som rimeligt i en Tidsalder, da de provincielle Lensherrer havde Overmagten over Centralregjeringen, har Sagnet indsat istedenfor Kongerne Provinsfyrsterne: Godfreds Modstander i Frisland, Kong Karl, er bleven til Fyrst Radbod i Frisland, og Sigfreds Modstander i Scheldeegnene, Kong Karlmann, er bleven til Hertug Raginer Lang-hals i Hennegau. Lokalsagnet har altsaa kun fæstet sig ved de enkelte Vasallers Kamp mod Vikingerne og stillet disse Vasaller i Kongernes Sted. Den Rolle, Sagnet giver Kronvasallerne, er saaledes uhistorisk, og det er forsaavidt ligegyldigt, om disse Vasaller virkelig har levet paa denne Tid, hvorom der har været udkastet Tvivl.

Dudo II, 11—15. Aar 876 seilede Rollo fra Schelde til Seine, drog opad denne Flod til Klostret Jumièges, og i St. Vaast's Kloster nedlægger han St. Ameltrudes Legeme, som han førte med sig. Indbyggerne i Rouen sender Biskop Franco til Rollo for at bede om Fred: dette lover han og tager Staden i

---

[1] Se ovenfor Side 133—34.

Besiddelse. Hærens Høvdinger raader Rollo til at bemægtige sig Landet. Ved Eure møder ham en fransk Hær under Grev Ragnoldus, »princeps totius Franciæ«; efterat denne gjennem Hasting forgjæves har forsøgt Underhandlinger, kommer det til et Slag, hvori Franskmændene flygter; Ragnvald samler atter en Hær, men bliver slagen og paa Flugten dræbt af en Fisker, som staar i Rollos Tjeneste. Da beslutter Rollo at beleire Paris.

Aarstallet 876 har Dudo laant andenstedsfra og overført paa Rollos Historie; men iøvrigt tilhører disse Begivenheder Aaret 885 og den Hær, som i Juli 885 under Sigfred kom til Seinen, bemægtigede sig Rouen og efter et Slag, hvori Hertug Ragnold af Maine faldt, drog opad Seinen mod Paris. De vigtigste Træk har Beretningen fastholdt og viser sig deri som egte Folketradition, men mange Omstændigheder er forvanskede. Toget i 885 skede ikke for at erobre Land, men for at vinde Bytte; Paris var lige fra først af Togets Maal, og Rouen indtoges kun som en Station og fast Støttepunkt: derfor opgives den igjen, da Bevægelsen vender sig til andre Punkter. Hasting og Franco er indblandede fra andre Tider: Hasting havde forladt Frankrige i 882, og hvis han i Tiden før 890 har optraadt i Frankrige, maa det have været i den normanniske Hær, ikke paa Frankernes Side; og Franco tilhører Rollos senere Tid, medens Johannes var Biskop i Rouen ved 882 og hans Efterfølger hed Wido, der i 912 døbte Normannerne. Hastings Underhandlinger og Franco's Mægling for Indbyggerne i Rouen er øiensynlig begge uhistoriske.

Dudo II, 16—20. Medens Rollo beleirer Paris, plyndrer Normannerne i Omegnen for at skaffe sig Underhold; de angriber Bayeux, men da Borgerne har fanget en normannisk Høvding Botho, maa de love at holde sig fra Byen i et Aar. Da efter et Aars Forløb Paris's Beleiring endnu varer, drager Rollo til Bayeux, erobrer og ødelægger den. Blandt Fangerne var Popa, en anseet Høvding Berengars Datter; med hende avlede Rollo Sønnen Wilhelm. Senere sender Rollo en Hær til Evreux, som ogsaa plyndres. Imidlertid gjør Anglerne Oprør mod Alstemus, som kalder Rollo tilhjelp; Rollo forsøger først en Storm paa Paris, men da denne mislykkes, seiler han strax til England, modtages venligt af Alstemus og overvinder Anglerne. Alstemus vil dele sit Rige med Rollo, som ædelmodigt afslaar ikke alene dette Tilbud, men endog Hjelp til at erobre Frankrige. Sin Hær sender han opad baade Seine, Loire og Garonne og rykker selv op foran Paris. Kong Karl beder gjennem Franco om 3 Maaneders Fred, og Rollo indvilger heri.

I dette Afsnit har vi en Beretning om Paris's Beleiring 885—86. Dog er Begivenhederne om selve Paris næsten glemte, medens Hovedinteressen hviler paa Indtagelsen af Bayeux og Evreux samt Toget til England. Men netop disse Begivenheder er uhistoriske eller ialfald urigtig grupperede; Bayeux og Evreux hører ikke blandt de Byer, som samtidige Kilder lader Paris-Beleirerne plyndre, medens netop andre omtales, som Dudo ikke kjender; hvis disse Byer er erobrede, maa det være skeet senere og Erobringen tilhøre den Hær, som kom til Gallien i 897. At Rollo forlader Paris for at drage til England, passer mærkværdigt til at Hovedanføreren Sigfred drager bort fra Paris i April 886 og først kommer tilbage om Høsten s. A., da Kong Karl indgaar Forlig; hvor Sigfred har været siges ikke, det var slet ikke umuligt, at han var om Sommeren i England, thi i 885 udbrød der Krig mellem Kong Alfred og Danerne i Ostangeln; det var tænkeligt, at Sigfred hjalp sine Landsmænd, men ogsaa tænkeligt, at Traditionen har knyttet hans Bortreise sammen med Sagnet om Rollos tidligere Ophold i England.

Dudo II, 21—24. Richard af Burgund og Ebalus, Greve af Poitou, opmuntrer Franskmændene til Modstand, og efter de 3 Maaneders Forløb begynder Krigen paany. Rollo herjede vidt og bredt, trængte ind i Burgund opover Yonne til Saône, herjede om Sens og kom herjende til St. Benoît, som han sparede, vendte sig derfra til Etampes og Villemeux og kom atter til Paris. Efter en Kamp med franske Bønder, som nedsables, leirer Rollo sig foran Chartres; Byens Biskop Gualtelmus kalder Greverne Richard og Ebalus tilhjelp. Richard kommer først og anfalder Rollo, og da Biskoppen rykker ud af Byen med Jomfru Marias Særk i sine Hænder, maa Rollo trække sig tilbage. En Del af hans Mænd forsvarer sig længe paa et Bjerg mod Grev Ebalus og bryder endelig ved en Krigslist gjennem til Rollo ved Skibene.

I dette Afsnit ser vi paa en mærkelig Maade Begivenheder fra' Aar 886—87 knyttede sammen med hvad der hændte Aar 911. Efter Paris's Beleiring drog Normannerne sine Skibe overland, kom op i Seine og Yonne samt derfra til Saône og Burgund, hjemsøgte Sens og vendte atter tilbage til Paris om Sommeren 887. Ved Paris havde de at kjæmpe mod den tapre Abbed E b o l u s, medens Grev Ebalus af Poitou tiltraadte Regjeringen i 902 og ikke engang nævnes ved Beleiringen af Chartres; rimeligvis har Traditionen slaaet disse to Mænd sammen til en. Paa den samme Tid omtales ikke Grev Richard af Burgund, medens hans senere Deltagelse i 899 og i 911 (ved Chartres) er bekjendt. Efter Sommeren 887 er der et aabent Hul i Traditionen hos Dudo: han kjender ikke Odos kraftige Regjering, ved ikke om, at Normannerne i 892—96 var borte fra Frankrige, at de kom tilbage i 897, og møder først atter op ved Beleiringen af Chartres i 911. Saa ufuldstændig havde altsaa Traditionen fastholdt de vigtigste Træk i Togenes Historie.

Dudo II, 25—31. Franskmændene opfordrer Kong Karl til at sørge for sit Rige og tilbyde Rollo Landet fra Andelle til Havet i Medgift med sin Datter Gisla, hvis Rollo og hans Mænd vil blive Kristne. Karl sender Franco med dette Tilbud til Rollo, som modtager det. Ved Mødet i St. Clair faar Rollo Landet mellem Epte og Havet til Len og Odel samt midlertidig (»til at leve af«) Bretagne; han hylder Karl ved at gaa ham til Haande, men lader en af sine Mænd kysse Kongens Fod. I 912 døbtes Rollo af Franco, og Hertugen af Francia, Robert, var hans Fadder og gav ham sit Navn. Efter Daaben uddelte Rollo Jord til Hovedkirkerne, derefter lod han Landet fordele mellem sine Mænd og ægtede Gisla.

Denne Beretning har allerede i flere Aarhundreder vakt livlige Diskussioner. Man har længe betvivlet, at Rollo fik Bretagne, og med Rette pegt paa, at andre Normanner fik dette i Besiddelse fra 921, og at først Rollos Søn gjorde Fordringer paa Overherredømmet her; vi har ovenfor seet, hvad den samtidige Kilde herom beretter. Sagnet om, at Rollo ved sin Daab fik Navnet Robert efter Hertug Robert, Odos Broder, er ældre end Dudo, thi allerede Rollos Sønnesøn Richard kalder Rollo »avus meus, Robertus nomine«; og dog

maa det være uhistorisk, thi Kong Karl selv kalder ham i
Brevet af 918 Rollo, ligesaa Flodoard; hvis Navnet Rollo
havde været anseet for ukristeligt, maatte dog Kongen og
hans Kancellie have brugt hans mere kristelige Navn. Ligesaa
uhistorisk er Rollos Ægteskab med Kong Karls Datter Gisla.
Karl (f. 879) blev i April 907 gift med Frederuna († 917)
og havde med hende 6 Døtre, af hvilke den 4de hed Gisla[1];
hun fødtes altsaa i et af Aarene 911—15, og det siger sig da
selv, at hun ikke blev gift med Rollo i 911 eller 12. Dudo
— den eneste Kilde, som omtaler Ægteskabet — omtaler
Gisla som Karls ægte Datter, af kongelig Herkomst paa
begge Sider, og skildrer hende som en fuldt udviklet
Kvinde; man kan altsaa ikke tage sin Tilflugt til en Anta-
gelse om, at Gisla i Vuggen blev formælet med Rollo, og
endnu mindre at hun var en uægte Datter af Karl, thi denne
havde kun én uægte Datter ved Navn Alpaidis[1]. En stærk
Støtte for min Mening finder jeg i Karls Brev af 918, hvor
han fortæller om »Normanni Sequanenses, sc. Rollo suique
comites«, — en besynderlig fremmed Udtryksmaade for at
betegne en kongelig Svigersøn. En Forklaring af det uhisto-
riske Sagns Opkomst har jo allerede længe været fremsat, men
uden at trænge igjennem: den frankiske Kongedatter Gisla,
som Kong Karl giver til Normannernes Høvding ved Freds-
slutningen, er ingen anden end Lothars Datter Gisla, som i
882 eller 83 af den østfrankiske Kong Karl blev givet til
Normannernes Høvding Kong Godfred. Naar vi allerede
ovenfor har seet, at den østfrankiske Kong Karl (»Karl den
tykke«) er slaaet sammen med den vestfrankiske, og at alle
Godfreds Bedrifter er overførte paa Rollo, tror jeg, man vil
være mere tilbøielig til at gaa ind paa, at ogsaa Ægteskabet
med Gisla er laant fra Godfred.

Resultatet af denne Gjennemgaaelse er, at ligesom Ha-
sting havde samlet om sin Person alle de Bedrifter, som han
og andre normanniske Høvdinger havde udført i Tiden 850
—80, saaledes har Sagnet tillagt Rollo alle de normanniske

---

[1] Witgeri Genealogia Arnulfi comitis (forf. mellem 951 og 959), Pertz
XI, 302—4.

Bedrifter fra c. 880 af. Traditionen har saaledes samlet paa hans Hoved hvad den erindrede om »den store Hær« under dens Ophold i England (879), i Flandern og Frisland (879 —82) og i Gallien 885—92 samt efter dens Tilbagekomst i 897 indtil Nedsættelsen i 912, og den har tillagt Rollo, foruden hans egne Bedrifter, tillige hvad hans Forgjængere Godfred og Sigfred har udført. Hvis man vil søge Rollos Bedrifter hos Dudo, maa man altsaa ikke, som tidligere Forskere, lade Rollo deltage i alle de Tog, som han efter Dudo er Anfører for, men udskille alt, hvad der historisk tilkommer hans Forgjængere Godfred og Sigfred. Isaafald faar han kun · beholde Erobringen af Bayeux og Evreux, som urigtig er kombinerede med Paris's Beleiring, samt Slaget ved Chartres i 911 og Forliget, der førte til Nedsættelsen og Daaben. Og dette strider ikke med hvad de ældre Kilder berettede om Rollo; tvertimod viser Klagen fra Aar 942 hen til, at Rollo ikke mange Aar før 911 var kommen over til Frankrige.

Hele den tidligere Del af Rollos Historie henviser os altsaa til Godfreds og Sigfreds Bedrifter og deres Tog fra England til Frankrige; hvis der er Sammenhæng mellem Toget og Rollos Ungdomshistorie, som vi hidtil har forbigaaet, saa tilhører altsaa ogsaa denne Godfred eller Sigfred. Skildringen af Rollos Ungdom og Herkomst hos Dudo er mere end alt, hvad der foregaar paa fransk Jordbund, fyldt af lærde Reminiscenser; det gjælder da at skille mellem Dudos Fremstilling og de virkelige Sagn, som skjuler sig bagved den. Rollos og Hastings Fædreland er Dacia, det ligger ved Danubius, grænser til Alania og Getia; Dacia ligger midt imellem disse, beskyttet af de høie Alper (o: Karpatherne); i disse Lande bor de krigerske Geter eller Gother, Sarmater, Amaxobier, Tragoditer og Alaner nær den mæotiske Myr — altsaa alt henviser os til det østlige Europa. Derfor kan Rollos Fader kaldes »den mægtigste af alle Orientaler« (omnium orientalium præpotentissimus), derfor erobrer han »de Lande, som grænser til Dacien og Alanien«, derfor kan han besidde Byer, Fæstninger og befæstede Steder (!); derfor kommer han paa sin Flugt til Øen Scanza, thi Scanza (oprindeligt — den skandinaviske Halvø, Sverige og Norge) var efter antik og middel-

aldersk Opfatning en uhyre Ø i det nordlige Ocean lige nord
for Dacia[1]; derfor endelig seiler Rollo med Østenvind eller
Sydostvind (Eurus) over fra Scanza til England — hele Dudos
geografiske Skildring er gjennemført. Men vil man søge efter
det virkelige Grundlag for denne Skildring, kommer man ikke
med Sikkerhed videre end til at erkjende, at Danernes Navn
har givet Dudo den geografiske Nøgle, medens alt det øvrige
er rhetorisk Oppudsning; at finde Halland i »Alania«, Skaane
i »Scanza« maa vi overlade til dem, der vil lege med geo-
grafiske Fantasier.[2] Selv Identiteten af Danmark og Dacien
er ikke hævet over enhver Tvivl, thi paa et andet Sted be-
staar Daciens Indbyggere af Dacigenæ (Daner), Northvegigenæ
(Nordmænd), Alani (!) og Irenses (Irer). Det hændte nemlig,
fortæller Dudo, at Grev Richard, Rollos Sønnesøn, til Støtte
mod sine franske Fiender sendte Bud til Dacia for at kalde
»Dacernes stærke Folk« til Hjelp. Dacerne strømmede i
store Skarer til ham og vendte Sagen til hans Fordel; Fransk-
mændene bad om Fred, og Richard forelagde Sagen for Vi-
kingerne, som ikke vilde tro Franskmændene og tilbød at
erobre Frankrige for ham: »Hvad vil de øvrige Daner og
Nordmænd sige og gjøre, som har udrustet sine Skibe for denne
Sags Skyld og kommer for at kjæmpe med os; hvad vil
Irerne, Alanerne og de andre Folkeslag sige?«[3] Dacerne
frygter altsaa for, at deres senere ankomne Landsmænd ikke
vil finde sig i, at Krigen allerede er forbi; at Northguegigenæ
og Dacigenæ er Landsmænd ligger jo ligefrem i Ordet »cæteri«.

---

[1] se f. Ex. Kieperts Kart til Anonymus Ravennas.

[2] Formodningen om, at Dudos Scanza, skjønt adskilt fra Dacia, alli-
gevel er = Skaane, har Joh. Steenstrup villet støtte dermed, at efter
et dansk Sagn Skaane omtrent paa den Tid var skilt fra Danmark
og maatte vindes tilbage af Thyra; han synes da at have glemt et
samtidigt Vidnesbyrd fra c. 880 om, at Skaane var en Del af Dan-
mark, nemlig Kong Alfred.

[3] hen, quid facient vel quid dicent cæteri Dacigenæ ac Northguegi-
genæ, qui præparatis et oneratis navibus hujus rei juvamine aggri-
dientur nobiscum immani hostilitate? Quid de Hirensibus, quid de
Alanis, quid de cæteris quamplurimis gentibus? (Dudo Kap. 119).
Denne Tale kan ikke være ganske komponeret af Dudo, thi han
kjender ellers hverken Nordmænd eller Irer.

Hvor omfattende Dudos Betegnelse »Dacia« er, og paa den anden Side hvor lidet geografisk sikker, sees af, at baade Alaner og Irer regnes til samme Folk: Danerne har udgjort en Del af Dacerne, maaske en Hoveddel, men Dudo har i Dacerne seet et Konglomerat af fremmede Folkeslag.

Rollos Ungdomshistorie i Dacia kan altsaa ikke gjøre Fordring paa Troværdighed, specielt stikker en stærk Tilbøielighed frem til at stille de normanniske Fyrsters Herkomst i et storartet Lys. Rollos Fader, hvis Navn Dudo ellers ikke kjender (!), var en mægtig Høvding i Dacia, besad næsten hele Riget og havde aldrig hyldet nogen Konge; han var (som vi saa) mægtigst af alle Orientaler og havde erobret Landskaber, der grænsede til Dacia og Alania. Ved sin Død efterlod han to Sønner Rollo og Gurim (Gorm); disse er naturligvis som alle Rollos Efterkommere »armis strenui, bellis edocti, corpore pulcherrimi, animositate robustissimi«. Den daciske Konge paabyder ved denne Tid en almindelig Udvandring af det unge Mandskab, som imidlertid søger Beskyttelse hos de to mægtige Brødre — altsaa bliver Udvandringen egentlig ikke af —. Kongen vil erobre de to Brødres Land, men de gjør ham kjækt Modstand i 5 Aar; da tager Kongen sin Tilflugt til List og slutter Forbund med Brødrene som Blodsforvandte, men overfalder dem saa pludseligt, Gurim falder i et Baghold og deres Hovedstad erobres. Rollo udvandrer til Scanza, hvor et Drømmesyn af kristelig Karakter viser ham til Anglia, og derfra føres han — som ovenfor omtalt — videre til Francia. Naar man af dette skjærer alle Overdrivelser og al Rhetorik samt den indblandede Udvandringstheori bort, er Sagnets Indhold, at efter en mægtig dansk Høvdings Død bleve hans Sønner fordrevne af sin Slægtning, den danske Konge, at de drog til England og der organiserede en Hær, som i mange Aar herjede i Flandern, Frisland og Frankrige. Og saaledes seet indeholder dette Sagn en historisk Kjærne: det beretter om Aarsagerne til Godfreds og Sigfreds Tog i Aarene kort før 879, at nemlig indre Uroligheder drev disse Høvdinger og deres Mænd bort fra Danmark, ligesom Fortsættelsen hos Dudo skildrer Godfreds og Sigfreds

Bedrifter; men Sagnene herom maa aldeles udskilles fra Rollos Historie.

Dudo var ikke indfødt Normanner, og han opholdt sig kun paa kortere eller længere Besøg i Normandie; det kunde derfor let hænde, at den fremmede Skribent blandede sammen hvad han til forskjellige Tider havde hørt, eller ogsaa søgte at bøde paa de løsrevne Sagns Ufuldstændighed ved egne Kombinationer. Dog er det ogsaa muligt, at mange uensartede Beretninger allerede i den normanniske Tradition var flydte sammen, som Dudo ikke forstod at udskille. Sikkert er det, at han havde sine Efterretninger fra Fyrsteslægten selv, der naturligvis gjerne vilde prale med en storartet Herkomst; det er derfor ikke saa underligt, at Dudos Fremstilling vandt Anseelse i Normandie og til en vis Grad blev bestemmende for den normanniske Historieskrivning. Alligevel trængte den ikke overalt igjennem, og Normannerne havde selv Øiet aabent for hans Feil. I den følgende Menneskealder, under Vilhelm Erobrerens Regjeringstid, har normanniske Munke søgt at skrive Normandiets Historie om igjen; det ene af disse Forsøg er ganske uafhængigt af Dudo, det andet følger ham i det hovedsagelige, men søger dog ofte at berigtige ham. Krøniken fra Fontenelle, skreven omtr. 1050—60, er egentlig en Fortsættelse af Klostrets ældre Optegnelser fra 9de Aarhundrede, men Forfatteren har tillige givet en kort Oversigt over de normanniske Hertugers Historie, der var nøie knyttede til dette Kloster. Han beretter først om, hvorledes Munkene maatte omkr. Aar 862 føre St. Vandregisls Skrin bort fra Klostret for at bevare det mod Vikingerne, og hvorledes Vikingerne nogen Tid efter bemægtigede sig den hele Egn om Seinens Munding, plyndrede Byer og brændte Kirker. Efter at denne Fordærvelse havde varet i 18 Aar under forskjellige Høvdinger, seilede de ud paa det britanniske Hav, men efterlod Landet som en Ørken — en ligefrem Skildring af Tilstanden efter Herjetogene i Normandie fra 876 indtil Aar 892, da Vikingerne seilede over til England. Derefter vender Forfatteren sig til Rollo: »Normannernes seneste Anfører, Rollo, mægtigere, retfærdigere og klogere end de andre, landede ved Seinen,

trængte ind i de øde Byer, forjog eller undertvang de faa til-
oversblevne og delte Landet mellem sine Mænd. Han gav
Love og Ret for Krig og Fred, hvorved han knyttede alle til
sig og gjorde dem til ét Folk. Og efterat han i den følgende
Tid havde modtaget den kristne Daab, efterlod han ved sin
Død et velordnet Rige til sin Søn, den unge Vilhelm. Paa
dennes Tid blev Kristendommen udbredt, de før ødelagte Kir-
ker og Klostre byggedes paany, han selv opførte St. Peters
Kirke i Jumiéges, hvor han tænkte paa selv at tage Munke-
dragt, da han blev myrdet« osv. Denne korte, men kraftige
Skildring skiller meget tydelig mellem Rollos ødelæggende og
plyndrende Forgjængere — altsaa Sigfred m. fl. til 892 — og
Rollo selv, der erobrer Landet til Bosættelse og grundlægger
Staten fra nyt af som Lovgiver; den fremhæver ligeledes, at
Bosættelsen i Distriktet gik forud for Daaben, og adskiller
endelig den halvkristne Tid under Rollo fra den endelige
Omvendelse under Vilhelm. Og denne Skildring har saame-
get større Betydning som den viser, at Lokalsagnet i Fonte-
nelle i alle væsentlige Træk stemmer med de samtidige An-
naler, med Klagen over Grev Vilhelms Død og med Ademar,
medens den ganske afviger fra Dudo.

Munken Vilhelm i Jumiéges, der skrev sin »Norman-
nernes Historie« efter Englands Erobring, men før Kong Vil-
helms Død — altsaa c. 1070—80 — har gjort et nøgternt
Uddrag af Dudos stortalende Værk; i hvor stærk Grad han har
øvet Kritik ligeoverfor sin Forgjænger, har man ikke før i
den sidste Tid havt saa let for at indse, da Vilhelms Værk
allerede i 12te Aarhundrede var bleven interpoleret ved Ind-
skud fra Dudo, hvis fyldigere Fremstilling tiltalte Tidsalderen
mere. L. Delisle har i sin Fortale til Le Prevost's Udgave
af Orderic Vitalis gjort opmærksom paa dette Forhold; han
nævner saaledes, at hele Rollos Ungdomshistorie (II, Cap. 1—8)
ikke tilhører Vilhelm, men er laant fra Dudo. Gjennem vel-
villig Meddelelse fra Prof. Darmesteter i Paris har jeg faaet
Oplysning om, hvad der staar i de Haandskrifter, der ikke
ere interpolerede.[1] Vilhelms Fortælling er vistnok kun et

---

[1] Haandskriftet No. 15047 i Bibl. nationale (anc. fonds St. Victor
No. 580): Post emensis plurimorum annorum intersticiis Frantia ab

Uddrag af Dudo, men med mærkelige Udeladelser. Hele
Rollos Ungdomshistorie, hans Kamp med den daciske Konge
og hans Fordrivelse er forsvundet, ligeledes Frislands Under-
tvingelse, og Rollo nævnes ikke engang førend ved Rouens
Underkastelse; derved har Vilhelm tydelig betegnet Dudos
Fortælling som apokryfisk. Og idetheletaget indtager hos
Vilhelm Erobringstoget mindre Dimensioner: ifølge den be-
kjendte Udvandringslov drives Danmarks Ungdom paa 6 Skibe
ud af Landet, lander paa Scanza og seiler over til England,
hvor efter en Kamp med de Indfødte Kong Elpstann slutter
Forbund med dem og giver dem Tropper med: paa Walcheren
fanger de Hertug Raginer Langhals, hvis Hustru udløser ham
med store Løsepenge, og derefter forlader de Scheldeegnene
for »i Aaret 876« at gaa til Seinen; først her og i det føl-

hiis tumultuum fragoribus paulisper sopita iterum Danamarcha flam-
mivomos exterminii jure ticiones spargens plurimo tyrones a se ju-
venili flore vernantes, priscorum patrum lege secernit.. Qui profecto
cum sex navibus armato milite plenis maria petentes Scanzam insu-
lam applicavit. Indeque anchoris sublatis spirantibus salubriter
auris anglicam agrediuntur Britanniam cum quibus Angli confestim
obvii congressione facta confligentes multis suorum amissis cum do-
lore refugerunt. His Elpstanno regni illius rex compertis missa
legatione protinus pacem petit et adipiscitur, firmatisque federibus
amiciciæ indissolubili adinvicem connectuntur. A quo sue expeditio-
nis postulantes auxilium magnam armatorum parva intercapedine
temporis sibi contraxerunt manum. — Mox ergo velis in sublime
pansis, fluctivaga sulcantes equora, circio spumeas hac illacque ro-
tante undas cum magno vite periculo devolvuntur ad Walchras. Qui-
bus mortem evadentibus et de maris dispendio respirantibus Raine-
rius Longi colli Hainoensis sive Hasbauiensis dux cum multitudine
gravi bellum inferens et eos a terra exturbare cupiens, extinctis
suorum quampluribus, ipse victus capitur compedibusque mancipatus
in navi captivus detruditur. In illa vero pugna a Rainerii militibus
XII Danorum bellatores capiuntur, quos uxori ejus repræsentantes
decreverunt pro eis reciproce suum dominum recipere. Qua denique
spe ex toto non sunt frustrati, nam uxor ejus legatos ad Danos
mittens et ipsa suum virum dato pro eo magno auro pondere repicit,
et Dani qui ab ipsa tenebantur dimittuntur liberi. — His itaque
sedatis Dani vela ventis librant, Scaldi alveum deserentes atque .per-
menso ponto octingentesimo septuagesimo sexto ab incarnatione Do-
mini anno o. s. v. som hos Duchesne (II, 9) p. 227.

gende omtales Rollo. Disse Træk viser, at der om Rollo ved
Siden af Hoftraditionen i Normandie ogsaa fandtes andre, min-
dre glimrende Sagn, som aldeles fornægtede Slægt-
skabet med den danske Konge. I dette Punkt er Vil-
helm meget konsekvent: istedenfor som Dudo at fortælle, at
de normanniske Høvdinger efter Hertug Vilhelms Død sendte
Bud til den danske Konge Haigrold om at han skulde hjælpe
sin Slægtning, Vilhelms Søn Richard, fortæller Vilhelm af
Jumièges, at den danske Konge Haigrold kom som Land-
flygtig til Hertug Vilhelm, fordreven af sin Søn Sven, at
Hertug Vilhelm modtog ham »med passende Hæder« og gav
ham Grevskabet Cotentin. Der siges ikke et Ord om at
de var Slægtninge, og Vilhelms Fremstilling er da en Pro-
test mod Dudos Beretning om dette Slægtskab[1].

Den Tid, der var hengaaet mellem Dudos og Vilhelms
Forfattervirksomhed, havde bragt større Klarhed over nor-
diske Forhold, saa at Vilhelm ikke længer som Dudo søger
Danernes Hjem i Øst-Europa og ikke kunde forvexle Dacer
og Daner; endvidere havde Danerne optraadt som den ledende
nordiske Nation, saa at det var naturligt nok at henføre alle
Normannernes Bedrifter til Danerne. Nogen Uklarhed blev
endnu tilbage om Øen »Scanza«, som ogsaa Vilhelm lægger
udenfor Danmark. Det synes at have været et almindeligt
Sagn i Normandie, at Folket var kommet fra en stor Ø i det
nordlige Ocean; thi Beretningen herom varieres paa forskjel-
lige Maader. Omtrent samtidig med Vilhelm skrev Munken
Amatus af Monte-Cassino († som Biskop i Nusco 1093), at
Normannerne var komne fra Øen Nora; den lidt senere Gau-
frid Malaterra vakler mellem at udlede dem fra »Dacia« eller
fra »Norveia«, og en Chronicon Nortmannorum, der rimelig-
vis er skrevet i 11te Aarhundrede[2], beretter, at de Norman-
ner, der plyndrede Frankrige i 9de Aarhundrede, »kom fra
Øen Scanzia, som kaldes Northwegia, hvor der bor Gother og

---

[1] Det vedkommer ikke dette Forhold, at begge Beretninger er uhisto-
riske, sml. ovenfor Side 8 og Tillæg IV.
[2] Normandiets Grundlægger kaldes Rodo, medens Formen Rollo
trængte gjennem overalt efter Dudos og Vilhelms Tid.

Huner og Dacer‹, og at Normannerne kaldte sit Rige ›North-
mannia, fordi de var udgaaede fra Northwegia‹ [1]. At dette
er mere end et etymologisk Forklaringsforsøg sees deraf, at
der virkelig findes ét normannisk Sagn om Rollos Ned-
stammelse fra Norge. Munken Vilhelm fra Malmesbury
(† c. 1142), der var af blandet engelsk og normannisk Her-
komst, skrev omkr. 1120 sin ›Gesta Regum Anglorum‹ efter
engelske og normanniske Kilder; hvad han beretter om Rollo
stammer aabenbart fra Normandie, dels fordi engelske Kilder
idethele ikke befatter sig med Normannernes ældre Historie,
dels fordi Sagnene om Jomfru Marias Særk i Chartres, om
Fodkysset, om Ægteskabet med Gisla osv. er ægte norman-
niske. Om Rollo siger Vilhelm, at han stammede fra en
ædel Familie hos Nordmændene, hvis Navn imid-
lertid i Tidens Løb var glemt, at han var forvist
fra Landet af Kongen og at han førte med sig paa
sit Tog mange Forgjældede og Forbrydere (ɔ: Fred-
løse), som havde sluttet sig til ham i Haab om bedre
Vilkaar [2]. Ved Vilhelm af Malmesbury's Ord om Rollos
Landsforvisning bør man ikke tænke paa Dudos og Vilhelm
af Jumièges' Beretning om at Vikingerne idetheletaget be-
stod af den paa Grund af Folkemængden landsforviste ›da-
ciske Ungdom‹, thi Vilhelm af Malmesbury adskiller jo ud-
trykkelig mellem Rollo, som den norske Konge havde forvist,
og hans Mænd, som under trykkede Forhold i Hjemmet fri-
villig sluttede sig til ham i Haab om Vinding udenlands.
I Beretningen maa vi snarere se en positiv Oplysning om en
normannisk Tradition, svarende til Vilhelm af Jumièges' nega-
tive Protest mod Dudos Fremstilling af Rollos glimrende
Herkomst.

---

[1] Pertz I 533, 536. Herfra er samme Udtryk optagne i en Genea-
logia Ducum (Duchesne p. 213), forfattet kort efter 1120.

[2] Rollo, qui nobili sed per vetustatem obsoleta prosapia Noricorum
ortus, regis præcepto patria carens, multos quos vel æs alienum vel
conscientia scelerum exagitabat, magnis spebus solicitatos secum ab-
duxit. (Gesta regum Angl. ed. Hardy, p. 199).

Studiet af disse Krøniker har vist os, at der i Normandie og Nordfrankrige fandtes ikke en énstemmig Tradition om Rollos Herkomst fra Danmark, men to forskjellige Traditioner: den ene, Hoftraditionen hos ·Dudo, berettede, at Rollo stammede fra en mægtig Slægt i Danmark og var nær beslægtet med de danske Konger, og dette Sagn er efter vor Mening opstaaet ved Sammenblanding med de danske Hærkonger Godfred og Sigfred; den anden berettede om Rollos Herkomst fra Norge og Landsforvisning ved den norske Konge. I det følgende skal vi undersøge, hvilken af disse Traditioner finder Støtte i de Lande, hvorfra Vikingetogene udgik.

Allerede her skal vi forudskikke en Bemærkning om Rollos 'Navn. Rollo er den latiniserede Form af oldfr. Rols (obl. Rollon), senere Rol eller Rou (sml. Rollonis mara, hos Orderic Rolmara, senere Roumare). At Rollo gjengiver oldn. Hrólfr eller Rólfr (udtalt Rólv-r), sees deraf, at Normannernes Fanebærer ved Hastings, som normanniske Skribenter kalder Turstinus filius Rollonis[1], heder i Domesdaybook Turstinus filius Rolf[2]. Navnet Rodulf maa dog mangesteds i Frankrige have været udtalt med hørligt *d* (derfor skrives i Diplomer fra 11te Aarhundrede Rodollus), siden man kunde falde paa at kalde Normandies Erobrer Rodo eller Rosus; her har man altsaa kastet 2den Sammensætningsdel (-ulf) bort og af 1ste dannet et nyt Navn.

III. Danske Krønikers Beretninger om Rollo og Normandie.

De danske Kilder er i det hele enige om, at Riget Normandie var grundlagt af Nordmænd, og kjender intet Sagn om

---

[1] Orderic Vitalis II 147.
[2] Ellis, introduction to Domesdaybook I 497.

en Erobring udgaaet fra Danmark. Selvfølgelig findes ingen ligefrem Udtalelse herom, men det fremgaar dog med Sikkerhed af de danske Krønikers Ordknaphed vedkommende Frankrige. Denne danske Opfatning kan vi følge tilbage til dens Kilder, i Adam fra Bremen og i franske Krøniker. Hvor Adam følger de frankiske Annaler, ved han meget vel, at danske Høvdinger deltog i eller ledede Vikingetog til Gallien; men denne danske Vikingetid lader han afsluttes med Slaget ved Løwen (891), og hvor han siden følger danske Kilder, betoner han, at de Danske gjorde Rettigheder gjeldende til England og Frisland, men taler ikke om Normandie; han har ikke kjendt noget dansk Sagn om Erobringen, men henført denne til Nordmændene. Adams Ytringer om Vikingetogene har havt stærk Indflydelse paa de danske Krøniker, hvorfor vi citerer dem i Sammenhæng: »Derefter skrives i den hellige Biskops (Ansgars) Levnet, hvorledes han ved sit Komme til Dania fandt den yngre Horic som Konge. Med dette Tidspunkt stemmer »historia Francorum«, der omtaler Danerne saaledes: Nortmannerne havde ad Loire brændt Tours, ad Seinen beleiret Paris, Karl havde af Frygt givet dem Land til Bebyggelse. Efterat de dernæst havde plyndret Lotharingia og underlagt sig Fresia, vendte de sin seirende Høire mod sit eget Indre. Thi da Gudurm Normannernes Høvding kjæmpede med sin Farbroder, Danernes Konge Horic, skede der saa stort Mandefald paa begge Sider, at hele Almuen faldt« osv. Dette kunde af danske Forfattere ikke opfattes anderledes end som en Strid mellem Nordmænd og Danske; den roskildske Forfatter fra c. 1140 skriver derfor: »Nordmænd (Normanni) plyndrede Gallia og· gjorde Indfald gjennem Floderne Loire, Seine og Rhinen. Af Frygt for dem gav Francias Konge Karl dem Land at bebo, som de ogsaa den Dag idag besidder; dernæst angreb de Dania og dræbte Kong Horic«. Denne Forfatter tager ligefrem Adams Normanni for Nordmænd, og til Adams Bemærkning knytter han, at de blev boende i det erobrede Land, hvorved rigtignok Karl den enfoldige blandes sammen med hans Farfader, Karl den skaldede; den roskildske Forfatter udleder altsaa Normannerne fra Norge og kjender in-

tet dansk Sagn om Rollo eller om »den danske Erob-
ring af Normandie«.

Den kortfattede »Historia brevior« fra Midten af 12te
Aarhundrede gjengiver ogsaa Adam i Uddrag: fertur Danos
transisse per Ligerim fluvium, Turones succendisse, per Se-
canam Parisius obsedisse, Imperatorem timore pulsum eis ter-
ram ad habitandam dedisse«. Han har ombyttet Normanni
med Dani, hvad Adams Udtryk kunde give ham Ret til; men
han har ikke tilføiet et Ord om Rollo eller om den danske
Bosættelse. Ogsaa de Lundske Aarbøger gjengiver Adams
Ord méd enkelte Forbedringer, saaledes retter de »Karolum«
til »regem potentissimum Francæ«; ogsaa her menes ved »Nor-
manner« Nordmænd, thi hvor Adam siger »Dani vel Nort-
manni« har Aarbøgerne »Dani et Normanni«. Ved Aar 904,
905, 914, 934 omtales efter nordfranske Annaler Slaget ved
Chartres, Freden mellem Franker og Normanner, mellem
Franker og Daner samt at Normannernes Hertug, Vilhelm
Rollos Søn, døde; dette er optaget ikke som hørende til den
danske Historie, men fordi de danske Annaler oprindelig
stammer fra Nordfrankrige; de viser os imidlertid ad hvad
Vei der endelig naaede en Efterretning om Rollo til Dan-
mark. Rykloster-Krøniken har nemlig ogsaa benyttet Adams
Ord, rimeligvis paa 2den Haand gjennem de Lundske Aar-
bøger, men har i dette Uddrag fra andre Kilder indsat »Rollo
dux Danorum« som Anfører for de Normanner, som fik Land
af Kong Karl (den skaldede!); den siger nemlig: Hujus enim
tempore Rollo dux Danorum Franciam intravit et Carolum
regem Francie compulit dare sibi terram quæ nunc Normannia
dicitur«. Dette bør ikke kaldes noget »dansk Sagn«, det er
jo kun Laan fra to forskjellige udenlandske Kilder; et dansk
Sagn vilde nok have gjengivet Helten hans virkelige Navn
Rolv, ikke beholdt den fransk-latinske Udgave, og det vilde
have berettet mere om ham. Ogsaa Rykloster-krøniken er saale-
des indirekte et Vidnesbyrd om, at der heller ikke i 13de
Aarhundrede existerede noget dansk Sagn om Rollo eller om
den danske Erobring af Normandie.

I det hele taget beskjæftiger den danske Sagnhistorie sig
meget lidet med Normandie og Nordfrankrige. Dette kunde

synes paafaldende nok, da jo mange Hærtog udgik fra Danmark til Nordfrankrige i Løbet af 9de Aarhundrede. Man har villet søge Forklaringen til denne Taushed i den Omstændighed, at Navnene Norðmenn og Normanni forvexledes, saa at Normannernes (d. e. Nordboernes) Bedrifter tillagdes Nordmændene alene og Begivenheder i Normandie henførtes til Norge. Saa har ogsaa utvivlsomt været Tilfælde med fremmede, franske og engelske, Forfattere, og forsaavidt disses Skrifter læstes i Norden, kunde de ogsaa virke tilbage her. Men denne Omstændighed forklarer ikke alt, thi de danske Sagn kaldte dog ikke Vikingerne Normanner, men kjendte dem som Danske og Nordmænd eller ved deres specielle Navne. Rigtigere er det vistnok at søge Forklaringen i det ovenfor paapegede Forhold, at Danmarks senere Historie i 11te og 12te Aarhundrede vendte det danske Folks Opmærksomhed mod England og de østersøiske Egne, saa at det glemte Togene mod Gallien. Lettere maatte denne Glemsel indtræde, hvis der, som jeg tror, ikke knyttede sig nogen blivende Erobring til Togene mod Frankrige, d. e. hvis Erobringen af Normandie ikke er udgaaet fra Danmark eller ledet af en dansk Høvding.

Man har i den nyeste Tid villet lægge stærk Vægt paa en Sammenhæng mellem dansk og normannisk Sagnhistorie for derved at støtte Theorien om en national Enhed. Joh. Steenstrup har saaledes stærkt betonet, at Sagnet om Frode gjenfindes i hvad normanniske Skribenter fortæller om Rollo, og deri har han efter vor Mening Ret. Saxo fortæller, at Kong Frode paa et Tog til Norge beseirede Nordmændene (Norvagienses eller Normanni) saa aldeles, at af 3000 Skibe kun 170 var uskadte og af Nordmændene kun ⅕ overlevede Striden; for at sikre Freden ophængte Frode én Armring paa en Aas, som kaldes Frodeaas (Frothonis petra) og en anden i Provinsen Viken, og paa samme Tid gav han Love for at beskytte Fred og Eiendom, — deriblandt at intet skulde holdes under Laas og Lukke, og hvis nogen tabte noget, skulde Kongen erstatte det med tredobbelt Værd, at en Tyv skulde hænges med gjennemborede Lemmer og med en Ulv ved Siden, og at en Hæler skulde straffes som Tyv[1]. Hr. Steenstrup har vist, at disse Love er de samme, som (efter Dudo og Vilhelm) Rollo gav, saa at altsaa et Sagn om Rollo i Normandie er overført paa Frode i Norge; han har endvidere paavist, at Ringsagnet, som Saxo fortæller om Frode i Norge, berettes om Rollo i Normandie. Det forekommer os da, at den eneste mulige Slutning her i begge Tilfælde er den samme, at det danske Sagn urigtig har tillagt Frode hvad der oprindelig fortaltes om Rollo, og den Omstændigded synes at give os absolut Sikkerhed, at i det danske Sagn »Normanni« og Norge spiller en Rolle, saa at ogsaa her en Erobring af Norge (o: Normandie) gaar forud for Lovgivningen. At et Sagn, som i tidligere Tid udenlands fortaltes om andre Helte, i 12te Aarhundrede kommer til Danmark og der knyttes til den nationale Kongehistorie, har jo Paralleler nok. Denne Kong Frodes Historie har vitterlig modtaget Laan fra mange Kanter; det er saaledes paavist, at Frodes Love er opstaaede i Vikingetiden (9de Aarhundrede)[2]; det er endvidere sikkert nok, at hans Kampe med Hunerne er laante fra et ældgammelt Sagn om Kampen mellem Huner og Goter, at hans Bedrifter i England er Efterligning af Rolv Krakes i Sverige, at endelig Sagnene om Hedin og Hogne, om Arngrim og Eyfura, om Fostbrødrene Asvid og Asmund ligesaa urigtig er overførte paa Frode. Ligesaa sikkert er det, at den danske Sagnhistorie overhovedet har optaget i sig en Mængde uhistorisk Stof, som efterhaanden er bleven omskabt til Historie; saaledes har Kong Hadding laant Bedrifter fra Guden Njord, ja Balder og Hod er jo ligefrem fra Guder omskabte til danske Konger; paa lignende Maade er Kongerækken Viglet—Værmund—Uffe ligefrem laant fra England eller ialfald fra Anglerne, og Kong Jarmunrek laant fra Goterne, ligesom Udvandringen under Kong Snio er hentet fra latinske Krøniker om Langobarderne. I det hele maa det derfor fastholdes, at naar et af Saxos »danske« Sagn findes igjen udenlands, er der overveiende Sandsynlighed for, at det er udenlandsk og først i sen Tid knyttet til dansk Historie. Af det danske Sagn

---

[1] Saxo p. 246—48. [2] Steenstrup p. 311—33.

om Frode (= Rollo) kan vi lære om Sagns Vandringer, men faar intet Bidrag til dansk Historie.

Kong Frode fredegod er heller ikke den eneste danske Konge, som har laant Bedrifter fra Normandie; ogsaa en af hans Forgjængere af samme Navn, Frode I, har Digtningen beriget med et normannisk Sagn, idet Saxo om ham fortæller, hvorledes han erobrer fjærne Borge (Paltisca og London) ved samme List, hvormed den normanniske Hasting erobrede Luna. Den normanniske Sagndigtning vandrede nemlig i 11te og 12te Aarhundrede viden om og kunde saaledes ogsaa komme til Danmark. Dette er jo ikke mærkeligere, end at andre normanniske Sagn er naaet ogsaa til Norge eller Island. Hastings Beleiring af Luna i Italien og dens Indtagelse ved den forstilte Begravelse er i Kongesagaerne bleven til, at Harald haardraade som Væringehøvding indtager ved samme List en Borg i Sicilien; det norsk-islandske Sagn har altsaa dog bedre fastholdt den geografiske Skueplads end det danske. Ogsaa et senere normannisk Sagn har slaaet sig ned i Norge (eller Island); hvad Sagaerne fortæller om, at Nordmændenes Konge Sigurd under sit Ophold i Konstantinopel brugte Valnødder som Brænde, det havde allerede Wace fortalt om Normannernes Hertug Robert under dennes Ophold i Konstantinopel. Der skulde i hin lettroende Tid aabenbart blot en Idéassociation, en Navnelighed til for at bringe Sagn og Begivenheder til at flytte Tid og Sted; paa sligt luftigt Grundlag bør man allermindst bygge ethnografiske Theorier.

IV. Norsk-islandske Sagn om Gange-Rolv.

En norsk Beretning om Normandies Erobring har ikke været kjendt, førend P. A. Munch Aar 1849 fandt det skotske Haandskrift af »Historia Norvegiæ«. Denne Krønike har jeg søgt at vise er forfattet i Norge i Tiden om 1180[1]; til den Argumentation, jeg tidligere har fremført for denne Mening, skal jeg her tilføie, at Forfatteren har dediceret sin Bog til sin Lærer Agnellus, der neppe er nogen anden end Thomas Agnellus, Erkediakon i Wells (Sotherset) a. 1175, der omtales som Forfatter af »sermones«, hvoriblandt en Ligtale over den unge Kong Henrik (III) Aar 1182[2]. Iøvrigt er saavel Sophus Bugge, der antager Bogen forfattet c. 1230, som Konr. Maurer, der henfører Bogen til Sluten af 13de Aarhundrede, enige om, at Krøniken laaner fra ældre skriftlige Kilder[3], saa at dens Efterretninger kan betragtes som tilhørende 12te Aarhundrede.

Under Skildringen af Norges Skatlande kommer Forf. først til de skotske Øer, Orknøerne og Sudrøerne, som han sammenfatter under Navnet Orchades. Her boede, heder det, oprindelig Peter (o: Pikter) og Paper (irske Præster); men i Kong Harald haarfagres Dage drog norske Vikinger af Høvdingen Ragnvald den stærkes Æt over Solund-havet til Øerne, udryddede de to Nationer og lagde Øerne under sig. Her tog de fast Vinterophold, medens de om Somrene drog paa Tog, snart til Angler, snart til Skotter og Irer, saa at de i England erobrede Northumberland, i Skotland Katanæs, i Irland Dublin og de andre Kystbyer. En af disse Vikinger var Rodulfus (af sine kaldet Gongurolfr, fordi han paa Grund af sin Størrelse ikke kunde ride, men altid gik), som ved en mærkværdig List erobrede Roda i Normandie. Nordmændene skjulte sig nemlig med 15 Skibe i en Flod og grov paa Marken Grave, som de dækkede med Grønsvær; derpaa rykkede de ud til Kamp, men trak sig under Kampen tilbage og lokkede

---

[1] Se »Norske Historieskrivere paa Kong Sverres Tid« (Aarb. f. nord. Oldk. 1871), »Yderligere Bemærkninger om den skotske Historia Norvegiæ« (Aarb. 1873), »De ældste Forbindelser mellem den norske og den islandske historiske Literatur« (Kristiania Vid.-Selsk. Forh. 1875).

[2] Sml. v. Sybels Historische Zeitschrift B. 37 p. 409.

[3] Bugge, Bemærkninger om den i Skotland fundne latinske Norgeskrønike (Aarb. 1873); Maurer, Gulaþing i Ersch & Grubers Encyklopædie.

Fiendernes Rytteri til at forfølge, hvorved dette faldt i Gravene og nedhuggedes. Derefter trængte Nordmændene ind i Byen og bemægtigede sig Landet, som fik Navnet Normandie. Rodulfus blev Landets Høvding, og med den faldne Greves Hustru fik han Sønnen Vilhelm (derefter følger Stamtavlen, hvorom nedenfor); senere gjorde Rodulfus Indfald i Frisland og vandt Soier, men blev kort efter myrdet af sin Stifsøn i Holland.

I denne Beretning maa man skille mellem de normanniske Grevers Stamtavle, som er af udenlandsk Oprindelse, og Resten, som jeg skal søge at vise er et norsk Sagn. Stamtavlen lyder saa: »Rodulfus — — genuit Wilelmum cognomento longosped, patrem Ricardi qui item filium genuit sibi equivocum. Junior vero Ricardus pater erat Wilelmi bastardi qui Anglos devicit. Iste genuit Wilelmum rufum et Henricum fratrem ejus qui in prophecia Merlini regis leo justicie prenominatus est«. Tilnavnene »longosped« (eller rettere long-esped af oldfr. esped = épée) og »bastard« istedenfor de i skriftlige Kilder brugelige Longaspatha og Nothus, Tabet af et Led (Vilhelms Fader Robert) samt Omtalen af Merlins Spaadom viser, at Forf. har hentet sin Stamtavle fra den mundtlige Tradition; og denne Tradition er engelsk, thi blandt Vilhelm Bastards Sønner omtales ikke den ældste, der var Hertug i Normandie, men kun de to yngre, der blev engelske Konger. Men Resten af Beretningen har en ganske anden Karakter. Den kan ikke være laant fra det normanniske Sagn, som vi fandt hos Vilhelm af Malmesbury, thi Historia Norvegiæ's Beretning falder ikke i noget Punkt sammen med Vilhelms. Og de Navneformer, Krøniken bruger, er norske; den gjengiver Rolvs Navn paa Latin med Rodulfus, ikke Rollo, som man kaldte ham i England og Frankrige, og den kalder Rouen Roda, hvilket netop staar midtveis mellem fr. Rodomus, eng. Roðem og isl. Ruðu. For at bestemme denne norske Traditions Værdi skal vi nærmere undersøge dens Enkeltheder.

Har Vikinger af en norsk Høvding Ragnvalds Æt i Kong Haralds Tid erobret de skotske Øer? Ja. Af Beretningen om St. Findan, der blev fangen af Nordmænd i Irland, men paa Hjemveien undkom fra dem paa Orknøerne, fremgaar, at

Orknøerne omkr. 844 var ubeboede, idet Indbyggerne var
flygtede eller bortførte som Træle, medens Nordmændene
endnu ikke havde nedsat sig her[1]. Derimod beretter det før
citerede Brudstykke af irske Annaler, at kort før 860 en norsk
Konge, Ragnvald Halvdanssøn, der var fordrevet fra sit
Hjem af sine Brødre, flygtede med sine Sønner til Orkn-
øerne og slog sig ned her[2]. Den islandske Tradition bekræf-
ter dette yderligere ved at nævne som Orknøernes første Jarler
efter Bebyggelsen Ragnvald Jarls Broder Sigurd, hans Bro-
dersøn Gudorm og hans Søn Einar (Torv-Einar)[3]. Her har
vi altsaa Krønikens »Vikinger af Ragnvald den stærkes Æt«.
De islandske Sagn og irske Annaler bekræfter, hvad Krø-
niken beretter om, at Orknøerne blev koloniserede af
norske Vikinger af Ragnvalds Æt i Harald haar-
fagres Tid.

Har Orknøerne været Udgangspunkt for nye norske Erob-
ringer? Ja. Baade før og efter den norske Kolonisation var
Orknøerne et »Vikingebøle«, ja det vedblev at være dette
endnu langt ned i 12te Aarhundrede (Svein Asleivssøn); den
nære Forbindelse mellem Orknøerne og de øvrige norske Riger
i Vesterlandene er derfor klar nok. Ligesom Kong Ragnvalds
Sønner paa Hjemreisen fra Spanien og Afrika landede i Ir-
land, saaledes førte den dublinske Konge Olav († c. 872)
Krige i Skotland[4]; medens efter irske Annaler hans Søn
Eystein faldt paa et Tog i Skotland, beretter islandske Sagaer,
at hans Søn Thorstein i Forbund med Orknøjarlen Si-
gurd erobrede Nordskotland og dræbtes paa Katanæs; senere
gjorde to Slægtninge af dem, Sønnesønner af Ivar († 873), et
nyt Tog til Nordskotland, hvor de dræbte Pikterkongen Ead,
men paa Toget faldt den ene Broder Ivar (904)[5]. Det frem-
gaar tydeligt af Jarle-Sagaen, at lige siden Torv-Einars Tid
(c. 900) hørte Katanæs under Orknøjarlerne. Og naar Høv-

---

[1] Vita S. Findani hos Goldast, rer. Alemann. scriptores.
[2] Sml. Side 67 ff. [3] Det er for denne Sag ligegyldigt, om den irske
Krønikes Raghnall er den samme som Sagaernes Ragnvald Jarl eller
en anden. [4] War of the Gaedhil p. 270. [5] Chron. Scotorum a. 904,
Ulster-Annalerne a. 903.

dinger af Ivars Æt i Aarene om 915—20 erobrede Dublin
og andre Kystbyer, er der saa meget mindre Grund til
at tvivle om, at denne Erobring udgik fra de skotske Øer,
som man finder, at flere af Anførerne netop i samme Aar
færdedes i de skotske Farvand[1]. Det vil heller ikke kunne
nægtes, at ogsaa Northumberland er kort efter 900 kom-
men under denne Kongeslægts Besiddelse, naar man stiller
sammen de enkelte Vidnesbyrd, som herom er opbevarede.
Det er ovenfor nævnt, at ved 924 omtales Nordmænd som en
Del af Northumberlands Befolkning, og ved 941 at disse havde
været den herskende Befolkning, specielt ligeoverfor Danerne[2].
Northumberlands Konger i disse Tider var Ragnvald c. 923,
Sigtryg fra Dublin † 926, hans Broder Godfred og deres
Sønner Olav Godfredssøn samt Olav Sigtrygssøn, alle af Ivars
Æt, der egentlig hørte hjemme i Dublin; da disse Konger
saaledes herskede over Nordmænd i Dublin og Daner i North-
humberland, har de irske Annaler Ret, naar de kalder Sigtryg
og Olav Godfredssøn Konger over »Finngaill og Dubhgaill«
(Nordmænd og Daner)[3]. Den, som stiftede dette Rige i
Northumberland, synes at have været Ragnvald; thi om ham
beretter Lindisfarne-Annalerne, at medens Cuthard var Biskop
i Durham (899—913), landede Kong Ragnvald med en stor
Flaade og erobrede St. Cuthberts Land, som han uddelte til
sine to Jarler Skule og Olav Ball[4], og Erobringen synes at
være fuldendt i 923, da Ragnvald vandt York[5].

Det er saaledes aabenbart, at der i Tiden om 900 har
bestaaet en meget livlig Forbindelse mellem Vikingerne i Skot-
land, Nordengland og Irland, og at alle disse har havt sit
Støttepunkt i Kolonien paa de skotske Øer. Naar nu Krø-
niken hertil knytter den Oplysning, at den Vikingehøv-
ding, som stiftede Riget i Normandie, udgik fra de
skotske Øer, at han kaldtes Gongu-rolfr og var af
Ragnvalds Æt, fortjener denne Efterretning saa meget
større Opmærksomhed, som ogsaa andre norske Vikinger fra

---

[1] Sml. ovenfor S. 137. [2] Se ovenfor Side 19.
[3] Chron. Scotorum a. 926. 940. [4] Pertz scriptores XIX, 506.
[5] Saxon chronicle (D) a. 923.

de vestlige Farvand i disse Tider herjede i Frankrige; vi har
ovenfor pegt paa Forbindelsen mellem Loire-Normannerne og
de norske Vikingehøvdinger fra Irland, og en Undersøgelse
af de islandske Traditioner om Gange-Rolv vil yderligere be-
kræfte dette.

Den norske Krønikes Beretning bør saaledes ingenlunde
skydes til Side, men fortjener som ægte Folketradition at stil-
les op i Linje med Sagnene fra Normandie. En anden Sag
er, at Beretningen som Indskud i en historisk-geografisk Be-
skrivelse er i Hovedsagen meget kortfattet, og at den som
Folketradition hovedsagelig dvæler ved de romantiske. Træk.
Erobringen af Rouen udstyres med et af det Slags Krigspuds,
som hyppig gjentager sig i Normannernes Krigsførelse og f.
Ex. anvendtes ved Paris's Beleiring i 886, og om Gange-Rolv
fortælles den aldeles uhistoriske Familiekrønike, at han ægtede
den afdøde Greves Enke og saaledes fortrængte hendes Søn,
som siden hevnede sig ved at overfalde og dræbe Rolv paa
et Tog i Holland[1]. Det kan være rimeligt, at disse Sagn er
indblandede fra andre Vikingehøvdinger, hvorved man har
gjættet enten paa Kong Godfred i Frisland († 885) eller paa
Rollos Søn Vilhelm, der blev dræbt af en flandersk Greve;
aabenbart er disse Sagn ægte hjemlige Sagn, idet de ganske
svarer til hvad ellers fortælles om, hvorledes erobrende Vi-
kinger altid sviges af de Indfødte, som Thorgisl i Irland eller
Thorstein i Skotland o. s. v. Naar derfor Joh. Steenstrup
herom bemærker, at »Krøniken har saaledes kun sammen-
arbeidet paa den uheldigste Maade nogle faa fra udenlandske
Kilder hentede Beretninger, som ikke vedkomme Normandiets
Erobrer, med den norske Tradition om Gangerolf«, er dette
Paastande, der savner Bevis og savner Rimelighed.

---

[1] Navnet »Hollandia« i 12te Aarhundrede bør ikke vække noget An-
stød, thi Greverne af Holland førte denne Titel ialfald siden Midten
af 11te Aarhundrede. Dette bemærker jeg, fordi Joh. Steenstrup
(p. 18) erklærer, at Navnet »Hollandia« hos Saxo p. 178 »naturlig-
vis« maa rettes, hvilket jeg finder aldeles unødvendigt.

Den islandske Tradition om Gange-Rolv findes optegnet i Landnamsbogen, i Jarlesagaen og hos Snorre; vi skal betragte disse Kilder hver for sig.

Landnamsbogen er i sin nukjendte Skikkelse bevaret i Sturla Thordssøns Bearbeidelse, men stammer fra ældre Forfattere i 12te Aarhundrede, for de vestlandske Sagn i Hovedtrækkene fra Are den frode, for de østlandske fra hans Samtidige Kolskegg den frode. Til den vestlandske Redaktion maa vi henføre Beretningen om Gange-Rolvs Datter. Ketil Flatnevs Søn Bjørn austrøne (ɔ: norske) havde bosat sig i Vestfjordene omtr. 880—90; hans Sønnesøn var Helge Ottarssøn, som i et af Aarene omkr. 930—40 »herjede i Skotland og der tog tilfange Nidbjorg, Datter af Gange-Rolvs Datter Kadlin og Kong Bjolan« [1]. O'Beolan hed den skotske Høvdingeæt, der fra gammel Tid herskede i Applecross i det sydlige af Ross (ligeoverfor Øen Skye) og fra hvem ifølge skotske Genealoger de senere Jarler af Ross stammer [2]; til denne Æt hørte da aabenbart den »Kong Bjólan«, hvis Datter Helge fangede i Skotland, og det er aldeles vilkaarligt, naar Joh. Steenstrup kalder ham »irsk« Konge og antager ham for den samme som en irsk Fyrste Beolan littill, der døde saa sent som 969 [3]. At en Høvding fra Ross ægter Gange-Rolvs Datter er et mærkeligt Vidnesbyrd for Sandheden af hvad Hist. Norv. beretter om Gange-Rolvs Ophold i Nabolaget. Ogsaa Navnet paa Gange-Rolvs Datter er mærkeligt: det er gælisk og kristeligt; thi Kaðlin er den oldnorske Udtale af Cattilin, den gæliske Form af det kristelige Navn Katharina [4]. At de norske Vikinger i Vesten kalder sine Børn med gæliske Navne, er ikke enestaaende; netop i Tiden om 900 fører flere af dem helt irske Navne, som Kjallak (Ceallach), Søn af Bjørn austrøne, eller Vathmaran, Søn af Kong Baard Ivarssøn

---

[1] Annarr son Óttars var Helgi; hann herjaði á Skotlandi ok tók at herfangi Niðbjörgu, dóttur Bjólans konungs ok Kaðlinar, dóttur Göngu-Hrólfs. Landn. p. 95; derfra er Beretningen laant til Flatebogen I 308 og Laxdølasaga c. 32, hvor ellers Bjólan ikke nævnes.
[2] Munch II p. 122. O'Lauchlann, the early scottish Church p. 298.
[3] Steenstrup p. 145. [4] W. Stokes i Revue celtique III p. 18.

i Limerick[1], eller ogsaa bærer de et irsk (kristeligt) Navn ved Siden af det nordiske, som Olav Feilan (ir. Faelan), Olav Kvaran (ir. Cuaran), Helge Bjólan[2] (ir. Beollan). Kadlins kristelige Navn viser derfor, at Gange-Rolv under sit Ophold i Vesterlandene har knyttet kristelige Forbindelser og faaet et Barn med en kristen, gælisk Kvinde; dette minder om, hvorledes det latinske Digt om Rollos Søn Vilhelm fortalte, at ogsaa denne var Søn af en kristen Kvinde og født »hinsides Havet« ɔ: paa de britiske Øer. Og ligesom vi maatte antage, at Vilhelm var født her kort før eller omkr. Aar 900, fører Landnáma os til samme Tidspunkt for Gange-Rolvs Ophold ved Skotland. Kadlins Datter Nidbjorg blev nemlig paa Island Moder til Usvivr spake, der som en ældgammel Mand udvandrede til Norge i 1004, og til Einar Skaaleglam, den bekjendte Skald hos Haakon Jarl († c. 990); hendes Ægteskab falder altsaa omtrent ved 940, og isaafald skulde hendes Moder Kadlins Fødsel (og Gange-Rolvs Ophold ved Skotland) falde omtrent 890—900.

Den anden Beretning i Landnamsbogen lyder saa:

Ragnvald Jarl paa Møre, Søn af Eystein Glumra, Søn af Ivar Oplændingejarl, Søn af Halvdan gamle, var gift med Ragnhild, Datter af Rolv nevja; Søn af dem var Ivar, som faldt i Sudr-øerne med Kong Harald haarfagre; en anden var Gange-Rolv, som vandt Normandi, fra ham er komne Ruda-Jarler og Englands-Konger; en tredie var Thore Jarl den tause, som fik Aaluv Aarbot, Harald haarfagres Datter, deres Datter var Bergljót, Haakon Jarl den mægtiges Moder. Ragnvald Jarl havde tre Frillesønner, Rollaug, Einar, Hallad; han væltet sig fra Jarledømmet i Orknøerne. Da Ragnvald fik høre det, kaldte han sammen sine Sønner og spurgte, hvem af dem der vilde til Øerne. Thore bad ham udruste ham til Færden, Jarlen fandt, det passede vel for ham, men sagde, at han skulde modtage Riget hjemme efter ham. Da gik Rolv frem og bød sig til at fare; Ragnvald fandt ogsaa ham skikket formedelst hans Styrke og Kjækhed, men mente, han var for urolig til strax nu at styre Lande.

---

[1] War of the Gaedhil p. 273. [2] Bjólan, som staar i Laxdølasaga, er vistnok rigtigere Form end bjóla, som Landnáma har.

Rollaug gik frem og spurgte, om han vilde, han skulde fare; Ragnvald sagde, han vilde ikke blive Jarl: »du har det Sind, som ikke passer til Strid; dine Veie mon ligge ud til Island, der vil du tykkes gjæv og faa stor Æt«. Da gik Einar frem og sagde: Lad mig fare til Orknøerne; jeg skal love dig det, som vil tykkes dig bedst, at jeg vil aldrig komme tilbage, saa du ser det. Jarlen svarer: »vel tykkes mig, at du farer bort, men lidet venter jeg mig af dig, thi din Moderæt er ganske trælebaaren«. Derefter for Einar vestover og lagde under sig Øerne, som siges i hans Saga. Rollaug drog da til Kong Harald og var hos ham en Stund, thi han var bleven Uvenner med sin Fader efter dette. Rollaug for til Island med Kong Haralds Tilladelse og havde med sig sin Kone og sine Sønner. — — — Rollaug var en stor Høvding og holdt Venskab med Kong Harald, men for aldrig til Norge (utan); Kong Harald sendte Rollaug et Sværd og et Ølhorn og en Guldring, som veiede 5 Øre; det Sværd eiede siden Koll SidaHallssøn, men Kollskegg havde seet Hornet. Rollaug var Fader til Ossur keiliselg, som var gift med Thord illuges Datter Gro; deres Datter var Thordis, Moder til Hall paa Sida« [1].

Denne Beretning henviser til »Einars Saga«, det vil sige Sagaen om Orknøjarlerne. I sin nuværende Skikkelse er saaledes Beretningen fra 13de Aarhundrede, rimeligvis bearbeidet af Sturla Thordssøn; derfor fortsættes ikke alene Sida-Halls Stamtavle ned til Mænd i 12te og 13de Aarhundrede, specielt Sturlungerne, men ogsaa fra en yngre Søn af Rollaug føres en Linje ned til Sturlungerne. Alligevel er det sikkert nok, at Beretningen er ældre; med Kap. 5 i 4de Bog af Landnáma begynder hvad Kolskegg har »fyrir sagt um landnám«, og i Kap. 8 om Rollaug henvises udtrykkelig til Kolskeggs Vidnesbyrd. Sammenligner man de omkringstaaende Kapitler, ser man, at Kolskegg har endt hver Beretning om Landnamsmænd med en kort Henvisning til de Slægter, der stammede fra dem [2], medens Hovedvægten lægges paa Landnamsmændenes

---

[1] Landnáma p. 259—62. [2] p. 252: ok Seiðfirðingar eru frá komnir; fra honum er Klöku ætt komin; er Nesmenn eru frá komnir; p. 253: fra honum eru Sandvíkingar ok Viðfirðingar ok Hellisfirðingar komnir; p. 256: Sidu-Hallr, hann átti Joreiði þiðrandadóttur ok er þaðan mikil ætt komin o. s. v.

egen Historie og deres Ætteforbindelser[1]. Vi tør saaledes
ubetinget henføre til Kolskeggs Beretning af Kap. 8 de genea-
logiske Oplysninger om Ragnvald Jarl og hans Sønner samt
af Kap. 9 den egentlige Fortælling om Rollaug, medens Stam-
tavlen ved Slutningen er tillagt af Sturla og Samtalen mellem
Ragnvald og hans Sønner i Anledning af Hallads Opførsel er
et Uddrag af Jarlesagaen. Der er saaledes vundet Sandsyn-
lighed for, at man i det østlige Island i Midten af
12te Aarhundrede regnede Gange-Rolv, Stamfader
for Ruda-Jarler og Englands-Konger, blandt Ragn-
vald Jarls Sønner. Dette er tydeligvis en hjemlig Tradi-
tion blandt Rollaugs Ætlinger paa Østlandet, optegnet eller
gjengivet af Kolskegg frode; den kan ikke stamme fra den
norske Krønike, thi denne vidste ikke at udrede det genealo-
giske Forhold, og den kan heller ikke stamme fra det engelsk-
normanniske Sagn, thi dette havde jo netop glemt, af hvilken
Slægt Rollo var.

Jarlesagaen, der er forfattet paa Island kort efter 1200,
har benyttet Stamtavlen i Landnáma, men fortsætter denne
længer tilbage i Tiden, idet Slægten gjennem nogle opdigtede
Led knyttes sammen med Nor og Gor; Jarlesagaens Stamtavle
viser sig derved som en senere Forbedring af Landnámas.
Jarlesagaen forudsætter vidtløftigere Beretninger om Rolv,
men kan ifølge sin Gjenstand kun omtale ham i Forbigaaende;
den siger: »Deres (Ragnvald Jarls og Ragnhilds) Søn var
Rolv, som vandt Normandi; han var saa stor, at ingen Hest
kunde bære ham, han kaldtes Gange-Rolv; fra ham stammer
Ruda-Jarler og Englands-Konger«. Senere nævnes, da Ragn-
vald Jarl skal beskikke en af sine Sønner til Orkne-jarl efter
Hallad, at han kalder frem Thore og Rollaug: »Rolv var da
endnu paa Hærtog« ɔ: havde endnu ikke vundet sit Rige i
Normandie[2]. Dette Udtryk er saavel som de Ord, Sturla i

---

[1] Se f. Ex. p. 255—56 om Bodvar hvite, p. 257 om Thord Skegge,
p. 264—65 om Heyangr-Bjørns Sønner o. s. v.

[2] Joh. Steenstrup har villet indskrænke disse Ord til at betyde, at
Rolv »endnu ikke var landsforvist«, men dette ligger ikke i Ordene;
det er jo ikke engang sandsynligt, at Forf. af Jarlesagaen vidste
noget om Rolvs Landsforvisning.

Landnáma lader Ragnvald udtale til Rolv, aabenbart kun forskjellige Forsøg paa at forklare, hvorfor Faderen ikke sendte Rolv til Orknøerne; Snorre har forklaret sig dette paa en tredie Maade, idet han · antog, at Rolv, Thore og Rollaug (Ragnvalds ægtefødte Sønner) da ikke endnu var voxne[1]. Jarlesagaen lærer os om Gange-Rolv af nyt kun, at man vidste, at Gange-Rolv laa ude paa Vikingstog længe førend han vandt sit Rige i Normandie.

Af Kongesagaerne kjender Noregskonungatal (Fagrskinna) og Snorre til Gange-Rolvs Historie; den første leverer dog kun en kortfattet Oversigt, navnlig over Slægtleddene, knyttet. til Torv-Einars Vers[2]. Fuldstændigt kjender vi Sagnene om Gange-Rolv fra Snorres Arbeider, dels i Heimskringla (p. 65, 70—71) dels i den særskilte Saga om Olav den hellige (Kap. 26). Snorres Beretning stemmer ganske med den almindelige, islandske Tradition, men er noget mere detaljeret: Gange-Rolv var Søn af Ragnvald Jarl paa Møre og Hild, Rolv nevjas Datter; han var saa stor af Væxt, at ingen Hest kunde bære ham, og fik derfor sit Tilnavn; han var en stor Viking og' herjede længe i Vesterlandene og opholdt sig paa Sudrøerne, inden han »ryddede sig til Rige i Valland«. Særeget for Snorre — hvorved han adskiller sig baade fra den almindelige islandske og fra den norske Tradition — er, at han kjender til, at Rolv blev fredløs i Norge, og Grunden dertil; men hans Fortælling er saa eiendommelig og saa godt sammenhængende, at den ikke engang delvis kan være laant fra Vilhelm af Malmesbury. »Gange-Rolv var en stor Viking, han herjede meget i Østerlandene. En Sommer, da han kom fra Viking vest i Viken, hug han der Strandhug. Kong Harald, som da var i Viken, blev meget vred, da han hørte derom, thi han havde lagt stærkt Forbud mod at rane indenlands. Kongen gjorde paa Thing Rolv fredløs over hele Norge. Da Hild, hans Moder, hørte dette, drog hun til Kongen og bad om Fred for Rolv; men Kongen var saa vred, at det ikke nyttede at bede, og Hild gik fra Kongen, idet hun i et Vers truede med Hevn fra Rolv«.

---

[1] Hskr. p. 65.   [2] Fagrskinna Kap. 210.

Som Munch har paapeget, har denne Beretning en stor indre Sandsynlighed: for Vikingerne havde indtil Kong Haralds Tid hvert fremmed Fylke været et Land, hvorpaa de kunde øve Ufred, medens Harald maatte med strænge Straffebestemmelser indøve den Opfatning, at man skulde respektere Freden over hele hans Rige. Kongen maatte strængt straffe Fredsbrud, specielt ligeoverfor de urolige Stormænd, medens disse selvfølgelig havde vanskeligt for at vænne sig til de nye Forhold. Det Vers, som Rolvs Moder kvad for Kongen, antyder ogsaa samtidige Forhold, idet det peger paa, hvorledes de fordrevne Hærmænd slog sig ned i Udlandet og derfra for at hevne sig herjede paa Haralds Rige; det lyder i Oversættelse saaledes: »Du forskyder Nevjas (ɔ: Rolv Nevjas) Navne, du jager nu den kjække Hølde-ætling fredløs fra Landet; hvi er du saa ivrig derfor, Konge? Ilde er det at ægge slig Skjold-Ulv; han vil ikke skaane Kongens Hjorder, naar han kommer tilskovs«.

Hvilket Tidspunkt denne Landsforvisning bør henføres til, kan historisk neppe slaaes fast; af Snorres Ordning af Begivenhederne se vi kun, paa hvilken Tid han tænkte sig, at Rolv blev landsforvist. Kort Tid efter Slaget ved Havrsfjord (Kap. 19) drager Kong Harald paa sit store Vesterhavstog (Kap. 22), derefter klipper Ragnvald Haralds Haar, som havde været uklippet i 10 Aar under Erobringstiden (Kap. 23), derpaa berettes om Gange-Rolvs Forvisning (Kap. 23), om Snefrid, om Torv-Einars Afsendelse (Kap. 27), og saa fortælles om Kong Eriks Død, 10 Aar efter Slaget ved Havrsfjord (880 el. 82). Til Aarene 872—882 (870—80) har altsaa Snorre henført Rolvs Flugt. Efter Snorres Ord bør det heller ikke være Tvivl underkastet, at Rolv drog fra Landet endnu medens Faderen levede, thi Ragnvalds Død berettes netop efter Kong Eriks, altsaa efter 882 (Kap. 30); naar Joh. Steenstrup af den Omstændighed, at »vi ved Rolfs Fordrivelse fra Norge kun se Moderen virksom«, slutter, at »sandsynligvis har Ragnvald allerede da været død«, saa lægger han en Fortolkning ind i Ordene, som fuldstændig strider mod Snorres Fremstilling, og han overser, at Enkeltheder ved Fordrivelsen er bevarede, kun fordi Hilds Vers

12*

erindredes. Men netop dette, at hele Traditionen er bevaret stykkevis, bør advare mod et Forsøg paa at opstille en rationel Tidsregning inden Harald haarfagres Regjeringstid.

———

I Norge og paa Island findes saaledes følgende Beretninger om Normandies Erobring:

1) en norsk Tradition fra 12te Aarhundrede, at Erobreren hed Rodulf eller Gange-Rolv, at han hørte til Jarlen Ragnvalds Æt, og at han i Harald haarfagres Tid kom til Normandie fra de skotske Øer;

2) en islandsk Tradition fra Vestlandet fra 12te Aarhundrede om, at Gange-Rolv i Skotland før 900 havde efterladt en Datter;

3) en almindelig islandsk Tradition fra 12te og 13de Aarhundrede om, at Gange-Rolv var Søn af Ragnvald Jarl og Broder til Jarlerne paa Møre og Orknøerne, og at han laa længe ude i Viking, før han vandt sig Rige i Normandie, og

4) en islandsk Tradition, optegnet hos Snorre, om, at Gange-Rolv blev landsforvist fra Norge af Kong Harald i dennes tidligere Aar.

Af disse Traditioner er den første uafhængig af og i Detaljer afvigende fra de øvrige, og selv inden de islandske Traditioner synes Nr. 2 og Nr. 3 at være optegnet uafhængig af hinanden; og ingen af dem er beslægtet med det Sagn, som Vilhelm af Malmesbury har optegnet. Men er det saa, da har vi en engelsk-normannisk, en norsk og en islandsk Attest for, at Normandie er erobret af den norske Jarlesøn Gange-Rolv, ligesom vi havde den danske Traditions stiltiende Attest for, at der intet dansk Sagn fandtes om Erobringen. Vi tør derfor dristig stille disse Vidnesbyrd op mod Dudo og hævde, at de norsk-islandske Sagn om Gange-Rolv bør i alt væsentligt ansees for paalidelige.

Skulde man med alle troværdige Kilder for Øie skildre Rolvs Historie, blev saaledes Hovedtrækkene disse. Rolv stammede fra en Jarleæt, der oprindelig havde hjemme paa Oplandene. Ragnvald Jarl sluttede sig tidligt til Harald haarfagre og blev af ham sat til Jarl over Møre. Ragnvalds

Broder Sigurd var den første norske Jarl paa Orknøerne, hvad
enten man vil antage, at han selvstændig har vundet disse
Øer, eller at — som det islandske Sagn vil — Harald selv
har gjort et Tog did, undertvunget Øerne og sat Sigurd til
Jarl. Sigurd forenede sig med en norsk Høvding af den
dublinske Kongefamilie, Thorstein raud, og i Forbund med
ham begyndte han at underlægge sig Nordskotland, — et For-
bund, som senere fortsattes, da de norsk-irske Konger fordreves
fra Dublin og tog sin Tilflugt til Orknøerne, der siden blev
Udgangspunkt for nye Erobringer. Da Sigurd og kort efter
hans Søn Gudorm døde c. 880, arvede Ragnvald Jarl Landet
og udnævnte sin Søn Einar (Torv-Einar) til Jarl paa Øerne.
Af Ragnvalds Sønner nævner Einar i et bevaret Vers tre,
Rolv, Rollaug og Thore. Rolv var tidligt ude paa Vikingstog,
og da han hug Strandhug i Viken, blev han landsforvist af
Kong Harald (c. 880—90); han drog da til sin Slægts andet
Hovedsæde paa Orknøerne, og herfra eller fra Sudrøerne gjorde
han længe Vikingstog om Somrene rundt i Vesterlandene; han
synes under sit Ophold paa de skotske Øer at have været gift
eller har ialfald havt Børn med en kristen, irsk eller skotsk,
Kvinde (c. 890—900). Siden har han med sin Trop sluttet
sig til den »store Hær«, rimeligvis under dennes Hærtog i
England mellem 892 og 896 og fulgt den til Frankrig 897,
hvor han efterhaanden er steget til Chef. Ragnvald, hans
Fader, blev ved voldeligt Overfald dræbt af to af Kong Ha-
ralds Sønner; den ene af disse, Halvdan, drog til Orknøerne
for at fordrive Einar, men denne overvandt og dræbte ham
og hevnede saaledes sin Fader[1]; dog maatte han senere, da

---

[1] De Vers, som Einar ved den Leilighed digtede, lyder i Oversættelse
saaledes: Ikke ser jeg Spyd flyve paa Dalboernes Mængde fra Rolvs
eller Rollaugs Haand; mig sømmer det at hevne min Fader. I
Kveld, medens vi kjæmper, sidder Thore Jarl taus ved Mjøden. —
Jeg har hevnet Ragnvalds Død for min Fjerdedel, nu er Høvdingen
(Halvdan) falden; Nornerne voldte det. Kjække Svende, kaster
Sten paa »den høifødede«, thi vi raader for Seiren; jeg udvælger
ham en haard Skat. — Altid vil det fryde mig, at de krigslystne
Mænds Spyd rammede Kongens unge Søn (der fløi Ligfalken aarle
om Holmen fra Saarene); dog nægter jeg ikke, at den krigerske Konge
er harmfuld.

Harald gjorde et Tog mod ham, flygte over til Skotland, men forsonede sig med Kongen og betalte ham Bøder. Paa Flugten var det, at Einar kvad det Vers, der ligefrem hentyder til Rolvs Strandhug og Landflygtighed: »Mangen Svend med fagert Skjæg bliver fredløs for Sauer, men jeg for Kongens unge Søns Død i Øerne; Fare spaar mig Bønderne fra den modige Konge, men jeg sørger ikke over, at jeg har hugget et Skar i Haralds Skjold«. Harald indsatte Ragnvalds ældste Søn Thore til Jarl paa Møre, men efter hans Død uden Børn blev dette Jarledømme ubesat eller maaske forenet med Throndhjem, hvis Jarl Sigurd var Thores Svigersøn. Ragnvalds 3die Søn Rollaug udvandrede med Kongens Samtykke til Island, hvor vi saa Slægten fastholde sine Traditioner. Det følger af sig selv, at Rolv, der selv var landsforvist fra Norge, ikke kunde vedligeholde nogen direkte Forbindelse med Moderlandet, hvor desuden Slægten snart forsvandt. Anderledes var det derimod med de norske »Vesterlande«, hvor hans Broder havde et Rige og han selv tidligere havde havt Tilhold. Rolv har vel efter Bosættelsen i Frankrige ladet sin Søn hente fra Skotland; mange Krigere fra de britiske Øer fulgte hans Exempel, mange blev maaske indkaldte af ham (saaledes Jarlen Thorketil fra Mercia, der i 920 for over Søen til Frankland); og alt hvad vi ved om senere Tilstrømninger af nordiske Krigere til Seinelandet[1] synes at tyde paa, at dette havde sit Støttepunkt i de norske Riger paa de britiske Øer.

———

V. Joh. Steenstrups Bevis for, at „det norske Sagn om Gangerrolf bør udvises af Historien som falsk".

Skjønt det vil lede til unødvendig Vidtløftighed, skal vi dog ikke forlade Gange-Rolv uden at gaa nærmere ind paa den Række Argumenter, Joh. Steenstrup har sammenstillet

---

[1] Se Tillæg IV.

mod Sagaernes Beretning om Gange-Rolv; vi skal her følge hans Argumenter, idet vi gjengiver de vigtigste af dem i samme Orden, hvori han fremlægger dem, og med hans egne Ord.

a. Hr. Steenstrup begynder med en Vurdering af Kilderne (Dudo og Sagaerne), hvorom jeg antager ovenfor at have sagt det fornødne. Han fremhæver den norske Traditions Fattigdom; »den gik ikke ud paa andet end dette: Gangerrolf, den bekjendte Helt, Sønnen af Ragnvald Jarl, erobrede Normandiet. Der haves ikke den mindste Oplysning om Forberedelsen til dette mærkelige Foretagende, ikke om hvorledes Rolf fik samlet sig en Hær eller om hvad han foretog sig, før Neustrien blev ham endelig afstaaet, ej heller om Maaden, hvorpaa Magten grundfæstedes i Normandiet o. s. v. o. s. v. Den norske Tradition er aldeles nøgent og bart dette: Gangerrolf erobrede Normandiet«. Denne Karakteristik er tildels rigtig, thi naar undtages Historia Norvegiæ gives ingen detaljerede Oplysninger om Rollos Forberedelser; men som Ankepost er den uretfærdig. Om den norsk-islandske Traditions Fuldstændighed og Styrke har man nemlig vanskeligt for at dømme, da den ingensteds refereres fuldt ud; der findes ingen »Saga om Gange-Rolv«, men han omtales indskudsvis i Sagaer, som vedkommer andre: Historia Norvegiæ har optaget en kort Beretning om Normandies Erobring ved Beskrivelsen af de skotske Øer, Landnámsbogen og Jarlesagaen henviser kortelig til Gange-Rolvs Bedrifter under Fremstillingen af hans Brødres (Rollaugs og Torv-Einars) Historie, og Snorre kan om Gange-Rolv kun fortælle, hvad der vedkommer Harald haarfagres Regjering i Norge, medens han om hans Udfærd maa fatte sig i al Korthed. Sagaforfatterne kunde ikke befatte sig vidtløftigere med Gange-Rolv, fordi hans Historie ikke var deres Emne; naar de nu alligevel i Korthed refererer, hvorledes det gik Rolv senere i Udlandet, bør dette ikke lægges dem eller Traditionen tillast. Snarere tør man dog have Ret til at betone som et Fortrin ved Sagaernes og Krønikens Beretning, at den har en fuldkommen historisk og nøgtern Karakter, den opholder sig ikke ved uhistoriske Sagn eller romantiske Skildringer.

b. Hr. Steenstrup søger efter Dudo at bestemme, at Rollo kom til Frankrige o. 880, medens efter Sagaerne Rolv ikke skulde være kommet til Frankrige før efter 900; deraf slutter han da, at Rollo og Gange-Rolv ikke er identiske, »at Krønikerne og Sagaerne have bevist et dobbelt og gjensidigt alibi, Sydens Annaler for den af de nordiske Sagaer opstillede Erobrer, og Nordens Sagaer for den normanniske Traditions Helt«.

Ved dette Bevis er der adskillige Bemærkninger at gjøre. Efter Dudo kom Rollo til Normandie 876, men kasserer man denne Kronologi (som ogsaa Hr. Steenstrup gjør ved at antage en Skrivfeil for 886), bør man ikke være blind for, at hvad der er historisk af Rollos Bedrifter hos Dudo magelig lader sig udføre paa nogle faa Aar[1]. Dudo lader sig altsaa ikke bruge til at bevise, at Rollo kom til Gallien før c. 900. Og paa den anden Side viser Beretningen hos Snorre, at ifølge dennes Mening udvandrede Rolv før c. 880[2], saa der bliver rundelig Tid for ham til at opholde sig hvor mange Aar det skulde være i Skotland, førend han tiltraadte Toget til Gallien. Det sees heraf, at Dudo og Sagaerne, skjønt ellers uenige nok, i dette Punkt nok saa godt lader sig føie sammen; Beviset for Rolvs og Rollos gjensidige alibi glipper fuldstændig.

c. »Min 3die Betragtning drejer sig om de tvende Personers Navne. I de nordiske Sagaer er Benævnelsen Gangerrolf uadskilleligt knyttet til Helten. Ingen sydlandsk Kilde véd noget om, at Normandiets Erobrer havde dette Tilnavn — og dette er højst paafaldende, thi blandt Normannerne i Syden vare slige Øgenavne og Tilnavne omtrent ligesaa almindelige som hos Nordboerne«. Hvis Hr. Steenstrup havde bevist, at Normandies Erobrer i sydlige Kilder fører et andet Navn end i de nordlige, vilde vi have fundet hans Argumentation fyldestgjørende; men som ovenfor omtalt, er Rollo og Rolv (Hrólfr) netop samme Navn. Hvis han endvidere havde bevist, at Rollo i sydlige Kilder førte et andet Tilnavn end i nordlige, vilde vi ogsaa fundet Beviset fyldestgjørende. Men

---

[1] Se ovenfor Side 155.   [2] Se ovenfor Side 179.

hvad han har vist er kun, at et Tilnavn, som alene er forstaaeligt for nordiske Øren, ikke kjendes af de latinsk-skrivende eller -talende Forfattere. Nu er det saa langt fra, at de nordiske Mænd, som omtales i sydlandske Krøniker, her kjendes med sine nordiske Tilnavne, at snarere Udeladelsen af disse Tilnavne er Regelen; vi kjender fra 9de eller 10de Aarhundrede kun en eneste Mand, hvis Tilnavn anføres baade i nordiske og sydlandske Kilder, nemlig Bjørn Jærnside, medens derimod Kong Harald Blaatand blot kaldes Haigroldus, Svein Tjugeskegg blot Sveno eller Swegen, Ivar beinlaus blot Inguar, Sivard Ormøie blot Sigfred, Olav hvite blot Amlaib o. s. v. Eller kanske man ogsaa her konsekvent skulde adskille dem, der manglede Tilnavnet, fra dem, hvis Tilnavn man har erindret?

d. »Sagaerne sige, at Rolf var en overordentlig svær og før Mand. Er det tænkeligt, at et saa karakteristisk personligt Træk skulde blive glemt? Ikke desmindre findes intet derom i Kilderne. Dudo beskriver Rollo som det deiligste Menneske paa Jorden (corpore pulcherrimus), Romansforfatterne ligesaa. Man maa i Normandiet aldrig have vidst, at han var saa svær, thi i Følge den af Worsaae givne Oplysning viser den i 14de Aarhundrede over Rollo i Rouen reiste Billedstøtte ingenlunde Rolf som en overordentlig stor eller svær Mand«. — »Rollo, hedder det fremdeles i Sagaerne, var saa svær, at han ikke kunde ride, men altid gik; det er vist, at dette ikke gjaldt om Normandies Erobrer, thi Benoît omtaler paa forskjellige Steder Rollo som ridende, og Dudo forudsætter, at Rollo altid har kunnet ride; thi han omtaler, at Rollo i sit Livs sidste Dage blev saa svækket af Alderdom, at han ikke kunde sidde til Hest«.

Ved denne Argumentation er der to Besynderligheder: den ene er, at Hr. Steenstrup er henvist til om Rollo († c. 930) at benytte saa tarvelige historiske Kilder som en paa Dudo bygget fransk Rimkrønike fra 12te Aarhundrede (om hvilken han selv siger, at »man kan ikke noksom anbefale Kritik ved Benyttelsen«), eller som en fransk Billedhugger fra 14de Aarhundrede. Den anden er, at hele Bevisførelsen hviler paa en urigtig Oversættelse. Ingen norsk eller islandsk

Kilde siger, at Rolv var saa »overordentlig· svær og før«.
Udtrykkene er: hann var svá mikill maðr vexti, at engi
hestr mátti bera hann, ok gékk han hvergi sem hann fór[1];

hann var svá mikill at hann báru öngir hestar[2];

ob enormem corporis quantitatem equitare nequiens sem-
per incessit[3].

Udtrykkene betegner ikke Førhed, men stor Væxt; det
har været brugt fra gammel Tid og hos forskjellige Folk for
at betegne en overordentlig Størrelse, en Væxt som en Rise.
I et nederlandsk Haandskrift af Phædri Fabler fra 10de Aar-
hundrede findes følgende Bemærkninger om den fra Beóvulf
bekjendte gøtiske eller danske Konge Hugleik: »Et fiunt
monstra miræ magnitudinis ut rex Huncglacus qui enim
imperavit Getis et a Francis occisus est, quem equüs a duo-
decimo ætatis anno portare non potüit. cujus ossa in
Reni fluminis insula ubi in Oceano prorumpit reservata sunt
et de longinquo venientibus pro miraculo ostenduntur«[4]. »Kong
Hugleiks Ben« fremvistes for Fremmede som Vidnesbyrd om
overordentlig storvoxne Mennesker; Udtrykket om, at ingen
Hest kunde bære ham, sigter altsaa til Størrelsen eller Læng-
den, ikke til Tyngde eller Førhed. I det sydtyske Digt
»König Rother« fra 12te Aarhundrede siges om Risen Kong
Aspriân, der bar en 24 Alen lang Staalstang og altsaa selv
maatte være af drabelig Størrelse: »den ne mochte nicht ein
ros getragen«. Naar Rolvs Samtid benyttede dette billedlige
Udtryk om ham, bør deri kun sees en folkelig, spøgefuld Ven-
ding for at betegne hans høie Væxt, ganske ligesom en Søn
af Harald haarfagre (Sigurd) fik Tilnavnet »Rise«; hver den,
der forstod sig paa den poetiske Terminologi, maatte strax
opfatte Betydningen heri. I den norsk-færøiske Vise om
»Rosmer Havmand« har den unge Mand, som bortfører Ros-
mers Datter eller Hustru over Havet, fra den bekjendte Vi-
kinge-Høvding laant Navnet »Rolf Gangar« eller Gange-Rolv;
det er derfor ikke underligt, at den færøiske Vise ligesom
uvilkaarligt om sin Helt tilføier: »han kaldtes Gange-Rolv,

---

[1] Hskr. 65 [22].   [2] Flat. I 221.   [3] Hist. Norv. p. 6.
[4] Citeret efter Müllenhoff hos Haupt XII 287.

thi ingen Hest ham bar«. I den senere romantiske Digtning paa Island er Betydningen fordunklet; Sagaen om Hrolv Sturlaugssøn — i Overskriften kaldet »Göngu-Hrólfs saga« — fortæller, at denne »var manna mestr, bæði at digurð ok hæð ok sva þungr at engi hestr fekk borit hann allan dag, ok var hann því jafnan á göngu«. Forfatteren har aabenbart laant Beskrivelsen fra Oldtidens Gange-Rolv, men han forstod ikke Udtrykkets Betydning og vil derfor forbedre det ved at tilføie Tyngden ved Siden af Størrelsen, men da han alligevel fandt det utroligt, at en Hest slet ikke kunde bære ham, indskrænkede han det til »en hel Dag igjennem«.

Vikingerne i 9de og 10de Aarhundrede skildres altid som stærke, kraftige, velvoxne og slankbyggede Mænd, Udtryk som proceri og robustissimi er sædvanlige ogsaa hos Dudo. Af Rollo og hans Broder giver han en almindelig Karakteristik, der kan passe paa hele Fyrstesætten: »armis strenui, bellis edocti, corpore pulcherrimi, animositate robustissimi«; men noget for Rollos Udseende eiendommeligt findes ikke nogensteds hos Dudo, han har aabenbart ikke vidst noget derom og skjult sin Uvidenhed under almindelige Fraser. Naar han om Rollos sidste Dage siger »ætatis suæ defectu effectoque viribus corpore, equitare non valens . . . . plenus dierum migravit ad Christum«, finder vi heller ikke heri andet end et ordrigt Udtryk for, at Rollo var meget gammel; og dette maatte han efter Dudos Opfatning nødvendigvis være, da han jo havde herjet i Gallien i 36 Aar (876—912) og desuden vel havde regjeret et Snes Aar senere, hvilken Beregning imidlertid neppe er korrekt.

e. »Sagaerne og de frankiske Kilder opgive hver for sig Navne paa Slægtninge af de to foregivne Erobrere.« »Flere Sagaer fortælle, at Gangerrolf paa Skotland havde en Datter Kadlin, som blev gift med den irske Konge Bjolan«. »Den normanniske Tradition véd intet om, at Rollo skulde have havt et Barn før sin Ankomst til Frankrige, og den kjender Intet til de normanniske Fyrsters Slægtskab med irske Kongehuse. Omvendt véd Traditionen i Syden, at Rollo havde havt en Broder Gurim, der døde før Flugten fra Hjemlandet, — derom tie Sagaerne. Vilhelm af Jumiéges kjender en Hulc, som var Rollos Farbroder og som med ham havde deltaget i Erobringen af Normandiet, hvor hans mægtige Slægt længe blomstrede. Sagaerne kjende ikke nogen saadan Onkel til Rolf; de nævne kun som Ragnvalds Broder Sigurd, der sattes til at styre Orkneyøerne. En Krønike nævner endog Navnet paa Rollos Fader Ketil, men da denne er meget upaalidelig, skal jeg ikke støtte mig til dens Udsagn[1]. Dog er det paafaldende, naar saa mange baade paalidelige og upaalidelige Kilder give os Oplysning om Rollos personlige Forhold, at ikke én skal vise os et Glimt, som røber den norske Tradition«.

Os forekommer det ikke det mindste underligt, at paa den ene Side den norsk-islandske Tradition kjender Rolvs Familieforbindelser i Norge, Island og Skotland (Ragnvald og Thore i Norge, Einar og Kadlin i Skotland, Rollaug og Thordis paa Island), og paa den anden Side Dudo kun kjender Rollos Slægtsforhold i Frankrige, men ikke engang véd hans Faders Navn, heller ikke at han havde Børn »hinsides Havet«.

Med Rollos Slægtninge havde de senere Sagn i Normandie meget travlt. De ældre Forfattere, Dudo og Orderic, kjender ingen anden Slægtning af Rollo end hans Broder Gurim, som tilmed var død i Dacia før Udvandringen og ikke efterlod sig Afkom; og selv denne Gurim, som allerede Vilhelm af Jumiéges har udvist af Historien, er en aldeles hjemløs Person, som vi ikke véd at knytte til nogen Tradition. Men allerede Hugo af Fleury (c. 1115) gjør Rollo til Slægtning af den berømte »Gurmundus rex et archipirata«; en Krønike fra 13de Aarhundrede erklærer Rollo for beslægtet med en Gerlo, Greve af Blois, som ligefrem er laant fra Richers Beretning om Fanebæreren Ingo, der med Catillus's Enke blev Fader til Gerlo. Endelig beretter en Forfatter fra Midten af 12te Aarhundrede, at Grev Roger af Toeni († c. 1040) skulde stamme fra Rollos Farbroder Hulcius, som med Rollo havde deltaget i Erobringen af Normandie, og at derfor Roger krævede Regjeringen i Vilhelms Mindreaarighed. Denne Fortælling stammer nemlig ikke, som Hr. Steenstrup har troet, fra Vilhelm af Jumiéges, men er indskudt i hans

---

[1] Sml. ovenfor Side 145.

Text i Midten af 12te Aarhundrede og fortjener visselig ingen Tiltro [1]; dette viser allerede Navnet Hulcius, der jo hverken er dansk eller nordisk eller endog blot germansk.

Disse Rollos Slægtninge, som »baade paalidelige og upaalidelige Kilder« giver os Oplysning om i Normandie, forekommer os at være utvivlsomt opdigtede. Historisk er kun, at Gange-Rolv under sit Vikingeliv havde en Datter, som blev gift i Skotland, som aldrig kom til Frankrige og derfor aldrig omtales af franske Skribenter; og at han i Frankrige havde en Datter, som blev gift her og derfor ikke blev kjendt i Norden. Men paa denne Uvidenhed bør man efter vor Formening ingen Slutninger bygge.

f. »I det 10de og 11te Aarhundrede havde Folkene i Syden opdaget, at de tre nordiske Nationer hed Dani, Northmanni og Sveones. Imidlertid var Navnet Northmanni overgaaet paa de danske Beboere af Normandiet. Der fandtes altsaa kun to Nationer med Navnet Northmanni, nemlig Norges og Normandies Indbyggere. Man vidste tillige at de sidste vare af nordisk Herkomst. Jeg troer nu man kan paastaa, at af disse Fakta maatte med Nødvendighed opstaa et Sagn om, at Nordmænd og en norsk Høvding havde grundlagt Herredømmet i Normandiet«.

Vi indrømmer gjerne, at saaledes kan Sagn opstaa, men tilstaar, at vi savner Beviset for, at Sagnet om Rollo er opstaaet ad den Vei. Den modsatte Mulighed, at Sagnet er historisk, ligger dog ligesaa nær, thi selv Hr. Steenstrup har ikke villet benægte, at Nordmænd kunde kaldes »Northmanni«.

»Den nordiske Opfattelse, siger Hr. Steenstrup videre, maatte naturligvis gaa frem paa samme Vei. Nordmændene hørte om en Provins i Valland, der hed Normandi, og at den var erobret af en nordisk Helt; det er jo klart, at han maatte have været en Nordmand; det gjaldt blot om at huske sig om i Historien efter en Rolf, der paa hin Tid drog om i Vikingetog. Valget faldt paa Gangerrolf og dermed var Sagen ordnet og Sagnet udviklet.«

_____

[1] Se Le Prevosts Udg. af Orderic Vitalis I p. 181 (Note) og V p. LXXV.

Abstrakt seet var ogsaa en lignende Sagnudvikling mulig.
Hvis et sligt Sagn var opstaaet i Danmark og optegnet af
Saxo, vilde ogsaa vi have betegnet denne Udviklingsgang som
sandsynlig, thi i Danmark havde en patriotisk-fantastisk Hi-
storieskrivning i Løbet af 12te Aarhundrede udfoldet de
skjønneste Blomster; men desværre — Norge har ikke været
med i denne Udvikling og møder kun op med et Par fattige
Krøniker, der ganske savner poetisk Farve og ingensteds gjør
Forsøg i den historisk-patriotiske Digtart.

Hr. Steenstrup tror imidlertid at have fundet saadanne
Forsøg; han fortsætter: »vil man bebreide mig, at jeg ved
denne Antagelse gaar den hæderlige Sagatradition i Alminde-
lighed for nær, skal jeg tage en slaaende Parallel«,
nemlig at Søkongen Turgesius (Thorgisl) af Snorre gjøres til
Søn af Harald haarfagre, hvilket strider mod Historien. Hvis
denne Parallel skulde være »slaaende«, maatte vel Thorgisl
bevisligt have været en Udlænding (f. Ex. Dansk), som Snorre
med Urette har gjort til Nordmand og indlemmet i den norske
Kongefamilie; men nu indrømmer jo selv Hr. Steenstrup, at
»rimeligvis var denne Konge norsk af Fødsel«, og Snorres
hele Synd bestaar altsaa i, at han har regnet feil; han har,
som Sagatraditionen idethele for Begivenheder i 9de Aar-
hundrede, havt liden Rede paa Kronologien; denne Parallel
synes mig saa meget mindre slaaende, som Sagnet om Rollo
slet ikke synder mod Kronologien. Hr. Steenstrup forud-
sætter, at denne falske Tradition om Thorgisl er opstaaet
skridtvis: først har man fortalt om Haralds Søn Thorgisl,
der for i Vesterviking, saa har Snorre hørt om den Thorgisl,
der underlagde sig Dublin, og identificeret dem [1]. Han antager da
Sagnet om Rolv opstaaet paa samme Maade: »En Sagafor-
tæller har sagt, at den landflygtige Rolv for i Vesterviking
og muligt til Valland; den næste, som er klogere og som
kjender en af nordiske Folk beboet Provins Normandie, lægger
til: og han er den Rolf, som erobrede Normandiet«. Alt

---

[1] Denne Forudsætning er imidlertid ikke rigtig: kun Snorre og de fra
ham stammende Kilder kjender Thorgisl, og de af ham uafhængige
ved ikke om nogen Søn af Harald af dette Navn.

dette er smukke Fantasier, som kun mangler ét — Paavisning
af disse Mellemled. Vi maatte ialfald have Ret til at fordre,
at man pegte for os paa en landflygtig Rolv i Vesterlandene,
der kunde overtage Gange-Rolvs Rolle. Hr. Steenstrup har
ogsaa følt Nødvendigheden heraf; han fortæller os derfor:
»Der findes i Følge Udlandets Annaler Rolfer i tilstrækkelig
Mængde i Vesterviking, navnlig ved Irlands Kyst, og Ganger-
rolf kan være identisk med en af dem. 916 falder saaledes
en Rolt Pudarill paa Irland (The War of the Gaedhil 29).
Anglo-Saxon Chronicle omtaler ved Tiden 912—18, at en
Flaade, som 19 Aar forinden var gaaet til Gallien [1], nu vendte
hjem under Anførsel af Ohter og Hroald. Gangerrolf har
maaske været paa denne Flaade«. Jeg kan ikke med min
bedste Vilje forstaa disse Hr. Steenstrups Ord anderledes, end
at efter hans Mening er Rolt og Hroald det samme Navn som
Rolv; men enhver Sprogmand vil vide, at Hróaldr (Hrod-vald)
og Rolv (Hrod-vulf) er forskjellige Afledninger af samme Rod.
Ogsaa Rolt vilde have repræsenteret en oldn. Hroaldr (ligesom
Haraldr paa Irsk gjengives Aralt); men desværre — dette Navn
synes at være opstaaet ved Feillæsning. Hr. Steenstrup har
citeret det efter Hovedtexten af »the War of the Gaedhil«
fra 15de Aarhundrede, medens den ældre Text (Leinsterbogen
fra c. 1170) har Ascalt Pudrall [2], og Ascalt svarer, som en-
hver kan se, til oldn. Höskuldr. De eneste Rolv'er, som Hr.
Steenstrup har kunnet finde, forvandles saaledes til en Roald
og en Hoskuld, og saavidt vi kan se, findes der ikke »ved
Irlands Kyst« nogen anden, selv om man gjennemgaar alle
irske Annaler i Gange-Rolvs Levetid. Det har derfor ikke
været os muligt at komme til andet Resultat, end at denne
Theori om de dobbelte Rolv'er svæver i Luften.

---

[1] For det foregaaendes Skyld gjør jeg opmærksom paa, hvad der ikke
vedkommer Spørgsmaalet om Rolv, at dette Citat ikke er nøiagtigt:
Ordene »19 Aar forinden osv.« staar ikke i den saxiske Krønike, men
hos Florens af Worcester, der antog denne Flaade for den samme
som den, der i 896 forlod England.

[2] War of the Gaedhil p. 233.

Tillæg.

I. Gurmundus rex Africanorum.

Det er ovenfor (Side 79) nævnt, at vi i den afrikanske Konge Gurmund ikke skal (som man har villet) se et Gjenskin af Hasting, men at han er den franske Udgave af den danske Søkonge Guðrum (Gorm den engelske), som i 878 sluttede Fred med Kong Alfred i Wessex og derefter i 880 nedsatte sig i Ostangeln († 890). Om man Skridt for Skridt følger de mange forvirrede Beretninger om Gurmund og hans Bedrifter, tror jeg man vil ind. rømme min Paastand og tillige faa et lærerigt Vidnesbyrd om middelalderlig Sagnvæxt.

En picardisk Krønike fra 11te Aarhundrede (Hariulfi Chronicon S. Richarii fra omtrent 1088) beretter, at under Kongerne Ludvigs og Karlomanns Regjering (879—82) landede en »utallig• Mængde Barbarer« under sin Konge Guaramundus i Frankrige og vilde erobre dette efter Opfordring fra en adelig Franskmand Esimbardus, som Kong Ludvig havde fornærmet; det omtales »korteligt, fordi det stadigt behandles ikke blot i Historien, men ogsaa i Folkemunde«, hvorledes Ludvig mødte Barbarerne ved Vimeu, seirede over dem og dræbte mange Tusinde, deriblandt deres Konge[1]. Hvad Slags »Barbarer« dette var, siger ikke Hariulf; det oplyser derimod Guido de Basochiis († 1203), i hvis Fortælling vi maa se et Uddrag af ældre Forfattere, mest Vilhelm af Malmesbury. Efter ham flygtede Isembard, Kong Ludvigs unge Neveu, til Kong Guormund, medens denne endnu var Hedning, knyttede Venskab med ham og fik ham til med en Hær af Daner og Nordmænd at falde ind i Frankrige, hvor Ludvig møder

---

[1] Hariulf hos Bouquet VIII 273: »quia quomodo sit factum non solum historiis, sed etiam patriensium memoria quotidie recolitur & contatur, nos pauca memorantes cetera omittamus« o. s. v.

dem og nedsabler dem, men kort efter der af Overanstrængelse[1]. At Guido med »Guormund« sigter til Danekongen Gorm fremgaar af hans Kilde Wilhelm, der udtrykkelig beretter om Gorms Daab i England med Tillægget: »ham kalde vore Gurmund«[2]. Men Grunden til, at Hariulf taler i saa almindelige Udtryk om »Barbarer« er aabenbart den, at medens Historien kaldte disse Barbarer Normanner, havde det franske Folkesagn i 11te Aarhundrede omskabt dem til det Slags Barbarer, som da var Kristenhedens værste Fiender, nemlig Saracenerne. Saaledes finder vi dem nemlig i et gammelfransk Digt »La mort du roi Gormon«, hvoraf Baron Reiffenberg har udgivet et endnu bevaret Brudstykke[3]; det er skrevet i 13de Aarhundrede, men er aabenbart meget ældre, snarest fra Tiden omkr. 1100. Vi har her ligesom i de karolingiske Heltedigte den franske Konge eller Keiser »Ludvig, Søn af Karl«, i Spidsen for sine Vasaller, Grev Odo af Champagne, Greverne af Normandie, af Flandern, af Poitou o. s. v.; og her skildres deres Kamp »mellem Vimeu og Ponthieu« mod Hedningerne, som kaldes »Tyrker, Perser og Araber«, »Saracener« og »Vantro«, men undertiden ogsaa Irer (Ireis v. 97, 278, ces d'Irlande v. 602); deres Konge er Gormont, med Tillægget »celui d'Orient« eller »li Arabi«, og i hans Følge er Isembart, »Renegaten« (le renéié), som har besøgt Kong Gormont i hans eget Land i Cirencester (à Cirencestre, à vos contrées v. 468). Gormont falder for Kong Ludvig, og Hedningerne flygter til Søen; Slutningen af Digtningen er tabt, saa vi ikke ser, hvorledes det gik Isembart og Kong Ludvig. At vi fremdeles uagtet den saraceniske Forklædning har at gjøre med den danske Søkonge, er tydeligt ikke alene af Navnet Gormont, som er Nydannelse efter det nordiske eller specielt danske Gormr (Nordmændene beholdt Formen Guðormr), men ogsaa af hans Hjemstavn i Irland og England, navnlig Cirencester; thi i England havde Gorm havt stadigt Ophold siden 870, og navnlig ved Cirencester laa han med sin Hær et helt Aar (879—80), førend han drog til Ostangeln; og netop i Aarene forud for 880 havde Danerne optraadt i Irland; de havde fordrevet en Konge fra Wales, og da han flygtede til Irland, fulgte de efter, og der kom det til et Slag mellem dem og de Norske i Dublin, hvori disse seirede[4].

---

[1] Leibnitz' accessiones historicæ II 212.

[2] Gudram quem nostri Gurmundum vocant. Gesta regum Anglorum p. 181.

[3] Chronique de Philippe Mousques II, X—XXXII.

[4] Annals of the four Masters I 521, Todds War of the Gaedhil p. 271.

Danerne forlod atter Landet og synes at have begivet sig dels til Skotland under en norsk Kongesøn, dels tilbage til Wales under Ubbe Lodbrokssøn[1]. Naar Gorms Mænd kaldes »ces d'Irlande«, forstodes altsaa oprindelig enten Daner, som havde været i Irland, eller irske Nordmænd, som havde sluttet sig til de danske Hære.

At Gorm i 11te eller 12te Aarhundrede blev til Saracener, svarer ganske til, at de franske Heltedigte forvandlede ogsaa Langobarderkongen Desiderius og Saxeren Vidukind til Saracener. Det næste Skridt var da, at Saraceneren forvandledes til Afrikaner, thi Franskmændenes Fiender i Sicilien som i Spanien og Palæstina var afvexlende Araber og Maurer; denne Forvandling foregik ogsaa med Gorm. Den wæliske Prosaroman »Brut Tysylio« fra c. 1130 (forfattet eller oversat af Walter, Erkediakon i Oxford) fortæller nemlig, at de engelske Saxer til Hjelp mod Briterkongen Caredig (5te Konge efter Arthur † 542) indkaldte »Afrikas Konge Gormund«, som da var paa Tog i Irland; at Caredig flygtede til Cirencester, hvor Gormund beleirede ham i Forbund med Franskmanden Isembard, som var kommen for at bede ham om Hjelp mod sin Morbroder Kong Ludvig; det tilføies, at de indtog Byen ved den bekjendte List at sende ind i Byen Spurve, i hvis Vinger var bundet Nøddeskaller, fyldte med Beg og Svovl, og som saaledes tændte Byen i Brand[2]. Personerne er saaledes flyttede nogle Aarhundreder tilbage i Tiden til Trods for den »franske« Kong Ludvig og Isembard; dette forstaaes, naar man kjender den britiske Sagnhistories fuldstændige Mangel paa Respekt for enhver Kronologi. Og Navnet Caredig viser, at Gormund ikke kjæmpede mod Briterne, men mod Angelsaxerne; thi Caredig er det engelske Cerdic, Navnet paa den første vestsaxiske Konge, Kong Alfreds Stamfader; Sagnet har altsaa ligefrem ombyttet Alfred med hans Stamfader, og bagefter har den lærde Digtning gjort denne til en Briter.

Men endnu en Forvandling maatte Gorm undergaa. Galfrid af Monmouth (c. 1135) og efter ham Gaimar (c. 1146) skildrer ligesom Walter Gormunds Bedrifter, især hans Tog til England fra Irland. Derved blev af det engelske Folk Gormund opfattet

---

[1] Todds War of the Gaedhil p. LXXXV og Saxon Chronicle a. 877.
[2] Dette Sagn synes at være et senere Tillæg til Sagnkredsen om Gurmund; det optræder jo ogsaa ellers, naar der er Tale om fjærne Tog: Russerne (c. 1100) knyttede det til Olgas Tog til Drevlierne, Danerne (c. 1200) til Haddings Tog til Duna og Fridlevs til Dublin, Islændinger (c. 1220) til Harald haardraades Tog til Sicilien.

som Irlands Erobrer, og da senere i Aarhundredet den engelske
Konge Henrik d. 2den begyndte paa samme Foretagende, betrag-
tede hans Folk Gormund som hans Forgjænger. Dette Sagn traf
Giraldus Cambrensis fuldt udviklet, og skjønt han af irske
Kilder vidste, at den tidligere Erobrer hed Thorgisl († 845),
vidste han ikke at klare Sagen anderledes end ved at antage, at
Gormund paa Veien til England har landet i Irland og overladt
til Thorgisl at erobre Landet; men da han vidste, at Thorgisl
var fra Norge, maatte han ogsaa antage, at ogsaa Gormund var
Nordmand[1], hvilket dog isaafald var nærmere Sandheden, end
at han var fra Afrika.

Vi har saaledes set, at denne Kong Gorm flere Gange har
skiftet Nationalitet, ligeledes at han har vandret fra en Tid til en
anden. Det kan da ikke undre mere, om han ogsaa paa anden
Maade skiftede Ham. Ligesom han hos Giraldus har nærmet sig
til den norske Thorgisl, erklærer Hugo af Fleury ham for identisk
med Hasting, der dog har det Fortrin for alle andre, at han var
Gorms Samtidige. Andre Forfattere flytter ham længer ned i Ti-
den; saaledes fortæller William af Malmesbury, at det var Louis
d'outremer, som kjæmpede mod Gormund, og at under Slaget
»Hugo, Søn af Grev Robert«, dræbte Isembard og blev efter Lud-
vigs Død hans Efterfølger, hvorved altsaa Kong Ludvig († 954)
falder sammen med sin Sønnesøn († 987) og Hugo den store med
sin Søn Hugo Capet! Ogsaa Philippe Mouskes' Rimkrønike be-
retter om Gormons Kamp med Louis d'outremer. Endnu længer
ned er Gorm ført i et Haandskrift af Hugo af Fleurys Krønike
fra 12te Aarhundrede (Cod. Bernensis No. 90): her er det den
sidste Karolinger, Ludvig Lothars Søn († 987), som ved Vimeu
overvinder sin Fætter Ysenbardus og Afrikanernes Konge Guer-
mund. Dette er forstaaeligt nok, naar man erindrer, hvorledes
det franske Epos efterhaanden glemte de senere Karolinger, saa
at tilslut hele Perioden efter Karl den stores Død fled sammen
til et Par Generationer, repræsenterede af en eller to uheldige
Konger af Navnene Karl og Ludvig.

2. Krákumál.

Ovenfor har jeg kun nogle faa Gange nævnt dette Digt og
har ikke søgt at indordne det paa dets Plads i Sagakredsens Ud-
vikling, væsentlig fordi det forekommer mig umuligt med Sikkerhed

---

[1] Topographia Hiberniæ III 38, 39.

at afgjøre, om Digtet er af én Støbning eller om det tilhører forskjellige Tidsaldre. Jeg skal her til Slutning gjøre et Forsøg paa at bestemme Digtets Alder og Hjemstavn. Der kan nu for det første ikke længer være Tale om, at Digtet enten er forfattet af Ragnars Dronning Kråka (Grater: da hun efter forskjellige Vidnesbyrd af troværdige Skribenter selv var en stor Digterinde!) eller paa hendes Befaling af Skalden Brage (Suhm, Sk. Thorlacius) eller at det er fra 9de Aarhundrede (Keyser); en Betragtning af Digtets Sprogforhold og Versemaal vil vise dette. Man har allerede længe været opmærksom paa Udtrykket *odda messa* (11[7]: Spydenes Messe eller Sang), som dog maatte antyde kristelig Tid; men man har nøiet sig med at tro, at det her er brugt i en Asadyrkers Mund »paa en Tid, da Nordmændene vel vidste hvad Messe var, men ingen Ærbødighed nærede for kristne religiøse Skikke« (Keyser), eller man har henvist til et Vers af þórðr hreða fra 10de Aarh., hvor Kamp kaldes »vopna messa« (Rafn). Imidlertid er nu hele Sagaen om þórðr hreða (og altsaa ogsaa Verset) erkjendt for at være en Digtning fra 14de Aarhundrede; og selv om man alligevel ansaa det for muligt, at en hedensk Digter fra 9de Aarhundrede brugte Ordet messa, er man ikke dermed hjulpen, thi en Række andre Ord og Udtryk i Digtet henviser os til en langt senere Tid. Digtet kjender nemlig andre aldeles kristelige Begreber: *fasta* 16[8] (at faste), *kapa* 18[9] (= mlat. cappa, Messekaabe), *kyndill* 7[7] (= lat. candela); det har tyske Ord, som ellers ikke vise sig i Norden før 13de Aarhundrede: *grefill* 10[8] (Griffel), *hanpr* 12[8] (Hamp), og det har Ord, som vistnok er indførte med den sydlandske Romanlitteratur: *asni* 18[7] (Asen), *palmr* 15[10] (Palme), *flugdraki* 21[10] (Flyvedrage). Jeg tør derfor med Sikkerhed paastaa, at Digtet i sin nuværende Skikkelse ikke er ældre end 2den Halvdel af 13de Aarhundrede.

Men alligevel er ikke dermed alle Vanskeligheder hævede. Om man betragter følgende Verslinjer, idet man fastholder, at Stavrimet forlanger to Rimord i 1ste Linje og et Rimord i 1ste betonede Stavelse i 2den Linje, vil man finde, at h ofte falder bort foran r og l.

6[4]: þa er hræsagar rendi
    ræstr at gumna briostum
6[6]: rodinn var randar mane
    adr *Rafn* konungr felli

7[1]: *H*iuggi ver med *h*iorfe
*h*att greinudu hrottar (ɔ: Rottar)

7[7]: *r*e-kyndill smaug *r*andar
*r*ittr at hiallma moto

8[1]: *H*iuggu ver med *h*iorfe
*h*afa gatu þa rafnar (Worm, Mmb. har hrafnar)

9[5]: *r*eggsky slitu *r*ander
*r*att almr af ser malmi (saal. Worm, medens Mmb. har hreggsky-hringa-hratt)

13[1]: *H*iuggu ver med *h*iorfe
*h*eldum hlackar (ɔ: Lakkar) tiolldum

14[1]: *H*iuggu ver med *h*iorfe
*h*aurd kom hrid (ɔ: rid) a skiolldu

20[1]: *H*iuggu ver med *h*iorfe
*h*arfagran sa ek hranckva (ɔ: rekkva)

25[1]: *H*iuggu ver med *h*iorfe
*h*itt hlæer (ɔ: læir) mik iafnan.

29[7]: *L*ifs ero *l*idnar stundir
H*l*æande (ɔ: *l*æjandi) skal ek deya[1].

Af denne giennemgaaende Særegenhed er man berettiget til at slutte, at Krákumál ikke er digtet paa Island, hvor *h* endnu høres foran l og r, eller at ialfald disse Strofer er indførte til Island fra Fastlandet og har holdt sig i Digtet til Trods for en islandsk Omdigtning. Ogsaa en anden Betragtning fører til at formode, at et oprindelig dansk (eller norsk) Digt er omdigtet paa Island. Krákumáls Versemaal er Drottkvæde, ialfald for saavidt at Vers-Linjerne bestaa af 3 betonede Ord; men det afviger derfra i 3 forskjellige Henseender, hvorved Krákumáls Versemaal bliver aldeles enestaaende paa Island:

1) Den første Linje (Hjuggu ver med hjörve) kommer igjen i hvert Vers som Omkvæd.

2) Hvert Vers har ti Linjer, medens det regelrette Drottkvæde kun har 8, og dette findes virkelig i V. 23 og V. 29.

3) Versemaalet mangler »hendingar« (Stavelse-rim), som et drottkvædet Vers skal have, undtagen i 9de og 10de Linje i de fleste Vers.

Man betragte nu de smukke og helstøbte 23de og 29de Vers, der som andre regelrette Vers har kun 8 Linjer og regelmæssig Alliteration og er fri for Stavelserim:

---

[1] Undtagelse herfra findes kun i V. 12[3], hvor *h*runde rimer med *h*juggu.

Hjuggum vér með hjörvi,　　*Fýsum hins at hætta,*
hitt tel ek jafnt at gangi　　*heim bjóða mer dísir,*
at samtogi sverða　　　　*sem frá Herjans höllu*
sveinn i móti sveini:　　　*sefir Óðinn mér sendar:*
hrøkkvat þegn fyrir þegni,　*Glaðr skal ek öl med Ásum*
þat er drengs aðal lengi,　　*i öndvegi drekka.*
æ skal æstvinr meyja　　　*Lífs eru liðnar stundir,*
öndverðr i dyn sverða!　　*læjandi skal ek deyja!*

Det forekommer os at være utvivlsomt, at disse Vers er fuldstændige og ikke trænger de to Linjer tilknyttede. Lægger man endvidere Mærke til, at ogsaa i de fleste andre Vers de to sidste Linjer er løst knyttede til de øvrige, at netop i disse to sidste Linjer findes flere af de mistænkelige nyere Ord (Palme, Flyvedrage) og at de islandske »Hendinger« kun forekommer i disse sidste Linjer, er man berettiget til at slutte, at den Omarbeidelse, Digtet har undergaaet paa Island, navnlig har været en Udvidelse af hvert Vers for at bøde paa Mangelen af Stavelserim. Naturligvis har Omdannelsen ogsaa gaaet ud over Ord og Digterudtryk, men en ikke ringe Mængde saadanne er bleven staaende, der maa betegnes som ellers ukjendte i Islandsk; og man vil vist indrømme, at de to ovenfor citerede Vers (23 og 29) med meget faa Forandringer kunde være sungne paa Dansk i 12te Aarhundrede. En Oversigt over Digtets Indhold vil dernæst gjøre det sandsynligt, at den islandske Omdigtning ikke har forandret meget af selve Digtets Tanker. Man erindre, at Ragnar Lodbrok (saadan som Islændingerne i 13de Aarhundrede kjendte ham) var den mægtige Hersker i de nordiske og omliggende Lande, som kun drog paa Hærtog, naar han skulde erobre tilbage frafaldne Provinser eller Riger; man erindre videre, at den danske Sagndigtning i Sluten af 12te Aarhundrede havde ladet Ragnar ligge ude i idelig Virksomhed for at erobre alle Nordeuropas Lande, medens de ældre Sagn skildrede ham og hans Sønner som langveisfarende Vikinger, der herjede med forskjelligt Held paa fremmede Lande. Efter dette kan man ikke være i Tvivl om, at Krákumál maa henføres til det ældre Stadium, da Vikingen endnu ikke var bleven Erobrer. Digtet beretter nemlig om følgende Bedrifter af Ragnar:

V. 1. Seiren over Ormen i Gautland, da han fik Thora og sit Tilnavn (Lodbrok); 2. Kamp i Øresund; 3. Kamp i Dynamundingen, Seir over 8 Jarler; 4—5. Seir over Helsinger i Aaen (Iva eller Moda?), Herrød Jarls Fald; 6. Kamp ved Skarpasker, hvor Kong Ravn falder; 7. ved Ullarakr, hvor Kong Øistein falder;

8. ved Enderis-Øerne; 9. ved Bornholm, hvor Kong Vulnir falder; 10. i Flamland, hvor Kong Frei falder; 11. ved Engla-nes, hvor Valthjov falder; 12. i Bardefjord; 13. i Hedningevaag; 14. i Nordimbraland; 15. i Sudrøerne, hvor Herthjov vinder over ham og Ragnvald falder; 16. i Vedrafjord (Waterford), hvor Kong Marstan (eller Marstein) i Irland falder; 17. ved Meid(?), hvor Egil dræber hans Søn Agnar; 18. ved Vikaskeid(?); 19. ved Lindisøre mod 3 Konger (irske efter 19[9]); 20. i Ilasund (eller Ålasund?), hvor Kong Ørn falder; 21. ved Angulsey; 22 ff. Ragnars Død hos Ella.

Det vil let sees, at denne Opregning i Grundtrækkene ogsaa stemmer med Saxo, forsaavidt ogsaa denne *først* skildrer Ragnars Erobringstog til Rusland, derpaa hans Kampe i Danmark og tilslut hans Vesterhavstog; tillige er det paafaldende, at Krákumál som Saxo taler om to Englandstog (V. 14.22) og mellem begge indskyder Tog til de skotske Øer og Irland (V. 15-21). Endnu større bliver Overensstemmelsen, om man tænker sig Saxos Kilder paa et lidt ældre Stadium, førend Vikingstogene var blevne til Erobringer. Jeg tror derfor at have Ret til at formode, at et oprindeligt dansk Digt fra Midten af 12te Aarhundrede, hvis Digter har tænkt sig Ragnar i Ormegaarden besyngende sine egne Bedrifter, har udviklet sig selvstændigt ad to Veie: dels har det undergaaet en dansk Omstøbning i Slutningen af Aarhundredet og er i denne Omstøbning benyttet af Saxo til at udfylde Huller i den mundtlige Fortælling, dels har det vandret udenlands og er paa Island underkastet en kunstnerisk Omarbeidelse, hvorved det er blevet til det Krákumál, vi kjender. For mere end en rimelig Hypothese vil jeg ikke udgive disse Bemærkninger; ved en Revision af Udgaven med de Hjelpemidler, som nu foreligger, turde dog maaske denne Hypothese komme til Nytte.

3. Starkads-visen om Braavold-slaget.

Det har længe været erkjendt, at alt vort Kjendskab til Kampen paa Braavoldene mellem Harald Hildetand og Ring (Sigurd Ring) skriver sig fra en gammel Sang, som siges forfattet kort efter Slaget af Starkad den gamle selv. Denne Vise gjengives af Saxo, der har lagt den til Grund for Opregningen af de deltagende Helte og for selve Slagskildringen[1]; den har ogsaa været kjendt paa Island, thi det islandske »Sögubrot« indeholder tildels den samme Kjæmperække, skjønt med store Lakuner, og de samme Bemærkninger om Heltene og om Slagets Gang[2]. Der har været

---

[1] Saxo p. 377-91.   [2] FaS I 377-87.

gjort flere Forsøg paa at restituere Digtet i Sprog fra omtr. 1200, og disse Forsøg har ialfald forsaavidt lykkedes, som i det hele taget Digtets Karakter og Stavrimene har traadt tydeligt frem[1]. Med Benyttelse af disse Forgjængere har jeg gjentaget Forsøget, fordi jeg tror deraf at kunne udlede visse Slutninger om Digtets Alder og Hjemstavn; jeg gjengiver dog hovedsagelig kun Navnene uden at benytte de Antydninger til Versenes øvrige Indhold og Strofeinddelingen, som begge Hovedkilder angiver.

Kjæmperne hos Harald var:

Sveinn ok Sámr

s — — — —

Ama ok Ella

o — — — —

Rati or Fioni

r — — — —

Salgarðr ok Hrói
Siðskeggi
Skalkr Skánski

s — — — —.

Alfr Ákason
Ølvir breiði
Gnepi inn gamli
Garðr or Stangby[2]
Bleingr Islendingr[3]
Brandr korni(?)
Torfi[4] ok Tyrvingr[5]
Teitr[5] ok Hjalti[6].
Heiman or Hleiðru
Hjörtr ok Borgarr

---

[1] Se Notæ uberiores til Müllers Udg. af Saxo (p. 220) og N. M. Petersen, Danm. Hist. i Hedenold (I² 264).

[2] Sml. Haquinus e villa Stangby paa Knut den stores Tid (Saxo p. 517).

[3] Den eneste Mand af dette Navn i Landnáma er en Nordmand fra 9de Aarhundrede, Bleingr Sótason af Sótanes (p. 169. 282).

[4] Saxos Thorny bør nemlig læses Torni, ikke med th, da det rimer med de følgende Tyrvingr og Teitr. En islandsk Skald af Navnet Skald-Torfa (Torfi?) levede c. 1000, hans Søn var Bersi Skald-torfuson eller Torfason (Möbius Catalogus p. 178).

[5] Teitr (Saxos Tatar) var et almindeligt Navn i Mosfells- (senere Haukadals-)Ætten; saa hed Gissur hvites Fader (10de Aarh.), en Søn af Biskop Isleiv og en Søn af Biskop Gissur. I Begyndelsen af 11te Aarh. nævnes endog en Teitr Tyrvingsson (Ldn. 266).

[6] Sml. Hjalti Skeggessøn, Gissur hvites Svigersøn (c. 1000).

*B*eli ok *B*eigaðr
*B*arri ok Tóki
*H*aki or Sle
*h*öggvinn-kinni
Heiðr ok Visna
með Tumma (velificator)
Vebjörg skjaldmær

— — — —.

*B*ui *B*ramason
*B*rattr Juti
Ormr inn enski
*U*bbi inn fríski
*A*ri inn eineygi
*A*lfr ok Gautr (Geirr?)
*D*alr inn digri
ok *D*ukr vindverski
*V*isna skjaldmær
með *V*inda her

— — — — —

— — — — —

*T*olkar(?) ok *Y*mi(?)
*T*óki or Jomi
Oddridi(?) inn ungi

— — — — —

— — — — —

*G*rimr ok *G*renzli(?)
*G*eirr Lifski
*H*ama ok *H*úngeirr
*H*umbli ok Biari(?).
Enn með *H*araldi
*H*ólmsteinn eysöðull
*H*únn ok *H*ásteinn
*H*eðinn mjóvi.
Dagr grenski
d — — — —
*H*araldr Ólafsson
or *H*aðalandi
*H*ár ok *H*erleifr
*H*öðbroddr (effrenus)
en *h*einskir menn
*H*umble(?) ok *H*araldr

— — — —
Haki — —
synir Beimuna
Sigmundr ok Serkr
ok Gandalfs[1] megir
ens gamla — —
Kjæmperne hos Ring var:
Aki ok Eyvindr
Egill skjalgi
Gautr hildir
Goti Alfsson
Styrr inn sterki
Steinn frá Væni
Gerðarr glaði
Glumr vermski
vestan af Elfinni
— — — —

Saxi flettir
Sali gautski
Þórðr hnígandi (?)
Þróndr nefja
Grundi hinn óði
Grimr ok Tóvi
Kollr ok Bjarki
k — — — —

Högni inn horski
Hrókr svarti
Hrani Hildarson
Hl(jóðgoði?)
Soknar-Sóti
ok Sveinn uppskeri
Hreiðarr haukr (Hrokkell
 hækja)
Hrólfr kvennsami
Hringr Aðilsson
Haraldr or Þótni
ok Valsteinn
inn Víkverski
Þoralfr Þykkvi
Þengill hái

---

[1] En Kong Gandalfr var samtidig med Ha

Húnn ok Solvi

h — — —

*B*irvill *b*leiki

*B*orgarr ok Skumr.

(*þ*eir) — —

af *þ*elamörk :

*þ*orkell *þ*rái

*þ*orleifr goti

*G*rettir rangi

gjörn at herja

*H*addr inn *h*arði

*H*róaldr tá[1].

En or *N*orvegi

norðan komu :

*þ*róndr *þ*rendski

*þ*órir merski[2]

*H*elgi inn *h*viti

*H*afr-Bjarni[3]

*B*ligr (?) *b*rattnef

*B*jörn or Sogni

*F*innr *F*irðski

*F*jala-Bersi

*S*igurðr svínhöfði[4]

*S*ögu-Eirikr

*H*allsteinn *h*viti (?)

*H*rútr vafi

*E*rlingr snákr

*I*aðri frá[5]

*A*lfr *E*gðski[6]

*O*ddr víðförli

*E*inarr *þ*rjúgr (skagi?)

*I*varr skagi (*þ*rjúgr?).

---

[1] Sml. Hróaldr hryggr ok Haddr hinn harði, brøðr tveir af *þ*ela-
mörk, som kjæmpede mod Harald i Havrsfjord 872 (Hskr. 61).

[2] Sml. Thore Jarl af Møre c. 900, Haakon Ladejarls Morfader.

[3] Sml. Hafr-Bjørn, Landnamsmand fra Nordmøre c. 900 (Ldn. p. 271).

[4] Sml. Sigurðr svinhöfði fra Fjale, hvis Sön Herjolv for til Island
(Ldn. 91).

[5] Sml. Erling Skjalgssön fra Jæderen og Eyvindr snákr paa Ormen
lange (Hskr. 38).

[6] Sml. Alfr egðski, Landnamsmand fra Agder (Ldn. 318).

Már inn rauði
Miðfjarðarfóstri,
Glumr hinn gamli[1],
Grani (Gramr) Bryndølski[2],
or Skerjum Grimr
í Skagafirði,
Bergr skald
Bragi[3] ok Hrafnkell[4]
— — — —
— — — —.

Kekkju-Karll
Krókr af Akri
Guðfastr ok Gumi
or Gíslamörk
Freys frændr
fulltruer goða.
Ingi ok Áli
Alfr ok Folki
Alreks synir
— — — —

Sigmundr ofan
af Sigtmunn
kaupangs kappi
k — — — —
t — — — —
Tolu-Frosti
Alfr ofláti
af Uppsölum
— — — —

Holti ok Hendill
Holmr ok Hleifi
Hama — — —
Rögnvaldr ryzki
Ráðbarðar nefi

---

[1] Sml. Glumr Geirason, Skald hos Harald Graafeld c. 960; han kunde med rette kaldes den gamle, da han levede til Erik Jarls Tid (SnE II 144).
[2] en Grani var Skald hos Harald haardraade (Möbius p. 182), en anden af dennes Skalde hed Illugi Bryndøla-skald (Mö. bius p. 185).
[3] Sml. Bragi Boddason (Möbius p. 179).
[4] Sml. Hrafnkell, er Skald-Hrafn er kallaðr (Ldn. 346).

Sigvaldi (Jarl?)
skipum ellifu,
skeiði Læsir
skelmir Húna,
Tryggvi ok *Torvivill*
tolf skipum.

Til at bestemme denne Digtnings Alder gives her flere Momenter. Der nævnes for det første islandske Skalde i begge Hære, 6 hos Harald, 7 hos Ring, med bekjendte islandske Navne som Teitr, Hjalti, Torfi, Brandr, Glumr, Bergr, Bragi, Hrafnkell osv., endog med islandske Landskabsnavne Skagefjord, Midfjord og Brynjedalen. De islandske Skalde optræder ved det norske Hof allerede i 2den Halvdel af 10de Aarhundrede (Glum Geiresson hos Harald Graafeld, Einar Skaaleglam hos Haakon Jarl), i større Antal findes de dog først hos Olav Trygvesson; og ved de svensk-danske Hoffer kjendes de først hos Halvbrødrene Olav Skotkonung og Knut den mægtige; først i Begyndelsen af 11te Aarhundrede begyndte altsaa den islandske Skaldekunst at gjøre sig bemærket udenfor Norge. Men da kan den Digtning, der lader islandske Skalde optræde hos de danske og svenske Konger, ikke være ældre end 11te Aarhundrede, thi den historiske Digtnings Costume foregriber ikke Historien, det afspeiler Historien.

Til samme Tid henviser ogsaa andre Forhold; Visen har aabenbart optaget historiske Personer fra senere Tider, endog fra Tiden om Aar 1000. Der er nu for det første »Tóki or Jom«; jeg kan ikke tvivle om, at vi i ham har den »Toki dux Vinlandensis«, der hos Adam omtales som Biskop Odinkars Fader[1] og som er bleven Forbilledet for Sagndigtningens Palna-Toke; men Biskop Odinkars Fader maa have været samtidig med Harald Blaatand og Svein Tjugeskegg, og som Jarl i Vendland (Jomsborg) kan han ikke høre til en ældre Tid. Endvidere nævnes ogsaa den 2den Jarl i Jomsborg, Sigvalde Jarl; heller ikke om hans Identitet kan der godt tvivles, især da han kommer den svenske Konge til Hjelp med 11 Skibe, netop det samme Antal, som den historiske Sigvalde bragte den svenske (og danske) Konge til Slaget ved Svolder Aar 1000. Det er i det hele mærkeligt, hvor mange Gjengangere man finder i disse Helterækker; der er f. Ex. den engelske Ella og hans Modstander Ubbe Lodbrokssøn (Ubbi hinn

---

[1] Odinkar filius erat Toki ducis Winlandensis. Schol. 37.

Friski), og blandt Nordmænd og Islændinger en Række historiske Navne fra 9de til 11te Aarhundrede, som ovenfor nævnt i Noterne. Ogsaa fra Sagnverdenen har vi Kjendinger i Styr den stærke og Hrok den svarte (Halvssaga), fra andre Sagn i Sögu-Eirikr, Skalk Skaaning, Oddr viðförli o. s. v.

Naar Digtet ikke kan være ældre end 11te Aarhundrede, faar et sprogligt Hensyn betydelig Vægt: i dette Digt udtales overalt Bogstaven *h* foran r og l; saaledes rimer *Hleiðra* med *Hjörtr*, *Högni* med *Hrókr*, *Haraldr* med *Hringr* o. s. v. Altsaa kan Digtet ikke være dansk, thi i Danmark forsvandt dette *h* foran r og l i Løbet af 9de Aarhundrede, senest i 10de[1]. Hvis Digtet er fra 11te Aarhundrede, kan det være norsk, thi paa Runeskriften fra Alfstad (Thoten) staar hrikariki, paa Skaalevold-stenen (Vanse, Lister) staar hrabisun, medens h foran r og l er forsvunden i alle norske Skriftlevninger fra 12te Aarhundrede; hvis Digtet først er fra 12te Aarhundrede, maa det altsaa være islandsk, thi kun paa Island vedligeholdtes den ældre Udtale. Med Sikkerhed at afgjøre dette, gaar neppe længer an; men selv om Digtet er islandsk fra 12te Aarhundrede, tør vi vistnok antage det digtet i Norge og med norske Forhold og norske Tendenser for Øie. Det er ialfald høist mærkeligt, at i denne Skildring af en Kamp mellem en dansk og en svensk Konge er de norrøne (norsk-islandske) Deltagere allerede i Tal aldeles overlegne de danske og svenske: i den danske Hær nævnes c. 27 danske Mænd, c. 15 Vender, men 22 Nordmænd og Islændere, i den svenske Hær findes c. 37 Svensker samt 7 udenlandske Konger (deriblandt en Russer), men c. 40 Nordmænd og Islændinger; i hele Digtet var altsaa de norrøne Deltagere fuldstændig i Majoritet. Men, hvad mere er, Nordmændene gjør ogsaa Udslaget i Kampen: først maa nævnes Digtets saakaldte »Forfatter«, Starkad, som dræber Haralds Høvdinger Hun og Ella, Hjort og Borgar, Roe, Gnepe og Garð samt Skalks Fader, hugger Haanden af Visna og fælder den tapreste af Danerne, Hake. Endvidere fælder Thelemarkingen Thorkil Skjoldmøen Vebjørg. Ikke engang Ubbe den Frisiske, Haralds kjækkeste Stridsmand, som dog saarer 11 og dræber 25 udvalgte Kjæmper, undgaar Nordmændene, ja han

---

[1] Paa Helnes-stenen fra Fyn staar rhuulfr, men paa den lidt senere Flemløse-sten kaldes den samme Mand ruulfr (begge fra 9de Aarhundrede); paa Læborg-stenen fra Jylland læses rhafnuka, men paa Bække-stenen rafnuka (begge fra Midten af 10de Aarhundrede). Dette er de sidste kjendte Spor til h i Forlyden i Olddansk.

faar ikke engang Lov til at skade Nordmændene, thi det tilføies udtrykkelig, at de, som faldt for Ubbe, var Svensker eller Göter[1]. Den svenske Hær var endog under Slaget næsten bragt til at vige, da Hjelpen atter kom fra Nordmændene, idet Bueskytterne fra Thelemarken (Hadd, Hroald, Gretter) gjenopretter det tabte og dræber Ubbe, og Slagets Udfald afgjøres af Thrønder og Gudbrandsdøler[2]. Det er Nordmændene, som udretter det hele; det er dem, som slaar Danskerne, og dem, som redder Svenskerne fra et Nederlag.

Erkjender man denne Opfatning for rigtig, bør selvfølgelig ikke Digtet om Braavallaslaget betragtes som en ligefrem historisk Digtning, men man bør søge deri en politisk-patriotisk Tendens. Dets Digter har laant Sagnet om Braavoldslaget[3] og har deri indlagt sine Landsmænds Bedrifter; han har gjort dem til Digtets Hovedgjenstand, ladet dem deltage i stort Antal paa begge Sider og viser, hvorledes Svenskerne seirer alene ved Nordmændenes Hjelp; han har endvidere i sin Digtning ladet en Række ældre Sagnhelte spille en Rolle, men ogsaa disse Helte (Ubbe den frisiske, Hake hoggvinkinne) maa falde for Nordmændenes Haand. Man kan ikke undlade at tænke paa Begivenheder i 11te Aarhundrede, da Daner og Nordmænd kjæmpede med hinanden med afvexlende Held: paa Svoldr-slaget (1000), da Svenske og Danske seirede over Nordmænd, paa Slaget ved Helgeaa (1027), da Svenske og Nordmænd seirede over Danerne i disse østlige Egne. Starkads-digtet kunde være digtet som et Modstykke til Slaget ved Svoldr og med Benyttelse af Momenter fra Slaget ved Helgeaa. Ligesom i Starkads-digtet den norske Konge Aale

---

[1] Ubbo Fresicus — — præter undecim quos in acie vulneraverat, viginti quinque delectorum pugilum interfecit. Ii omnes Sueti sanguine fuere vel Gothi. Saxo p. 889.

[2] Tum demum per Throndos eosque qui Dala provinciam colunt, ingens de Danis clades accepta est. Saxo p. 889.

[3] Det er ikke rimeligt, at han har selvstændig opfundet Begivenheden, thi i de lundske Annaler (p. 27) finde vi Slaget skildret i en rimeligvis ældre og enklere Sagnform: Cumque ad Swethiam (Haraldus) exigendorum tributorum causa proficisceretur, bello excepit eum Rex Ryng in campo nomine Brawel, ubi ex parte Haraldi vexilliferæ puellæ pugnasse feruntur, quarum una Heth, altera Wysna dicebatur. In congressu illo Haraldus occubuit, et ex permissu Ring regis Swethie Dani puellam Heth regem super se constituerunt. Que etiam Dacie imperans, civitatem sui nominis Hethæby apud Jutlandiam in portu statuit Sleswycenci.

den frøkne kommer sin svenske Slægtning Kong Ring til Hjelp og er Fører for hans Flaade, saaledes bragte den norske Kong Olav sin svenske Svoger Kong Anund sin Flaade til Helgeaa; ligesom den danske Erobrer Harald Hildetand fører til Sverige Hjelpetropper fra England og Venden, saaledes ogsaa Knut den store ved Helgeaa; ligesom hos Harald fandtes ogsaa hos Knut en Mængde Nordmænd; og ligesom i Starkads-digtet Nordmændene er de egentlige Seirherrer paa Braavoldene, saaledes var efter Sagaens Fremstilling Olav den hellige den egentlige Seirherre ved Helgeaa. Alt synes at pege hen til, at Samtidens Historie har været Forbilledet for Digtningen, dog naturligvis saa at Digtet staar over Virkeligheden.

Hvis man vil gaa ind paa denne Betragtning, at Digtet om Braavoldslaget er forfattet i Norge i Tiden efter 1027 eller henimod Midten af 11te Aarhundrede, kan man i Digtet se et interessant Vidnesbyrd om patriotisk-historisk Poesi, som vi ellers savner fra Norges Oldtid. Utvivlsomt har vore Forfædre i det 11te Aarhundrede — de store udenlandske Kriges og Søtogs Tid — været betagne af det samme nationale Overmod som Danerne paa Valdemarernes Tid, hvorpaa vi har en saa slaaende Prøve i Saxos Historieskrivning; alligevel findes der i den norrøne Literatur meget faa Spor til patriotisk-poetisk Udsmykkelse af den norske Historie. Dette lyder kanske næsten som en Paradox, hvis man kjender enkelte nyere Forfatteres Paastande om, at Sagaliteraturen er fuld af norsk-patriotisk Praleri, »dette norske Arvesyndsmærke«[1], men er alligevel sandt. Vistnok vrimler Sagaerne som enhver middelalderlig historisk Literatur baade af Fabler og Overdrivelser, og ganske vist bliver deres Helte indblandede i historiske Forhold, hvor de ikke hører hjemme, og gjøres til Hovedpersoner, hvor de har spillet en Birolle eller endog slet ikke deltaget, — men det er en Særegenhed for alle Helte i alle Sagaer. Med andre Ord, Overdrivelserne er fremkaldte af den romantiske Interesse, som enhver Sagnfortæller eller Sagaforfatter har for sin Helt (ligesom i forrige Tider Skaldenes Stilling til Kongen bragte dem til at overdrive hans Bedrifter), ikke af Nationalfølelsen. Den samme Tilbøielighed gjør i Islændingesagaerne Islændinger til Hovedpersoner, hvor i Verden de opholder sig, hvorved der tillægges dem en Betydning, som de naturligvis ikke i Virkeligheden har havt: Egil Skallagrimsson har efter hans

---

[1] A. D. Jørgensen i Aarbøger f. nord. Oldk. 1869 p. 308.

G. Storm. Vikingetiden. 14

Saga havt en ganske uhistorisk Indflydelse paa Englands Historie; den er opdigtet, ikke fordi han er Islænding, men fordi han er Sagaens Helt. Paa lignende Maade er det gaaet de norske Konger i deres Sagaer og Udlændinger i udenlandske Sagaer, f. Ex. Svensken Ingvar vidførle eller mange danske Konger i Knytlingasaga eller Thidrek af Bern i Thidrekssaga. Det gjør intet til Sagen, hvilket Land i Verden Sagaen omfatter; har blot Sagaforfatteren den rette Interesse for sin Helt, kan denne være sikker paa at blive udstyret med passende Bedrifter. Forfatteren af Thidrekssaga har meget tydeligt udtalt dette i sin Fortale: En þeirra (Tyskernes) kveðskapr er settr eptir þvi sem ver megum við kennazt at kvæðahattr er i varri tungu. a sumum orðum verðr ofkveðit sakir skaldskapar hattar. ok er sa mestr kallaðr er þa fra segir eða hans ættmonnum. At miskjende denne Tendens er umuligt, naar man vil forstaa Forholdet mellem Traditionen og den optegnede Literatur. Jeg tvivler ikke om, at Oldtidens Nordmænd har vist sig kjæphøie nok ligeoverfor andre Nationer — enkelte Antydninger hos Saxo[1] viser ialfald, at de Danske følte det saa, — men man gaar over Bækken efter Vand ved at ville eftervise saadant i det mest islandske i den islandske Literatur, Bearbeidelsen af Traditionen. Nationalstolthed er den middelalderlige Form for Nationalfølelsen, og vi maatte derfor vente at finde den ogsaa i Norge, om ikke som literær Tendens, saa ialfald i Stemningsudbrud. Og en saadan patriotisk-pralerisk Stemning finder jeg udtalt f. Ex. i Olav Trygvessøns Tale om Svenske og Danske før Slaget ved Svolder (og jeg finder ingen Grund til at tvivle om, at denne i det væsentlige er historisk), og jeg tror at have eftervist den i Visen om Slaget paa Braavoldene, der isaafald i Løbet af 12te Aarhundrede er vandret til Danmark og bleven optegnet hos Saxo, medens den kanske noget senere kom til Island, hvor den efter en kritisk Sigtning blev optaget i Skjoldungefortællingerne.

4. Seine-Normannernes Forbindelse med Norden i det 1ste Aarhundrede efter Bosættelsen.

Nyere Forfattere, især Worsaae og Joh. Steenstrup, har søgt at hævde, at Normannerne længe efter Bosættelsen i Normandie vedligeholdt sin Forbindelse med Danmark, »deres Moderland«, at de stadig ved farlige Omstændigheder søgte Hjelp derfra, og at de

---

[1] f. Ex. p. 352: plenus superbiæ populus.

støttede Danernes senere Angreb paa England. Worsaae og Steen-
strup vil dermed støtte sin paa Dudo grundede Mening om, at
Danmark var Normannernes Moderland; hvis denne Mening er
urigtig, behøver man for en saadan Forbindelse kun at søge den
ligefremme Aarsag, at Danmark var Normannernes nærmeste nor-
diske Nabo. Vi tror imidlertid, at Beretningerne om denne For-
bindelse og de Slutninger, som drages deraf, er mindre paalidelige,
og skal derfor her undersøge Værdien af disse Efterretninger, idet
vi som sædvanligt tager vort Udgangspunkt fra de samtidige og
troværdige Kilder.

· Flodoard giver os i sin korte, men kjærnefulde Fortælling
Hovedtrækkene af hvad der skede i Seinelandet efter Grev Wil-
helms Død. Kort efter Grevens Mord (17 Dec. 942) indfandt
den franske Konge sig og overdrog Lenet til den myrdedes unge,
umyndige Søn Richard, medens Landets Høvdinger hyldede enten
Kongen selv eller Hertug Hugo. Kort efter — rimeligvis om
Vaaren 943 — ankom en Hær af hedenske Normanner til Lan-
det; med dem havde Hertug Hugo talrige Sammenstød, men drev
dem dog tilslut paa Flugt og vandt Evreux med de kristne Nor-
manners Hjelp. Andre af de hedenske Normanner under Kong
Sigtryg (Setricus rex paganus) var komne til Rouen og havde
gaaet i Forbund med Høvdingen Thormod, som havde forladt Kri-
stendommen; mod dem drog Kong Ludvig, og i et Slag mod ham
faldt de begge. I 944 fortælles om Normannernes Kampe i
Bretagne, hvorved det udtrykkelig udhæves, at det var de nys
ankomne Normanner, som indkaldte af Fyrsterne gjorde Indfald i
Bretagne (Nortmanni qui nuper a transmarinis regionibus advene-
rant). Af Flodoards Ord har man saaledes Ret til at hævde, 1)
at de hedenske Normanner kom til Frankrige i 943 og der kjæm-
pede mod Hugo og Kong Ludvig, hvori bl. a. deres Konge
Sigtryg faldt, 2) at Resterne af dem i 944 indkaldtes til Bretagne
og saaledes atter forlod Normandie. I samme Aar (944) heder
det videre, at Kong Ludvig blev hyldet i Normandie, navnlig i
begge Hovedbyer Rouen og Bayeux, og de, som ikke vilde erkjende
ham, »søgte til Havet«, d. e. udvandrede. Naar da i 945 Flodoard
omtaler den normanniske Høvding i Bayeux, Hagroldus, som lagde
Snarer for den franske Konge, kan man ikke i Hagroldus se en af
de nys ankomne Nordboer, men en af Seine-Landets Høvdinger,
som havde hyldet den franske Konge, men nu tænkte
paa Frafald. Anderledes fremstilles rigtignok Sagen hos Dudo,
der følger den senere normanniske Tradition. Dudo kjender ikke

14*

længer til hvad der hændte kort efter Wilhelms Død, han ved ikke noget · om de hedenske Normanners Ankomst og heller ikke om deres Kampe med Franskmænd og Briter; derimod fortæller han, at da Normannerne havde underkastet sig Kong Ludvig og begyndt at føle Franskmændenes Herredømme som et Aag, i al Hemmelighed sendte Bud til Haigroldus, Daciens Konge, Hertug Vilhelms Slægtning, og bad ham ile til Hjelp mod Franskmændene; Haigroldus udruster sin Flaade, lander ved Floden Dive, og strax slutter Normannerne i Bessin og Cotentin sig til ham; han sender Bud til Kong Ludvig i Rouen om et Mødested, dette finder Sted, og her yppes den Trætte, som fører til Kongens Fangenskab. Dudo tilføier, at Haigroldus under Kong Ludvigs Fangenskab vandt hele Normandie for Richard og opretholdt Rollos Love; om hans Hjemreise nævnes intet. Der er, som man vil se, en stærk Modsætning mellem Dudo og Flodoard: efter Flodoard er Hagroldus en af Normannernes Høvdinger, der har underkastet sig Ludvig og forrædersk lokker ham til et Møde, hvor han overfalder ham; efter Dudo er Harald en fremmed Konge, som Normannerne hemmelig har indkaldt, som underkaster sig to normanniske Provinser og med denne betydelige Krigsmagt holder et Møde med den franske Konge. Det synes mig aabenbart, at Sagnet har sammenblandet den Vikingekonge Sigtryg, som virkelig kort efter Vilhelms Død kom til Normandie, med Harald, som var en normannisk Høvding i Bayeux, og samtidig har da Dudo efter sin Skik forstørret Forholdene: Flaadens Fører er bleven til »Daciens Konge«, og Haralds normanniske Land er ikke alene Bessin (som hos Flodoard), men ogsaa Cotentin. Naar man atter skiller disse to Personer ad, betragter Harald som en i Normandie hjemmehørende Høvding og Sigtryg som en Vikingekonge, opstaar Spørgsmaalet: hvorfra kom denne? Flodoard omtaler ham som Hedning og hans Mænd som nysankomne i 943; der er ingen Grund til at antage, at disse er indkaldte efter Vilhelms Død, thi da var endnu Forholdene i Normandie fredelige; de har altsaa rimeligvis landet i Seinen for at lade sig hverve af den normanniske Greve og slutte sig til Krigerne i Normandie. Vikingerne kom »a transmarinis regionibus«, hvilket i nordfranske Krøniker i Regelen vil sige: fra de britiske Farvande. Ogsaa deres Konges Navn tyder herpaa: Sigtryg var et almindeligt Navn i den norsk-irske Kongeæt, de saakaldte »Hy-Ivar«, der af og til ogsaa herskede i Northumberland;

ved 940 omtales endog i Limerick en Kong Sitric[1], saa det kunde være ham, som i 943 faldt i Normandie. Det vilde ogsaa stemme godt med, hvad vi ovenfor har vist om Vikingetogene i 1ste Halvdel af 10de Aarhundrede, at de enten udgik fra de irsk-skotske Farvand eller ialfald stod i Forbindelse med de norske Riger her og modtog Forstærkninger fra dem. Derimod omtales fra Danmark ingen Vikingetog mod Vest, førend i Slutningen af 10de Aarhundrede, og en d a n s k Konge eller Kongesøn af Navnet Sigtryg vilde man søge forgjæves i hele 10de Aarhundrede. Naar man derimod som Dudo slog Sigtryg og Haigroldus sammen, var det let at gjenfinde ham i Normannernes Hjem; Dudo har selvfølgelig ophøiet Vikingehøvdingen til »Konge i Dacien«, men véd rigtignok ikke et Ord mere om hans hjemlige Forhold. Et Forsøg paa at knytte Haigroldus til den nordiske Historie er derimod gjort af Dudos Efterfølger, Vilhelm af Jumiéges, der var noget bedre bevandret i Nordens Geografi og kjendte ialfald l i d t af Danmarks Historie. Da han vidste, at Englands Erobrer, Kong Svein, i sin Tid havde ligget i Strid med sin Fader, den danske Kong Harald, vovede han den Conjectur, at Harald ikke var indkaldt af Normannerne, men kom til Normandie som Flygtning: Den danske Konge Haigroldus kom i Hertug Vilhelms Tid, fordreven af sin Søn Sveno, med 60 Skibe til Normandie f o r a t s ø g e Hj e l p, og Hertug Vilhelm overlader ham Cotentin, for at han kunde udruste sin Flaade og samle en Hær at vende hjem med (III 9); medens nogle Aar senere (efter Vilhelms Død) Haigroldus endnu laa ved Cherbourg, kom der Bud til ham fra Bernhard Danske, at han skulde herje Landet og hevne sin Ven Vilhelms Død ved at lokke Kong Ludvig til det oftere omtalte Møde (IV 7); efterat Anslaget er lykkedes, vender Haigroldus hjem til Danmark og forsoner sig med sin Søn (IV 9). Dette Vilhelms Forsøg paa at ' belyse den normanniske Historie gjennem den danske, er nu yderst uheldigt. Kong Harald fordrives omtrent Aar 940 af sin Søn Svein, der er født en Snes Aar senere og neppe blev voxen før omtr. 980! Og da Harald virkelig blev fordrevet c. 985 af sin Søn, flygtede han ikke til Frankrige, men til Venderne! Selv efter Vilhelms Fremstilling skulde Harald være kommet til Normandie, endnu medens Vilhelm levede — altsaa senest Aar 942 —, og alligevel deltager han ikke i Borgerkrigene der førend i Aar 945!

---

[1] Aralt, Sønnesønssøn af Ivar og Søn af S i t r i c, H e r r e o v e r d e F r e m m e d e i Limerick. 4 Mestres Annaler a. 940.

Thi selv efter Vilhelms Fremstilling bliver den eneste Begivenhed, hvori han deltager i Normandie, Overfaldet paa Kong Ludvig — det var det eneste, Traditionen erindrede om Hagrold, og dette Træk var aabenbart tilstrækkeligt til at man tænkte sig ham som en hedensk Konge.

Ogsaa fra en senere Tid har man Efterretninger om, at Normannerne søgte Hjelp mod Franskmændene hos sine Landsmænd. Omtr. 962 var Richard kommet i Strid med Grev Tetbold af Chartres, som faldt ind i Normandie, erobrede flere normanniske Byer og trængte frem lige til Rouen. Da sendte Richard efter Dudo »hurtigt« Bud til Dacien og kaldte Dacernes Ungdom til Hjelp; det er disse, der hos Dudo paa Richards senere Opfordring om at stanse Plyndringerne omtaler sig og sine Forbundne som Daner og Nordmænd, Irer og Alaner[1]. Det kunde saaledes være vanskeligt nok at bestemme, hvor disse Vikingers Hjem var; at Irer nævnes, er mærkeligt nok, thi Dudo synes ellers ikke at kjende dette Folk. Ogsaa en anden Omstændighed peger hen paa de irske Farvand; disse Vikinger drog nemlig fra Normandie til Spanien, hvor de herjede i flere Aar, og herfra faar man Efterretning, at Foretagendet lededes af deres Konge Gundered, d. e. Gudrød, — et Navn, der ligesom Sigtryg netop hører hjemme i den norsk-irske Kongefamilie; da imidlertid Medlemmer af denne Æt kort forhen ogsaa havde hersket i Northumberland, kunde man ogsaa gjætte paa Nordengland som Udgangspunkt for dette Vikingetog. P. A. Munch har derfor vistnok seet rigtigt, naar han om dette Tog udtrykker sig saaledes: »Det er just ikke meget sandsynligt, at Kong Harald Gormssøn i Danmark skulde have sendt Hjelpetropper til Normandie paa en Tid, da han visselig havde nok at bestille hjemme med at være paa sin Post mod Tydskerne. Paa den anden Side er der dog heller ingen Grund til at betvivle at Richard virkelig har faaet en saadan Hjelp som den her omhandlede af en til Frankrigs Kyster ankommen Vikingeskare; men da det i den Tid, disse Begivenheder foregik, ikke var sædvanligt, at Vikingerne fra selve Norden droge til de vestlige Farvande, men derimod fornemmelig søgte til Austerveg, skulde man snarest formode, at de Vikinger, der understøttede Richard vare fra England, og at han, hvis han virkelig har sendt Bud over Havet om Hjelp, kun har sendt dette Bud til Northumberland, der laa ham nærmest«[2].

---

[1] Se ovenfor Side 156.   [2] N. F. H. II 218.

Vi tror ogsaa Munch har Ret i at fortsætte som han gjør: »Men fra hvem end dette Tog er udgaaet, saa er det dog lige fuldt merkværdigt, fordi det aabenbart kan ansees som det sidste Tegn paa en mere umiddelbar Forbindelse mellem Nordmannerne og de øvrige Nordboer, eller paa en mere levende Bevidsthed hos hine om at disse endnu vare deres Landsmænd og Stammefæller. Fra den Tid, kan man sige, ophørte den egentlige nordiske, og begyndte den franske, Generation i Normandie«. Naar andre derimod i Normandiets senere Historie har villet finde en Fortsættelse af Normannernes Vikingefærder, tror jeg man er paa Vildspor; der haves ingen paalidelig Efterretning om, at Indbyggerne i Normandie har deltaget i Vikingetog eller støttet saadanne, — hvad der jo ogsaa vilde passe lidet til den i franske Krøniker skildrede Overgang til franske og kristelige Sæder. Naar saaledes Lappenberg antog, at de Vikinger, som i 988 herjede i Somerset, er udgaaet fra »die Altdänen in Normandie«[1], og Joh. Steenstrup ialfald tror, at »Indbyggerne i det nære Bessin og Cotentin ikke have kunnet modstaa deres Vikingenatur og have sluttet sig til Toget«[2], kan jeg ikke finde dette begrundet i Kilderne. Der var omkring 990 udbrudt Fiendskab mellem den engelske Konge Ædelred og Grev Richard I, og Paven mæglede da (991) Fred mellem sine »aandelige Sønner«, hvorved det lovedes, at Richard ikke skulde modtage nogen af Kongens Mænd eller Fiender uden hans Leide og omvendt Kongen ikke nogen af Richards[3]. I Fredsdokumentet — det eneste, vi kjender om denne Strid — er der altsaa hverken Tale om Krig eller om Sørøvere, kun om at Flygtninge fra den enes Rige har fundet Tilflugt hos den anden.

Om Forholdet til Udlandet under Richard II har man kun sikre Efterretninger om at en dansk Flaade i Aar 1000 drog over til Normandie, at Ædelred i 1002 ægtede Richards Søster Emma, og at han Vinteren 1013—14 opholdt sig som Flygtning i Rouen. Hvad der forøvrigt fortælles om Forholdet til England og Danerne er mer eller mindre forvansket. Vilhelm af Jumiéges beretter saaledes, at der udbrød Fiendskab mellem Svogrene, at Ædelred sendte en Flaade over til Normandie, som skulde ødelægge hele Landet og føre Richard fangen og bagbunden for Kongens Aasyn, men at denne Flaade blev saaledes modtagen af Indbyggerne i Cotentin, at Levningerne med Nød og neppe undslap over til

---

[1] Gesch. Englands I 421.   [2] Steenstrup p. 169.
[3] Vilhelm af Malmesbury, Gesta regum Anglorum p. 269—71.

England. Strax efter fortæller Vilhelm om hvorledes Danerne blev myrdede i England, at de undkomne indkaldte til Hevn Kong Sven, som strax samlede sin Flaade og landede ved York, men førend han skred til Englands Erobring seilede over til Normandie og sluttede Fred og Forbund med Richard, hvorved det aftaltes, at Danerne kunde frit sælge sit Bytte i Normandie og at saarede Daner skulde finde Tilflugt hos Normannerne[1]. I denne Beretning er det nationale Praleri stærkt udviklet: Et eneste Grevskab i Normandie kan modstaa den engelske Flaade, og den danske Konge maa sikre sig Tilhold i Normandie for at kunne udføre Erobringen af England! Derimod er Kronologien meget svag: Ædelred ægtede Emma i 1002, og samme Aar i November skede Danemordet, medens Vilhelm tænker sig Indfaldet i Normandie efter Ægteskabet og stiller Danemordet i direkte Forbindelse med Erobringen i 1013! Det er paa den ene Side ikke godt at forstaa, hvorledes Englænderne efter 1002 skulde indlade sig paa et Indfald i Normandie, og paa den anden Side strider det mod alle samtidige Vidnesbyrd, at Kong Sven skulde i 1013 have landet i York og saa strax efter foretaget sig en Reise over til Normandie. Begge disse Beretninger strander paa Umuligheder, og de Forsøg, man har gjort for at redde dem, synes fortvivlede; de er rimeligvis enten helt opdigtede eller ialfald stærkt forstørrede. Det er rimeligt nok, at Normannerne gjerne modtog Vikingerne i sine Havne, naar de kom som Handlende, selv om de kom med Bytte fra England: den fælles Fordel kunde være Aarsag nok, og man behøver ikke at tænke paa den fælles nordiske Herkomst (skjønt denne kunde gjøre sit) eller paa det fælles Fiendskab mod England. Ved »Danerne« maa ellers hos Vilhelm forstaaes Nordboer eller Vikinger i Almindelighed, thi saavel i Sveins som i Knuts »danske« Hære deltog jo baade norske og svenske Høvdinger; for Knuts Vedkommende beretter jo ogsaa Vilhelm, at han havde med sig en svensk og en norsk Konge, som begge senere optraadte i Normandie.

Det fremgaar af en kritisk Drøftelse af Sagaerne eller rettere de samtidige Skaldes Udsagn, at den norske Kongesøn Olav Haraldssøn — den hellige — i England havde sluttet sig til Thingmannalidet under Thorkel den høie og med ham var gaaet i Ædelreds Tjeneste, at han med sin fordrevne Herre opholdt sig Vinteren 1013—14 i Normandie og efter her at være døbt fulgte med Ædelred tilbage; ligeledes er det sikkert nok, at Olav enten i

---

[1] Hist. Norm. V 4—7.

1013 eller i 1014 herjede paa forskjellige Steder i Gallien[1]. Herom
har nu ogsaa Vilhelm af Jumiéges bevaret et normannisk Sagn,
som dog ikke er fuldt historisk. Han beretter nemlig, at Knut
efter Svens Død kaldte til Hjelp til Englands Erobring den norske
Kong Olav og den svenske Kong Lagmann; medens disse nu var i
England, kom der Bud til dem fra Normandie om at hjelpe Richard
II mod Grev Odo af Chartres; Vikingerne drager strax afsted,
herjer paa Veien i Bretagne og kommer til Rouen, hvor deres Hjelp
imidlertid er bleven overflødig ved Kong Roberts Mægling og hvor
Olav bliver døbt. Selv om Vilhelm afviger fra Historien ved at
gjøre Olav til Deltager i Kong Knuts Englandstog, har han dog
Ret i, at ogsaa dennegang hentedes de nordiske Hjelpetropper »a
transmarinis partibus«, o: fra England.

Om Kong Olavs Ophold i Normandie er der ogsaa naaet en
Beretning til Norden, skjønt hans Daab her er glemt over det
almindelige islandske Sagn, der knytter Olav gjennem Fadderskab
til hans Navne, Olav Trygvessøn. Ogsaa Snorre omtaler ganske
kort Olavs Ophold i Rouen, men foruden en Stamtavle over Ruda-
jarlene ved han om dette Ophold kun at fortælle, at »Rudajarlene
regnede sig længe i Slægt med Norges Høvdinger og altid var
Nordmændenes Venner, saa at Nordmændene altid havde Fredland
i Normandie«. Da det ikke er saa let at vide, med hvad Ret
Snorre beretter dette, skal vi søge at efterspore hans Kilder, idet
vi navnlig dvæler ved Stamtavlen over Rudajarlene. Denne gjen-
gives lidt forskjelligt paa de to Steder hos Snorre, men forudsætter
dog oprindelig Leddene: Rollo—Wilielmus longaspatha — Ricardus
— Ricardus — Rotbertus — Wilielmus bastardus. I hans Olav den
helliges Saga læses rigtigt (efter Kringla) Göngurolfr — Vilhjálmr
langaspjót — Rikarðr — Rikarðr — Roðbertr; men i hans Harald
haarfagres Saga har Tilnavnet forvildet sig hen til Kong Vilhelms
Fader Robert, der her kaldes »Roðbertr langom spaþa«; og dette
er ikke en simpel Skrivfeil, thi baade kalder Morkinskinna (p. 122)
Kong Vilhelm »son Rotberts langaspiots« og Fagrskinna (A)
siger (p. 142): hans faðir var Rotbertr longa ipe (Skrivfeil for
spe o: spaþa). De forskjellige Former langaspjót, longom spaþa
og longa spe henviser alle til den latinske Grundform »longa spathâ«:
da dette Tilnavn ikke er kjendt uden i Krøniker fra 12te Aar-
hundrede, er Stamtavlen først i denne Tid naaet til Norge og her
eller paa Island optaget i en ældre tabt Kilde, hvorfra den er laant

---

[1] Munch N. F. H. II 508—4, Maurer Bekehrungsgeschichte I 510.

til Kongesagaerne fra 13de Aarhundredes første Halvdel. Til samme Resultat kommer man ved at betragte det uægte Tillæg, som Stamtavlen har faaet i Snorres Olavssaga. Da St. Olav kom til Rouen, »da var i Valland to Jarler, Vilhelm og Robert, Rikards Sønner«. Begge Navne er urigtige, thi Aar 1013 levede endnu Richard II; i at nævne det ene af disse Navne stemmer imidlertid Snorre med en ældre norsk Kilde. Munken Thjodrek fra Nidarholm (c. 1180) beretter nemlig om St. Olavs Daab paa følgende Maade: legi in Historia Normannorum quod (Olavus) a Roberto in Normandia Rothomagensi metropolitano baptizatus fuerit. Constat enim quod Wilhelmus dux Normanniæ adsciverit eum sibi in auxilium contra Robertum regem Franciæ cognomento Capet (qui fuit filius Hugonis capet nobilissimi ducis), qui duci Wilhelmo unacum comite Flandrensi bellum inferre parabant«. Thjodrek har aabenbart gjengivet det læste (Vilhelm af Jumiéges V 11—12) efter Hukommelsen og er derved kommen i Skade for at sætte den mere berømte »Hertug Vilhelm« istedenfor hans Farfader, ligesom han ogsaa ellers refererer skjødesløst. Nu er det ikke min Mening, at Snorre skulde have læst i Thjodrek og deraf faaet sin »Vilhjalmr Jarl«; men Thjodreks Skrift blev, som jeg andensteds har vist, læst og excerperet allerede i Slutningen af 12te Aarhundrede, og en islandsk Literat har da laant fra ham Notitsen om Olavs Ophold i Normandie, idet han dog udelod Daaben, der ikke stemte med indenlandske Kilder. Den samme eller en Efterfølger har da føiet den fundne »Hertug Vilhelm« ind i den allerede før bekjendte Stamtavle, idet han antog ham for Broder af Robert, hvilket jo kunde passe til at Roberts Søn var samtidig med Harald haardraade († 1066); maaske har den samme Mand tilføiet hvad Snorre har om, at Nordmændene altid havde »Fredland« i Normandie og at Rudajarlene regnede sig i Slægt med Norges Høvdinger, thi det ligner ikke Snorre at finde paa saadanne Ting. Paa begge disse Sætninger har man ellers ikke nogen skjellig Grund til at anke: Slægtskabet med »Norges Høvdinger« erindredes jo endnu c. 1120 af Vilhelm af Malmesbury, hvor meget stærkere maatte da ikke Erindringen være et Aarhundrede tidligere? Og det Fredland, som omkring 1000—1015 indrømmedes »Daner« i Almindelighed (o: nordiske Vikinger), maatte jo ogsaa gjælde Nordmænd, selv om der tilfældigvis ikke er bevaret Efterretninger om andre Nordmænds Besøg end Olavs.